BLED
Latin

Paul BOEHRER

Marie-Françoise
DELMAS-MASSOULINE

Karine JUILLIEN

Mireille KO

hachette
ÉDUCATION

Conception graphique
Couverture : Karine Nayé / Sylvie Fécamp
Intérieur : Blanc de Zinc / Médiamax / Karine Nayé

Responsable de projet
Jean-Benoit Ormal-Grenon

Lecture critique
Lisbeth Bouysset

Mise en page
Médiamax

Illustration des fiches 1 à 41
Dominique Fages

Cartographie
Hachette Éducation

Karine Juillien souhaite remercier Mme Nicole Juillien et M. François Martin pour leur relecture attentive.

Crédits photos et illustrations

- ***Photothèque Hachette :*** p. 122 Josse ; p. 123 (colonne) ; p. 123 (enseigne), p. 126, p. 130 (bas), p. 131 (bas), p. 133, p. 135 (bas), p. 136, p. 137 (haut et bas), p. 139 (haut et bas), p. 141, p. 142 (haut et bas), p. 145 (bas), p. 150 Lubtchansky ; p. 127 (bas) ; p. 130 (bas) ; p. 143 (milieu) Studio Brompton ; p. 144 (bas) ; p. 151.
- ***Leemage :*** p. 120 (reconstitution) De Agostini ; p. 131 (haut) Electa ; p. 138 De Agostini ; p. 146 Josse ; pp. 148-149 L. Ricciarini ; p. 153 De Agostini.
- ***Shutterstock images :*** p. 6 tabfotografie ; p. 9 View Apart ; p. 120 (SPQR) Annavee ; p. 121 Kwieciszewski ; p. 125 meunierd ; p. 127 (haut) mountainpix ; p. 127 (milieu) I. Pilon ; p. 128 N. Pavlakis ; p. 129 S. Reineck ; p. 130 (haut) F. Selivanov ; p. 134 A. Izzotti ; p. 135 (haut) L. Nifosi ; p. 140 (gauche) Mary ; p. 416, (droite) khd ; p. 143 (haut) DR ; p. 143 (bas) Federicofoto ; p. 144 (haut) Bumihills ; p. 145 (haut) Sailorr ; p. 152 A. Nekrassov.

ISBN 978-2-01-170040-7

Avant-propos

Omnia vincit amor. (Virgile, *Bucoliques*, X, 69)
L'amour triomphe de tout.

Dans cet ouvrage, notre objectif est de fournir à ceux qui souhaitent apprendre le latin une progression correspondant à leurs attentes, et cela depuis le niveau débutant jusqu'à un niveau plus avancé, voire très avancé ; le ***Bled latin*** s'adresse donc aussi bien aux apprentis latinistes des collèges ou des lycées, qu'aux étudiants et aux adultes, ainsi qu'à ceux qui ont besoin de se former en latin pour des raisons concrètes (cursus d'études ou formation professionnelle) et, bien sûr, aux esprits curieux de tous âges.

Nous avons conservé le concept fondateur de la série inaugurée par Édouard Bled pour l'enseignement du français : à chaque **fiche de grammaire** correspond une page d'**exercices progressifs** ; les deux ou trois premiers sont destinés aux débutants, les deux ou trois suivants à un niveau plus avancé, et le dernier – généralement un texte d'auteur – s'adresse à ceux qui ont une bonne maîtrise du latin. En outre, plusieurs fiches de grammaire sont accompagnées d'une rubrique de vocabulaire permettant de s'entraîner à décliner ou à conjuguer des termes très fréquents.

Des outils complémentaires permettront aux apprentis latinistes de résoudre des difficultés ou des questions qui pourraient les arrêter ou les décourager : tout d'abord, des fiches de **civilisation** qui peuvent éclairer une expression ou un texte, ensuite une série de **tableaux récapitulatifs des déclinaisons et des conjugaisons**, et enfin un **lexique** alphabétique où figurent les 800 mots les plus fréquents de la langue latine ; les apprendre par cœur facilitera la lecture des textes latins. Un **index** recense les termes grammaticaux employés dans l'ouvrage. Les **traductions** des textes proposés à la fin des pages d'exercices ont été élaborées par les auteurs de l'ouvrage, sauf indication contraire.

Les enseignants du secondaire peuvent trouver commode cette synthèse de la langue et de la civilisation latines, et encourager ainsi leurs élèves à un travail autonome : en effet, les exercices proposés sont systématiquement corrigés et permettent ainsi d'avancer plus rapidement. Nous avons voulu, avec les **dessins** illustrant les citations, colorer les fiches d'une touche d'humour et montrer que cette langue ancienne fondatrice de la nôtre n'a rien de rébarbatif. L'**iconographie** des pages de civilisation vient elle aussi éclairer l'ouvrage et compléter la connaissance du latin.

Nous espérons que ce manuel de référence complètera et consolidera les connaissances de ses utilisateurs, et leur donnera le plaisir de s'approprier peu à peu, et de mieux en mieux, la langue latine et les beaux textes des auteurs latins.

Les Auteurs

Sommaire

Corrigés

Civilisation

Tableaux récapitulatifs

Lexique

La langue latine

Le latin, une langue indo-européenne

• De nombreuses similitudes entre les langues de la plupart des pays d'Europe et certaines langues orientales (perse, sanskrit) ont conduit les savants à supposer l'existence d'une langue-mère que l'on appelle l'**indo-européen**, et dont on ignore l'origine géographique exacte. L'étude de ces langues a permis de distinguer **6 grandes familles**. Ce sont, d'Ouest en Est :

LANGUES					
celtiques	**romanes**	**germaniques**	**grec**	**slaves**	**indo-iraniennes**
gaulois*	latin*	germanique*	grec ancien*	slavon*	sanskrit*
irlandais	italien	allemand	grec moderne	russe	vieux-perse*
gallois	français	langues scandinaves		polonais	hindi
breton	espagnol	anglais		tchèque	iranien
	portugais			slovaque	
	roumain			bulgare	
				serbe	
				croate	

* langues dites « mortes »

• **Le latin est, à l'origine, la langue du Latium**, région d'Italie située autour de Rome. Les conquêtes en ont fait la langue de toute l'Italie ; mais au Sud et en Sicile, le grec s'est longtemps maintenu.

Alphabet et prononciation du latin

• Les anciens Romains écrivaient en majuscules ;
– ils notaient par **I** ce que nous distinguons par « i » et « j », et par **V** ce que nous distinguons par « u » et « v ».
– « w » n'existait pas en latin classique.
Il y avait donc à l'origine 23 lettres.
Aujourd'hui, nous distinguons majuscules et minuscules, et les lettres **J** et **V** ont été ajoutées : il y a donc 25 lettres.

– « k » et « z » sont utilisées pour noter des mots d'origine étrangère ;
– « y » note le son « ü » du grec ancien ;
– la lettre « q » est habituellement suivie de « u » ; « qu » se prononce « kw », « gu » se prononce « gw ».

• **En latin, toutes les lettres se prononcent**, sauf le H.

Dédicace à Agrippa sur le fronton du Panthéon, Rome : *M. Agrippa L. F. cos. tertium fecit* « Marcus Agrippa, fils de Lucius, consul pour la troisième fois, le fit bâtir ».

Prononciations particulières

e se prononce **é**
u se prononce **ou**
c se prononce **k**
j se prononce **y**
v se prononce **w** (comme en anglais)
g se prononce toujours comme dans **gare**

• Il existe en latin des **diphtongues** :
ae prononcé **aé** — **oe** prononcé **oé** — **au** prononcé **aou**

• L'évolution d'un mot se note par les signes suivants : **>** = donne **<** = vient de
Ex. : *vita > vie* *vie < vita*

Longueur des voyelles et des syllabes

• En latin, **les voyelles peuvent être longues ou brèves**. Ce phénomène, appelé la **quantité** des voyelles, est indiqué par la notation suivante :
ā = a long **ă** = a bref

• La longueur, ou quantité, d'une syllabe se définit selon 4 critères :
– généralement, si la voyelle est longue, la syllabe est longue ; si la voyelle est brève, la syllabe est brève ;
Ex. : ***vī / ta*** : la vie ***ă / mor*** : l'amour
– les diphtongues sont toujours longues ;
Ex. : ***caū / sa*** : la cause
– si la voyelle, même brève par nature, est suivie de deux consonnes, ou de **j**, **x** ou **z**, la syllabe est longue ;
Ex. : ***nōc / tem*** : la nuit ***dūx*** : le chef
⚠ **l** et **r** peuvent ne pas compter, et **h** ne compte pas.
Ex. : ***pā / tria*** ou ***pă / tria*** : la patrie
– une voyelle suivie d'une autre voyelle ou d'un **h** est toujours brève, donc la syllabe qu'elle forme est brève :
Ex. : ***fi / lĭ / us*** : le fils ***pŭ / er*** : l'enfant ***vĕ / ho*** : je transporte

Accentuation

Les mots latins ont un accent tonique, excepté quelques mots dits « enclitiques », comme la particule ***-que*** (« et ») qui se colle à un autre mot.

Principes d'accentuation

• L'accent n'est jamais sur la dernière syllabe ; tous les mots de **deux syllabes** sont donc accentués sur la première syllabe :
Ex. : ***ví**ta* : la vie

• si le mot a **trois syllabes ou plus**, il est accentué
– sur l'avant-dernière syllabe quand elle est longue (par nature ou par position).
Ex. : *na**tú**ra* : la nature (le **u** est long par nature) ;
*de**cép**tus* : déçu (le **e** est long par position, devant deux consonnes)
– sur la 3e syllabe à partir de la fin du mot, si l'avant-dernière syllabe est brève par nature ou par position.
Ex. : ***pó**pulus* : le peuple (le **u** est bref par nature)
***fí**lius* : le fils (le second **i** est bref par position, devant une autre voyelle)

Remarque

Devant un enclitique, l'accent se déplace toujours sur la voyelle précédente.
Ex. : *popu**lús**que* : et le peuple

Étymologie

• La place de l'accent en latin a des conséquences très importantes pour l'étymologie ; les syllabes accentuées se sont mieux conservées que les syllabes non accentuées, qui ont tendance à disparaître.
Ex. : ***pó**pulus* > peuple (le **u** non accentué a disparu)
*hospi**tá**lem* > *hôtel* (la syllabe intérieure « -pi- » a disparu)

• Le latin est passé en français par deux voies différentes :
– la **voie populaire**, où l'on constate des déformations dues à l'accentuation et à des prononciations plus ou moins précises ;
– la **voie savante**, surtout à partir de la Renaissance, où les mots latins sont parfaitement conservés, excepté la finale (***hospitálem*** > **hôpital**).

• Un même mot latin peut donc donner en français deux mots que l'on appelle des **doublets**, et dont le sens s'est progressivement différencié :
Ex. : ***hospitálem*** > hôpital par la voie savante
> hôtel par la voie populaire
mutare > muter et muer
navigare > naviguer et nager
captivum > captif et chétif
territorium > territoire et terroir
separare > séparer et sevrer
auscultare > ausculter et écouter
ministerium > ministère et métier
fragilem > fragile et frêle
integrum > intègre et entier

La composition des mots latins

Les mots latins sont composés d'un **radical** ou d'un **thème** :

• c'est l'élément stable qui indique le sens du mot ;
Ex. : *ama-re* : aimer — radical ***ama-***
causa : la cause — radical ***causa-***
– on appelle **thème** un radical suivi d'une voyelle de liaison ;
Ex. : *mitt-i-t* : il envoie — radical ***mitt-***, voyelle de liaison ***-i-***
amic-u-s : l'ami — radical ***amic-***, voyelle de liaison ***-u-***
– dans la pratique, on isole le thème comme un seul élément.
Ex. : *mitti-t* — thème ***mitti-***

• à ce radical ou thème peuvent s'ajouter :
– au début du mot : un **préfixe** ;
Ex. : ***ad****-mitti-t* : il envoie vers (quelque chose ou quelqu'un)
– à la fin du mot : une **terminaison** ou **désinence** ;
Ex. : *mitti -* ***t*** : il envoie *(**t** : désinence de la 3e personne du singulier)*
causa - ***s*** *(**s** : désinence d'accusatif pluriel)*
– un ou plusieurs **suffixes**, entre le radical ou thème et la désinence, ou à la fin du mot.
⚠ Certains suffixes servent à la conjugaison ou à la déclinaison du mot.
Ex. : *mitte-**ba**-m* : j'envoyais — ***-ba-*** est un suffixe de l'imparfait de l'indicatif
⚠ D'autres suffixes servent à former un mot dérivé à partir d'un autre mot.
Ex. : *ama-**tor*** : l'amant, l'amoureux — nom dérivé à partir du radical du verbe ***ama-re***

Principaux préfixes latins

Prépositions

La plupart des préfixes sont aussi des prépositions. Certaines subissent des transformations lorsqu'elles sont employées comme préfixes.

préfixe	sens	exemple
a- / ab-	loin de	***ab-eo*** : *je m'éloigne*
ad- / ac- / ap- / as- / at-	près de, vers	***ad-eo*** : *je vais vers* ***ac-clamo*** : *j'acclame*
circum-	autour	***circum-venio*** : *j'entoure*
cum- > **com-** *ou* **con-**	avec, ensemble / complètement	***con-venio*** : *je viens avec* ***con-ficio*** : *j'achève*

préfixe	sens	exemple
de-	du haut de ; en séparant	***de-scendo*** : *je descends* ***de-cedo*** : *je m'en vais*
ex-	hors de	***ex-eo*** : *je sors*
in- > im-, il-	dans, sur	***in-venio*** : *je tombe sur, je trouve* ***il-lumino*** : *j'éclaire*
inter-	entre	***inter-mitto*** : *j'interromps*
ob-	devant	***ob-jecto*** : *je jette devant, j'oppose*
per-	à travers / jusqu'au bout	***per-curro*** : *je parcours* ***per-ficio*** : *j'achève*
prae-	devant	***prae-sum*** : *je suis devant, à la tête de*
pro-	devant / à la place de	***pro-fero*** : *je présente* ***pro-consul*** : *proconsul**
sub- > sum-, sus-	sous	***sub-traho*** : *je tire par-dessous* ***sus-tineo*** : *je soutiens*
trans- > tra-	à travers	***trans-eo*** : *je traverse* ***tra-duco*** : *je fais passer*

* magistrat qui a le rôle du consul dans les provinces.

Autres préfixes

dis-	en séparant / contraire de	***dis-cedo*** : *je m'éloigne* ***dis-similis*** : *dissemblable*
in- > im-, il-, ir-	non	***in-dignus*** : *indigne* ***ir-religiosus*** : *irreligieux*
re- / red-	en arrière, de nouveau	***re-ficio*** : *je refais* ***red-eo*** : *je reviens*

Inscription sur un piédestal qui aurait servi de tribune à César (voir fiche 60) :
C. Caesar dict(ator) Rubicone superato civili bell(o) Commilit(ones) suos hic (in foro Arimino allocutus est)
Caius César, après avoir franchi le Rubicon, lors de la guerre civile, s'est adressé ici, sur la place de Rimini, à ses compagnons.

Principaux suffixes formant des noms dérivés

suffixe	génitif	nom
-on > -o	-onis *ou* -inis	*(masculins)* ***homo, hominis*** : *l'homme* *(féminins)* ***regio, regionis*** : *la région*
-do	-dinis	*(masculins)* ***cupido, cupidinis*** : *le désir* *(féminins)* ***formido, formidinis*** : *la crainte*
-tudo	-tudinis	*(féminins)* ***multitudo, multitudinis*** : *la foule*
-tio	-tionis	*(féminins)* ***natio, nationis*** : *la nation*
-or	-oris	*(masculins)* ***dolor, doloris*** : *la douleur* *(féminins)* ***arbor, arboris*** : *l'arbre*
-tor	-toris	*(masculins)* ***orator, oratoris*** : *l'orateur*
-tas	-tatis	*(féminins)* ***libertas, libertatis*** : *la liberté*
-mentum	-menti	*(neutres)* ***argumentum, argumenti*** : *l'argument*
-men	-minis	*(neutres)* ***nomen, nominis*** : *le nom*

1 Fonctions et cas

L'ordre des mots en français

• En français, l'ordre des mots détermine leur fonction et le sens global de la phrase.
L'homme regarde **le cheval** (COD). ≠ **Le cheval** (sujet) regarde l'homme.

• Si l'ordre des mots n'est pas conforme aux règles, la phrase n'a pas de sens.
~~Regarde le cheval l'homme~~.

L'ordre des mots en latin

• En latin, c'est la terminaison des mots qui détermine leur fonction. **L'ordre des mots est donc plus souple qu'en français.**
*Vir spectat equ**um**.* = *Equ**um** spectat vir.* = L'homme regarde le cheval.
*Equus spectat vir**um**.* = *Vir**um** equus spectat.* = Le cheval regarde l'homme.

⚠ **Il n'y a pas d'article en latin.** Lorsqu'on traduit un nom, il faut donc choisir l'article français qui convient en fonction du contexte.
equus : le cheval / un cheval
aqua : l'eau / une eau / de l'eau

Les cas

• En latin, les noms sont composés d'un **radical** et d'une **terminaison** que l'on appelle « **désinence** » (du latin ***desino*** qui signifie « se terminer »).

• Chaque désinence détermine une fonction en français, appelée **cas** en latin.

• Il existe **six cas** en latin qui correspondent à une ou plusieurs fonctions en français.

cas	fonctions	exemples
Nominatif (N.)	• sujet • attribut du sujet	• **Mon ami** m'a accompagnée. • Il est **mon ami**.
Vocatif (V.)	apostrophe	Cher **ami**, entrez !
Accusatif (Acc.)	complément d'objet direct (COD)	J'apprécie **tes amis**.
Génitif (G.)	complément du nom (CDN)	Vous attendez l'arrivée **de vos amis**.
Datif (D.)	• complément d'objet indirect (COI) • complément d'objet second (COS)	• Il parle **à son ami**. • Il donne des nouvelles **à son ami**.
Ablatif (Abl.)	complément circonstanciel (CC)	Tu es heureux **grâce à tes amis**.

• **Décliner un nom**, c'est énumérer dans l'ordre du tableau toutes les formes qu'il peut prendre, au singulier comme au pluriel.

Le dictionnaire

Dans un dictionnaire de latin, chaque **nom** est présenté avec trois informations :
– la 1re forme est le **nominatif singulier** ;
– la 2e est le **génitif**, qui indique à quelle déclinaison appartient le nom ;

1re déclinaison	2e déclinaison	3e déclinaison	4e déclinaison	5e déclinaison
-**ae**	-**i**	-**is**	-**us**	-**ei**

– la 3e est la mention du **genre** (masculin, féminin ou neutre).
Ex. : ***equus***, *-i*, **m.** : le cheval

***SPQR* (*Senatus PopulusQue Romanus*).**
Le Sénat et le peuple romain.

exercices

CORRIGÉS P. 92

1 Trouvez la fonction grammaticale des groupes nominaux en gras.

a. Je me consacre **au latin**.
b. J'apprends **le latin**.
c. Je progresse en français **grâce au latin**.
d. **Le latin** est une langue ancienne.
e. Je fais des exercices **de latin**.

2 Relevez tous les noms ou groupes COD dans le texte suivant.

Poussé par la faim, un renard cherchait à attraper un raisin sur une treille en sautant de toutes ses forces ; mais comme il ne pouvait l'atteindre, il s'éloigna en disant : « Il n'est pas encore mûr ; je ne veux pas cueillir un fruit vert ».

Phèdre, « Sur le renard et le raisin », I, 3.

3 Trouvez les cas des noms en gras.

Dans **un pré**, un jour, **une grenouille** aperçut **un bœuf**, et, soudain envieuse d'une si grande taille, elle enfla **sa peau** rugueuse ; alors, elle demanda **à ses petits** si elle était plus grosse que le bœuf. Ils dirent que non. [...] Enfin, dépitée, en voulant s'enfler bien davantage, elle éclata et s'étala **à terre**.

Phèdre, « La grenouille éclatée et le bœuf », I, 24.

4 En vous aidant du lexique p. 176, trouvez le genre des noms suivants. lexique

a. dominus
b. puella
c. soror
d. civitas
e. amor
f. bellum
g. ager
h. virtus

5 En vous aidant du lexique, relevez les noms parmi les mots suivants. lexique

a. amo
b. regio
c. beatus
d. cito
e. cresco
f. vestis
g. omnis
h. pro
i. mare
j. juvenis

6 Relevez le plus de noms possible dans le texte en latin à l'aide de la traduction.

[...]
Ranae, vagantes liberis
paludibus, clamore magno regem petiere
ab Jove, qui dissolutos mores vi
compesceret. Pater deorum risit atque
illis dedit parvum tigillum, missum
quod subito vadi motu sonoque terruit
pavidum genus.
[...]

[...]
Des grenouilles, errant dans leurs libres
marais, demandèrent à grand cri à Jupiter
un roi, qui puisse réprimer par la force
leurs mœurs dissolues. Le père des dieux
rit et leur donna une petite poutre, qui,
lancée dans un bas fond, terrifia
immédiatement par son mouvement
et son bruit la craintive espèce.
[...]

Phèdre, « Ranae regem petunt » (« Les grenouilles demandent un roi »), *Fables*, I, 2.

2 La première déclinaison

- La 1re déclinaison regroupe des noms dont le **nominatif singulier** se termine par ***-a***.
- La désinence de leur **génitif singulier** est ***-ae***.
- Ces noms sont en majorité **féminins**.

La déclinaison

Pour décliner un nom, il faut systématiquement trouver son radical à partir du génitif singulier duquel on retire la désinence. Une fois le radical obtenu, il suffit d'ajouter la désinence correspondant au cas demandé.

Modèle

***causa**, -ae,* f. : la cause

cas	singulier	pluriel
N.	caus**a**	caus**ae**
V.	caus**a**	caus**ae**
Acc.	caus**am**	caus**as**
G.	caus**ae**	caus**arum**
D.	caus**ae**	caus**is**
Abl.	caus**a**	caus**is**

⚠ Quelques noms se déclinent comme ***causa*** mais sont du genre **masculin**.
– les noms propres d'hommes :
***Catilina**, -ae,* m. : Catilina (un homme politique)
– les noms de fleuves :
***Sequana**, -ae,* m. : la Seine
– les noms de professions ou d'activités exercées par des hommes :
***nauta**, -ae,* m. : le marin

⚠ L'expression « ***paterfamilias***, le père de famille » comporte un génitif singulier archaïque ***familias*** au lieu de ***familiae***.
***paterfamilias**, patrisfamilias,* m. : le père de famille

- Un ancien cas, le **locatif**, s'est maintenu dans la 1re déclinaison pour indiquer le lieu où l'on est, sans utiliser de préposition quand il s'agit de villes ou de petites îles. Il se termine, comme le génitif singulier, en ***-ae***.

Ex. : *Rom**ae** sum.* Je me trouve à Rome.

VOCABULAIRE

copia, *-ae,* f. : l'abondance
pluriel : *copiae, -arum* : les troupes

cura, *-ae,* f. : le soin, le souci

fama, *-ae,* f. : la réputation

fortuna, *-ae,* f. : la fortune, le sort

ira, *-ae,* f. : la colère

natura, *-ae,* f. : la nature

poena, *-ae,* f. : le châtiment

terra, *-ae,* f. : la terre

via, *-ae,* f. : la route, le chemin

vita, *-ae,* f. : la vie

Audentes fortuna juvat.
La chance aide les audacieux.

exercices

CORRIGÉS P. 92

1 Trouvez le radical des noms suivants puis précisez leur sens.

a. natura b. cura c. fama d. poena e. terra f. ira

2 Recopiez et complétez le tableau suivant.

	copia	fortuna	via	vita
accusatif sing.				
ablatif sing.				
génitif pluriel				
datif pluriel				

3 Identifiez tous les cas possibles des noms suivants et indiquez les fonctions correspondantes en français.

a. copias
b. famae
c. curam
d. terrarum
e. irae
f. viis
g. vita

4 Donnez la fonction des noms en gras puis les cas correspondants, et traduisez-les.

a. Marcus défend toujours la **cause** de son fils.
b. La mauvaise **réputation** de son mari a provoqué **la colère** de son épouse.
c. Dans le camp, les soldats subissent **des châtiments** : les **troupes** ont le **souci** de leur **réputation**.
d. Que la **Fortune** nous accorde **une vie** heureuse **sur terre** !

5 Associez chaque expression latine à sa traduction.

a. patrisfamilias fortuna
b. dearum ira
c. copia poenarum
d. in viis terrae
e. nautae cura

1. *le souci du marin*
2. *la colère des déesses*
3. *sur les chemins de la terre*
4. *l'abondance des châtiments*
5. *le sort du père de famille*

6 À l'aide du vocabulaire p. 12, retrouvez les mots latins dont sont issus les mots en gras et donnez leur traduction.

a. faire une **cure** de **vitamines**
b. un organe **vital**
c. un enfant **irascible**
d. les routes **terrestres**
e. un repas **copieux**
f. un quartier mal **famé**

7 Complétez la traduction de ces expressions latines.

a. Ad vitam aeternam : *pour … éternelle.*
b. Omnes viae Romam agunt : *tous les … mènent à … .*
c. Curriculum vitae : *la carrière … .*

3 La deuxième déclinaison

- La 2e déclinaison regroupe des noms dont le **nominatif singulier** se termine par ***-us*** (masculins) et ***-um*** (neutres).
- La désinence de leur **génitif singulier** est *-i*.

Masculin
amicus, *-i*, m. : l'ami

cas	singulier	pluriel
N.	amic**us**	amic**i**
V.	amic**e**	amic**i**
Acc.	amic**um**	amic**os**
G.	amic**i**	amicor**um**
D.	amic**o**	amic**is**
Abl.	amic**o**	amic**is**

Neutre
bellum, *-i*, n. : la guerre

cas	singulier	pluriel
N.	bell**um**	bell**a**
V.	bell**um**	bell**a**
Acc.	bell**um**	bell**a**
G.	bell**i**	bell**orum**
D.	bell**o**	bell**is**
Abl.	bell**o**	bell**is**

Au neutre, les trois premiers cas (N., V., Acc.) ont des terminaisons identiques au singulier comme au pluriel.

⚠ Quelques noms se déclinent comme ***amicus*** mais sont du genre **féminin**.
– les noms d'arbres : ***ficus***, *-i*, f. : le figuier
– les noms de pays ou de villes : ***Aegyptus***, *-i*, f. : l'Égypte ***Corinthus***, *-i*, f. : Corinthe

Particularités

- Certains noms masculins de la 2e déclinaison ne se terminent pas par ***-us*** mais par ***-er***. Ils conservent cette désinence en ***-er*** au nominatif et au vocatif singulier, mais se déclinent sur le modèle de ***amicus*** dès l'accusatif singulier.

puer, *pueri*, m. : l'enfant
ager, *agri*, m. : le champ
vir, *viri*, m. : l'homme (par opposition à la femme)
magister, *-tri*, m. : le maître

⚠ Les mots de type ***ager***, ***magister*** **perdent le *-e-*** aux autres cas que le nominatif et le vocatif. Attention au **génitif** qui permet de retrouver le radical.

- Les noms en ***-ius*** ont un vocatif singulier en ***-i***. ***Mi fili !*** Mon fils !
- Le mot « ***deus***, *dei*, m. : dieu » n'a pas de vocatif singulier.
- Trois noms **neutres** ont un nominatif singulier en ***-us***.

vulgus, *-i*, n. : la foule ***virus***, *-i*, n. : le poison ***pelagus***, *-i*, n. : la mer
Le vocatif et l'accusatif singulier sont donc également en ***-us*** et ils n'ont pas de pluriel.

VOCABULAIRE

noms masculins
animus, *-i*, m. : l'esprit
annus, *-i*, m. : l'année
deus, *-i*, m. : le dieu
equus, *-i*, m. : le cheval
filius, *-ii*, m. : le fils
locus, *-i*, m. : le lieu
modus, *-i*, m. : la manière
numerus, *-i*, m. : le nombre
oculus, *-i*, m. : l'œil
populus, *-i*, m. : le peuple

noms neutres
arma, *armorum*, n. pl. : les armes (pas de sing.)
beneficium, *-ii*, n. : le bienfait
caelum, *-i*, n. : le ciel
castra, *-orum*, n. pl. : le camp militaire (pas de sing.)
consilium, *-ii*, n. : la décision, le conseil
imperium, *-ii*, n. : le pouvoir
periculum, *-i*, n. : le danger
regnum, *-i*, n. : le règne
signum, *-i*, n. : le signe
verbum, *-i*, n. : le mot

A bove ante, ab asino retro, a stulto undique caveto.
Prends garde au bœuf par devant, à l'âne par derrière, à l'imbécile par tous les côtés.

exercices

CORRIGÉS P. 93

1 Distinguez les noms parisyllabiques des noms imparisyllabiques.

a. mare, -is, *n., la mer*
b. crimen, criminis, *n., l'accusation, le crime*
c. nox, noctis, *f., la nuit*
d. civis, -is, *m., le citoyen*
e. mens, mentis, *f. l'esprit*
f. caedes, -is, *f., le meurtre*
g. urbs, urbis, *f., la ville*
h. miles, militis, *m., le soldat*

2 Déclinez les noms suivants au singulier et au pluriel.

a. orator, -is, *m., l'orateur*
b. nomen, nominis, *n., le nom*
c. lex, legis, *f., la loi*
d. pes, pedis, *m., le pied*

3 Trouvez le cas et le nombre des formes suivantes.

a. nominis b. oratorem c. nominum d. oratore e. pedi

4 a) À l'aide du tableau p. 16, donnez le cas et le nombre des noms suivants.
b) Retrouvez leur nominatif et leur génitif singulier, ainsi que leur genre. lexique

a. legem
b. sceleris
c. flumina
d. nocte
e. plebi
f. principum
g. militis
h. mari
i. hostes
j. urbium

5 a) Précisez si les noms en gras sont parisyllabiques ou imparisyllabiques.
b) Donnez tous les cas possibles de ces noms puis, en vous aidant de la traduction, identifiez le cas précisément employé dans le texte.

Notre pays au temps de César…

Gallia est omnis divisa in **partes** tres, quarum unam incolunt Belgae, aliam Aquitani, tertiam qui ipsorum lingua Celtae, nostra Galli appellantur. Hi omnes lingua, institutis, **legibus** inter se differunt.

César, *La Guerre des Gaules*, I, 1.

La Gaule toute entière est divisée en trois parties : les Belges en habitent une, les Aquitains la seconde, et la troisième ceux qui s'appellent, dans leur propre langue, les Celtes, et dans la nôtre, les Gaulois. Ils se distinguent tous entre eux par leur langue, leurs institutions et leurs lois.

5 La quatrième et la cinquième déclinaisons

La quatrième déclinaison

- La 4e déclinaison regroupe des noms majoritairement **masculins**.
- La désinence de leur **génitif singulier** est en ***-us***.

⚠ Il ne faut pas les confondre avec les noms de la 2e déclinaison au nominatif en ***-us*** que l'on reconnaît à leur génitif en ***-i***.

Masculin et féminin

exercitus, *exercitus*, m. : l'armée

cas	singulier	pluriel
N.	exercit**us**	exercit**us**
V.	exercit**us**	exercit**us**
Acc.	exercit**um**	exercit**us**
G.	exercit**us**	exercit**uum**
D.	exercit**ui**	exercit**ibus**
Abl.	exercit**u**	exercit**ibus**

Neutre

cornu, *cornus*, n. : la corne

cas	singulier	pluriel
N.	corn**u**	corn**ua**
V.	corn**u**	corn**ua**
Acc.	corn**u**	corn**ua**
G.	corn**us**	corn**uum**
D.	corn**ui**	corn**ibus**
Abl.	corn**u**	corn**ibus**

Exceptions

Les mots ***manus*** (la main), ***porticus*** (le portique) et ***domus*** (la maison) sont **féminins**.

Particularités

Le mot « ***domus***, *-us*, f. : la maison » a quelques formes particulières : à l'ablatif singulier, ***domo*** ; à l'accusatif pluriel, ***domus*** ou ***domos*** ; au génitif pluriel, ***domuum*** ou ***domorum***.

⚠ Ce mot a conservé un **locatif**. Il se termine par ***-i***.

Ex. : *domi* : à la maison

La cinquième déclinaison

- La 5e déclinaison regroupe des noms majoritairement **féminins**.
- La désinence de leur **génitif singulier** est en ***-ei***.
- Peu de mots appartiennent à cette déclinaison.

⚠ « ***Dies***, *diei*, le jour » peut être masculin ou féminin.

Masculin et féminin

res, *rei*, f : la chose

cas	singulier	pluriel
N.	r**es**	r**es**
V.	r**es**	r**es**
Acc.	r**em**	r**es**
G.	r**ei**	r**erum**
D.	r**ei**	r**ebus**
Abl.	r**e**	r**ebus**

VOCABULAIRE

Noms de la 4e déclinaison

cultus, *-us*, m. : la civilisation, la culture
cursus, *-us*, m. : la course ; le voyage
cursus honorum : la carrière politique
domus, *-us*, f. : la maison
manus, *-us*, f. : la main
metus, *-us*, m. : la crainte
vultus, *-us*, m. : le visage

Noms de la 5e déclinaison

acies, *aciei*, f. : le regard ; l'armée en ligne
dies, *diei*, m./f. (au pl. m.) : le jour
fides, *-ei*, f. : la confiance, l'appui
res, *rei*, f. : la chose
species, *-ei*, f. : l'aspect, l'espèce
spes, *spei*, f. : l'espoir

Casus belli
Cas de guerre

exercices

CORRIGÉS P. 94

1 Donnez la déclinaison de ces noms en cherchant leur génitif singulier. lexique

a. puer
b. anima
c. templum
d. spes
e. urbs
f. frater
g. poeta
h. senatus
i. ficus
j. civis

2 À quelle déclinaison appartiennent ces noms ? Justifiez votre réponse.

a. locus, -i, *m., le lieu*
b. manus, -us, *f., la main*
c. genus, generis, *n., le genre, l'espèce*
d. amicus, -i, *m., l'ami*
e. tellus, -uris, *f., la terre*
f. gladius, -ii, *m., le glaive*

3 À quelle déclinaison appartiennent ces noms ? Justifiez votre réponse.

a. caedes, -is, *f., le massacre*
b. miles, militis, *m., le soldat*
c. fides, -ei, *f.*
d. pes, pedis, *m., le pied*
e. spes, -ei, *f.*
f. eques, -itis *m., le cavalier*

4e déclinaison

4 Déclinez les noms suivants au singulier et au pluriel.

a. metus, -us, *m.*
b. cornu, -us, *n.*
c. vultus, -us, *m.*

5 Donnez le ou les cas possibles des mots suivants puis traduisez-les.

a. cornuum
b. manus
c. cornua
d. manum
e. manibus
f. metui

5e déclinaison

6 Déclinez les noms suivants.

a. dies
b. spes
c. species
d. fides
e. acies

7 Identifiez tous les cas possibles des mots suivants.

a. die
b. spem
c. acies
d. diebus
e. rerum

8 a) Présentez les noms en gras avec leur traduction comme dans le dictionnaire. lexique

b) À quelle déclinaison appartiennent-ils ? Justifiez votre réponse.

Frontières et mœurs

Gallos ab Aquitanis Garumna **flumen**, a Belgis Matrona et Sequana dividit. Horum omnium fortissimi sunt Belgae, propterea quod a **cultu** atque **humanitate** provinciae longissime absunt, [...] proximique sunt Germanis, qui trans Rhenum incolunt, quibuscum continenter bellum gerunt. Qua de causa Helvetii quoque reliquos Gallos **virtute** praecedunt, quod fere cotidianis proeliis cum Germanis contendunt [...].

César, *La Guerre des Gaules*, I, 1.

6 Sens précis des cas en latin (1)

Le nominatif

(*nominare*, nommer)

Il est utilisé pour désigner le **sujet** du verbe conjugué et **tout ce qui se réfère au sujet**, en particulier l'**attribut du sujet**.

Ex. : *Lupus venit.* Le loup vient. *Lupus saevus est.* Le loup est cruel.

Le vocatif

(*vocare*, appeler)

Il est utilisé pour **interpeller quelqu'un**, plus rarement quelque chose.

Ex. : *Amice, unde venis ?* Mon ami, d'où viens-tu ?

L'accusatif

(*accusare*, mettre en cause)

Il sert à indiquer :

- soit **l'objet de l'action exprimée par le verbe** (COD),

Ex. : *Lupus agnum vorat.* Le loup dévore l'agneau.

- soit la **direction dans l'espace** (lieu où l'on va), dans **le temps** (durée) ou dans **l'intention** (but) ; dans ce cas, il peut être précédé d'une préposition qui en précise le sens.

Ex. : *In urbem venit* / *Ad urbem venit.* Il vient dans la ville / Il vient vers la ville.
Tres annos regnavit. Il régna pendant trois ans.
Orator vocatur ad causam dicendam. L'orateur est appelé pour plaider la cause.

⚠ Certains verbes se construisent avec deux accusatifs (le « **double accusatif** ») qui marquent la personne et la chose qui sont objets de l'action.

Ex. : *Doceo pueros grammaticam.* J'enseigne la grammaire aux enfants.

Le génitif

(*geno / gigno*, engendrer)

Il est utilisé :

- en tant que **complément du nom** ; il se place le plus souvent devant le nom qu'il détermine. Il peut avoir un sens objectif ou subjectif.

Ex. : *hostium metus* : la peur des ennemis (celle qu'ils éprouvent ou celle qu'ils inspirent).

- pour **désigner le tout dont on prend une partie** :

– en complétant un nom (complément du nom) ou un superlatif (complément du superlatif).

Ex. : *magna pars civium* : une grande partie des citoyens
doctissimus discipulorum : le plus savant des élèves

– en complétant certains verbes (équivalent du COI introduit par la préposition **de**).

Ex. : *Beneficiorum memini.* Je me souviens des bienfaits.

- Le verbe ***sum*** (être) construit avec le génitif signifie « être le propre de ».

Ex. : *Est regis.* C'est le propre du roi.

Asinus asinum fricat.
L'âne gratte l'âne.
(Qui se ressemble s'assemble.)

exercices

CORRIGÉS P. 95

1 Complétez les traductions. Les noms latins en gras sont-ils au nominatif, au vocatif ou à l'accusatif ? lexique

a. **Miles**, noli habere hostium **metum**. *..., n'aie pas peur des ennemis.*
b. **Miles** hostium **metum** non habet. *... n'a pas peur des ennemis.*
c. **Amice**, **periculum** magnum est. *..., le danger est grand.*
d. **Amicus** magnum **periculum** vidit. *... a vu le grand danger.*
e. **Fortuna**, **gens** nostra magnam **gratiam** tibi agit. *..., notre ... a pour toi une grande ... .*

2 Relevez le nom au génitif dans les expressions, puis traduisez celles-ci. lexique

a. Patris verba.
b. Puerorum equi.
c. Senatus imperium.
d. Deorum ira.
e. Gentium nomina.

3 Traduisez les phrases après avoir donné le cas de chaque mot en gras. lexique

a. **Milites** in **mare arma** jaciunt *(jettent)*.
b. **Dux** insilit *(saute)* in **equum** ad **bellum** gerendum *(mener)*.
c. **Populus deos** tres *(trois)* **dies** precatus est *(pria)*.
d. **Vir** ad **agros** per **urbem** adit *(se rend)*.
e. **Curas** ad **rempublicam** conservandam *(conserver)* conferebas *(tu consacrais)*.

4 Traduisez les phrases suivantes. À quel cas sont les noms en gras ? Quelle fonction occupent-ils dans la traduction française ? lexique

a. **Populi caeli iram** timent *(craignent)*.
b. **Duces exercitum** ad **bellum** ducunt *(conduisent)*.
c. **Puer**, **gentis nomina** disce *(apprends)*.
d. **Principes**, **periculorum metum** nolite habere *(n'ayez pas)*.
e. **Acies hostium** ferocissimum *(le plus féroce)* vicit *(vainquit)*.

5 a) Complétez la traduction. lexique
b) Donnez le cas des noms en gras, puis leur fonction.
c) Par quel procédé l'auteur insiste-t-il sur le bruit ?

Le philosophe romain Sénèque, espérant trouver la tranquillité dans une ville d'eaux de la baie de Naples, est cruellement déçu. Il raconte cette mésaventure avec humour à son ami Lucilius.

Ecce varius **clamor** undique me circumsonat : supra ipsum **balneum** habito. Propone nunc tibi omnia **genera vocum**, quae in **odium** possunt **aures** adducere : cum **fortiores** exercentur et **manus** plumbo graves jactant, [...] **gemitus** audio.

Sénèque, *Lettres à Lucilius*, LVI.

Voici qu'une multiple ... m'enveloppe de tous côtés : j'habite juste ... d'un bain public. Imagine-toi toutes les ... de ... qui peuvent conduire nos oreilles à ... : quand les costauds s'entraînent et balancent leurs ... chargées d'haltères, j'entends des gémissements.

7 Sens précis des cas en latin (2)

Le datif
(*dare*, donner)

- Il sert à indiquer le **destinataire** de l'action et correspond au **complément d'objet second** (ou complément d'attribution).

Ex. : *Do vestem pauper**i**.* Je donne un vêtement au pauvre.

- Il indique le **possesseur** quand il est construit avec le verbe ***sum*** (être).

Ex. : *Mih**i** est liber.* Un livre est à moi → J'ai un livre.

Le verbe ***sum*** peut avoir deux compléments au datif (le **double datif**).

Ex. : *Hoc erit **tibi** dolor**i**.* Ceci sera pour toi une cause de douleur (mot à mot : « pour la douleur »).

- Il **complète certains verbes** et correspond souvent au **complément d'objet indirect** introduit par la préposition **à**.

Ex. : *Bonus vir nemin**i** nocet.* Un homme bon ne nuit à personne.

L'ablatif
(*ablatus*, participe de *aufero*, emporter)

- Il marque avant tout des **compléments circonstanciels**, avec deux sens principaux :
– l'**idée de point fixe ou de point de départ**, au propre et au figuré ;

Ex. : ***In*** *urb**e** sum.* Je suis dans la ville. ***Ex*** *urb**e** redeo.* Je reviens de la ville.
*Terti**a** hor**a** veniet.* Il viendra à la troisième heure.
*Fam**e** interiit.* Il mourut de faim (cause).
*Ille orator Ciceron**e** melior est.* Cet orateur est meilleur que Cicéron (point de comparaison).

– l'**idée de moyen ou d'accompagnement**.

Ex. : *Miles pil**o** pugnabat.* Le soldat combattait avec un javelot.
Cum *amic**is** ambulamus.* Nous nous promenons avec des amis.

- Certains verbes se construisent avec l'ablatif.

Ex. : *Amici consili**is** utor.* J'utilise les conseils d'un ami.

- Précédé de la préposition ***a*** / ***ab*** avec un verbe au passif, l'ablatif marque le complément d'agent quand il s'agit d'un être animé.

Ex. : ***Ab*** *hostib**us** miles interficitur.* Le soldat est tué par les ennemis.

Rôle des prépositions

- Les prépositions apportent des nuances de sens.

Ex. : *Eo **in** urb**em**.* Je vais dans la ville (à l'intérieur).
*Eo **ad** urb**em**.* Je vais vers la ville (à proximité).
*Exeo **ex** urb**e**.* Je sors de la ville (de l'intérieur).
*Abeo **ab** urb**e**.* Je m'éloigne de la ville (des environs).

- Le dictionnaire indique la construction de chacune d'elles.

propter (+ Acc.) : à cause de ***sine*** (+ Abl.) : sans

In cauda venenum.
Dans la queue (du scorpion) le venin.
(Méfiez-vous de la fin d'un discours ou d'un poème, parfois méchante !)

exercices

CORRIGÉS P. 95

1 Traduisez les datifs en caractères gras et précisez leur fonction.

a. Pater **filio** equum dat. *Le père donne un cheval … .*
b. Magister **pueris** fabulam narrat. *Le maître raconte une histoire … .*
c. Hic ager **militi** est. *Ce champ est … .*
d. Servi **domino** parent. *Les esclaves obéissent … .*

2 Traduisez les phrases à l'aide du lexique et des mots donnés entre parenthèses. Quelle est la fonction des compléments à l'ablatif en caractères gras ? lexique

a. In **agris equis** utimur *(nous nous servons).*
b. Fortuna **deis** potentior *(plus puissant)* est.
c. Hostes e **navibus** sine **metu** exeunt *(sortent).*
d. Dux ab **Italia** postero **die** cum **copiis** abiit *(s'éloigna).*

3 Identifiez le cas des noms en gras et précisez leur fonction, puis traduisez les phrases. lexique

a. Fortuna divitias **hominibus** vario **modo** tribuit *(a attribué).*
b. Milites in **pugna auxilio duci** veniunt *(viennent).*
c. Exercitus ab **hostibus** sub **moenibus** deletus est *(fut écrasée).*

4 En utilisant le vocabulaire des exercices 2 et 3, traduisez en latin :

a. Le soldat s'éloigna des remparts.
b. Les armées viennent en aide aux chefs.
c. Le destin a attribué le pouvoir *(voca. p. 14)* au Sénat.

5 a) Complétez la traduction de cette lettre. lexique
b) Identifiez les cas des noms en italiques ; quelle précision apportent les prépositions ?
c) Quelle est, selon Sénèque, la définition de l'esclavage ?

Sénèque et les esclaves.

Libenter **ex** his qui **a** te veniunt cognovi familiariter te **cum** ***servis*** tuis vivere : hoc ***prudentiam*** tuam […] decet. « ***Servi*** sunt ». Immo homines. […] Ostende quis non sit [servus]. Alius ***libidini*** servit, alius ***avaritiae***, […], omnes ***spei***, omnes ***timori***. […] Nulla servitus turpior est quam voluntaria.

Sénèque, *Lettres à Lucilius*, V, 47.

J'apprends avec plaisir, des visiteurs qui viennent de chez toi, que tu vis comme en famille … : cela manifeste bien ta … […] . « Ce sont … ». Mieux, … Montre-moi qui ne l'est pas [esclave]. L'un est asservi …, un autre …, tous le sont …, et tous … […]. Aucune servitude n'est plus infâme que la servitude volontaire.

8 L'adjectif qualificatif (1)

Fonctions et accords de l'adjectif qualificatif

• En français, l'adjectif qualificatif peut avoir plusieurs fonctions : **épithète liée** ou **détachée**, **attribut du sujet** ou **du COD**.

• En latin, l'adjectif n'a **pas de fonction propre**. Il **s'accorde en genre, en nombre et en cas** avec le nom auquel il se rapporte (comme en français), mais **pas en déclinaison**. Ainsi, l'adjectif n'a pas forcément la même désinence que le mot qu'il qualifie.

Ex. : ***Clarum*** *oratorem audimus.* Nous écoutons le célèbre orateur.

épithète liée s'accordant avec *oratorem*, COD à l'accusatif masc. sing.

Orator ***clarus*** *est.* L'orateur est célèbre.

attribut du sujet s'accordant avec *orator*, sujet au nominatif masc. sing.

Particularités

• Comme en français, **l'adjectif peut être employé comme nom** (substantivé) :

Ex. : ***boni*** les bons (les bons citoyens)

• En latin, tous les adjectifs peuvent être substantivés au neutre, surtout au pluriel.

Ex. : ***bona*** les choses bonnes (les biens)

Les adjectifs de la 1re classe

• Ils suivent :

– au masculin et au neutre, la 2e déclinaison (modèles ***amicus*** et ***bellum***) ;

– au féminin, la 1re déclinaison (modèle ***causa***).

• Dans le dictionnaire, l'adjectif est présenté avec trois informations : **nominatif masculin singulier, féminin, neutre** (désinences du féminin et du neutre notées en abrégé).

Ex. : *bonus, bona, bonum* → ***bonus, -a, -um,*** bon

• Certains adjectifs ont un nominatif et un vocatif en ***-er*** au masculin (comme ***puer*** ou ***ager***) ; on obtient leur radical à partir du nominatif féminin singulier.

Ex. : *miser, misera, miserum* → ***miser, -era, -erum,*** malheureux (radical ***miser-***)

pulcher, pulchra, pulchrum → ***pulcher, -chra, -chrum,*** beau (radical ***pulchr-***)

cas	singulier			pluriel		
	masc.	fém.	neutre	masc.	fém.	neutre
N.	bon**us**	bon**a**	bon**um**	bon**i**	bon**ae**	bon**a**
V.	bon**e**	bon**a**	bon**um**	bon**i**	bon**ae**	bon**a**
Acc.	bon**um**	bon**am**	bon**um**	bon**os**	bon**as**	bon**a**
G.	bon**i**	bon**ae**	bon**i**	bon**orum**	bon**arum**	bon**orum**
D.	bon**o**	bon**ae**	bon**o**	bon**is**	bon**is**	bon**is**
Abl.	bon**o**	bon**a**	bon**o**	bon**is**	bon**is**	bon**is**

VOCABULAIRE

bonus, *-a, -um* : bon
longus, *-a, -um* : long
magnus, *-a, -um* : grand
malus, *-a, -um* : mauvais
medius, *-a, -um* : situé au milieu
multus, *-a, -um* : nombreux
novus, *-a, -um* : nouveau
parvus, *-a, -um* : petit
primus, *-a, -um* : premier
superus, *-a, -um* : situé en haut

Mens sana in corpore sano.
Un esprit sain dans un corps sain.
(Un idéal d'équilibre)

exercices

CORRIGÉS P. 96

1 Traduisez, puis déclinez au nombre indiqué entre parenthèses (attention au genre).

a. bonus amicus *(sing.)*
b. longa vita *(pl.)*
c. novum bellum *(pl.)*
d. magnus numerus *(pl.)*
e. mala fortuna *(sing.)*

2 Indiquez tous les cas possibles des noms suivants, puis accordez l'adjectif donné entre parenthèses avec chaque nom (il peut y avoir plusieurs possibilités). Traduisez les groupes obtenus.

a. (medius, -a, -um) viae b. (malus, -a, -um) equis c. (magnus, -a, -um) beneficia

3 Traduisez, puis déclinez au nombre indiqué entre parenthèses. Attention au genre.

a. bonus civis *(pl.)*
b. novus dux *(sing.)*
c. miser puer *(sing.)*
d. malus filius *(pl.)*
e. multa gens *(pl.)*

4 Indiquez tous les cas possibles des noms suivants, puis accordez l'adjectif donné entre parenthèses avec chaque nom (il peut y avoir plusieurs possibilités). Traduisez les groupes obtenus.

a. (parvus, -a, -um) mare b. (longus, -a, -um) pace c. (multus, -a, -um) tempora

5 a) Complétez la traduction de ce passage. lexique
b) Quelle est la nature des mots en gras ? Expliquez leur emploi et leur accord.
c) D'après la traduction, comment est employé l'adjectif *« multi »* ?
d) Par quels procédés l'auteur exprime-t-il l'admiration de la foule ?

Apulée (125 – vers 180 après J.-C.), dans son roman intitulé Les Métamorphoses, *introduit un conte : l'histoire de Psyché.*

Erant in quadam civitate rex et regina. Hi tres numero filias forma **conspicuas** habuere, [..] at vero puellae junioris [...] tam **praeclara** pulchritudo non exprimi [...] sermonis **humani** penuria poterat. Multi denique civium et advenae **copiosi**, quos **eximii** spectaculi rumor **studiosa** celebritate congregabat, [...] admiratione **stupidi**, [...] ut ipsam prorsus deam Venerem **religiosis** venerabantur adorationibus.

Apulée, *Les Métamorphoses*, IV, 28, 1-3.

Il était une fois, dans une certaine ..., ... et une reine. Ils eurent ... au ... de trois, ... par leur beauté, [...] mais la perfection de la plus jeune, si ..., ne pouvait être exprimée [...] à cause de la pauvreté du ... . Bref, beaucoup de ... et ... ..., que la rumeur d'un ... ... rassemblait en une ... ..., ... d'admiration, [...] la vénéraient exactement comme ... Vénus, en de ... .

9 L'adjectif qualificatif (2)

Les adjectifs de la 2e classe

Ils suivent la 3e déclinaison du nom.

Adjectifs ayant une désinence unique au nominatif singulier des trois genres

- Le dictionnaire les présente au nominatif suivi du génitif singulier : ***ingens*, *-tis***.

cas	singulier		pluriel	
	masc./fém.	neutre	masc./fém.	neutre
N.	ingens	ingens	ingent**es**	ingent**ia**
V.	ingens	ingens	ingent**es**	ingent**ia**
Acc.	ingent**em**	ingens	ingent**es**	ingent**ia**
G.	ingent**is**	ingent**is**	ingent**ium**	ingent**ium**
D.	ingent**i**	ingent**i**	ingent**ibus**	ingent**ibus**
Abl.	ingent**e** / ingent**i**	ingent**e** / ingent**i**	ingent**ibus**	ingent**ibus**

1. Les désinences du N., V., G., D. et Abl. sont communes aux 3 genres.

2. À l'ablatif, la désinence ***-e*** qualifie une **personne** et la désinence ***-i*** une **chose**.

- Certains adjectifs se déclinent comme les imparisyllabiques de type ***consul*** aux trois genres : Abl. sing. en ***-e*** ; G. plur. en ***-um*** ; au neutre : N., V. et Acc. plur. en ***-a*** :

vetus*, *veteris, vieux ***dives*, *divitis***, riche ***pauper*, *pauperis***, pauvre
princeps*, *principis, premier, de premier rang ***particeps*, *participis***, qui prend part

Adjectifs ayant deux désinences au nominatif singulier des trois genres

- Ce sont les plus courants. Ils se présentent avec leurs trois nominatifs (masc., fém., neutre) : *fortis, -is, -e* → ***fortis*, *-e***.
- Ils se déclinent comme les noms parisyllabiques, mais leur ablatif sing. est en *-i*.

cas	singulier		pluriel	
	masc./fém.	neutre	masc./fém.	neutre
N.	fort**is**	fort**e**	fort**es**	fort**ia**
V.	fort**is**	fort**e**	fort**es**	fort**ia**
Acc.	fort**em**	fort**e**	fort**es**	fort**ia**
G.	fort**is**	fort**is**	fort**ium**	fort**ium**
D.	fort**i**	fort**i**	fort**ibus**	fort**ibus**
Abl.	fort**i**	fort**i**	fort**ibus**	fort**ibus**

Adjectifs ayant trois désinences au nominatif singulier des trois genres

- Ce sont les moins courants. Ils se présentent au nominatif masculin singulier suivi du nominatif féminin puis du neutre : *acer, acris, acre* → ***acer*, *-cris*, *-cre***
- Ils se déclinent dès l'accusatif singulier selon le modèle ***fortis*, *-e***.
- Voir le tableau de déclinaison de ***acer*** page 157.

VOCABULAIRE

fortis, *-e* : courageux
gravis, *-e* : lourd
ingens, *-entis* : immense
levis, *-e* : léger
omnis, *-e* : tout
par, *paris* : égal
sapiens, *sapientis* : sage, intelligent
similis, *-e* : semblable
talis, *-e* : tel
vetus, *veteris* : vieux, ancien

Vulnerant omnes, ultima necat.
Toutes blessent, la dernière tue.
(Il s'agit des heures.)

exercices

CORRIGÉS P. 97

1 ▸ Les adjectifs suivants ont-ils un ablatif en « *i* » ou en « *e* » ?

a. particeps, -cipis
b. brevis, -e
c. prudens, -entis
d. celer, -ris, -re
e. mollis, -e
f. dives, -itis

2 ▸ Déclinez les groupes nominaux suivants.

a. fortis rex
b. ingens homo
c. vetus urbs

3 ▸ Déclinez les groupes nominaux suivants.

a. similis causa
b. pauper servus
c. tale templum

4 ▸ a) À quelle déclinaison les noms suivants appartiennent-ils ?
b) Précisez leur genre, cas et nombre.
c) Accordez avec chacun d'entre eux l'adjectif qualificatif *« omnis »*.

a. templorum
b. puellas
c. amice
d. militis

5 ▸ Même exercice avec l'adjectif qualificatif *« sapiens »*. Attention, plusieurs analyses sont possibles pour chaque mot.

a. patres
b. dominae
c. domini

6 ▸ a) Avec quel nom chaque adjectif en caractères gras est-il accordé ?
b) À l'aide de la traduction, donnez le genre, cas et nombre des groupes obtenus.

Apulée explique la réaction de Vénus aux hommages excessifs dont Psyché est l'objet…

Haec honorum **caelestium** ad puellae **mortalis** cultum inmodica translatio verae Veneris vehementer incendit animos, et **inpatiens** indignationis capite **quassanti** **fremens** altius sic secum disserit : « En rerum naturae prisca parens, en elementorum origo **initialis**, en orbis totius alma Venus, quae cum **mortali** puella partiario majestatis honore tractor et nomen meum caelo conditum terrenis sordibus profanatur ! […] ».

Apulée, *Les Métamorphoses*, IV, 29, 5-30, 1.

Ce transfert démesuré d'honneurs divins sur le culte d'une jeune fille mortelle enflamme violemment les esprits de la véritable Vénus, et, ne maîtrisant plus son indignation, secouant la tête, frémissant profondément, elle raisonne ainsi pour elle-même : « Voici que la mère antique de la nature des choses, l'origine première des éléments, la nourricière de toute la terre, Vénus, j'en suis réduite à partager avec une jeune fille mortelle les honneurs qu'on doit à mon rang, et mon nom d'origine céleste est profané par de terrestres souillures ! […] ».

10 Le comparatif

• L'adjectif qualificatif peut être employé au comparatif pour comparer des personnes ou des choses.

• On distingue, en latin, comme en français, le **comparatif d'infériorité**, le **comparatif d'égalité** et le **comparatif de supériorité**.

Formation

• Le **comparatif de supériorité** est formé à partir du radical de l'adjectif, à l'aide d'un suffixe spécifique :
-ius au nominatif, vocatif et accusatif sing. neutre ;
-ior à tous les autres cas.
Le mot obtenu se décline comme l'adjectif de la 2e classe ***vetus, -eris*** (fiche 9).
Ex. : *gravis, -e* : lourd radical ***grav-***
comparatif : ***gravior*** (masculin et féminin), ***gravius*** (neutre) : plus lourd, assez lourd

cas	singulier		pluriel	
	masc./fém.	neutre	masc./fém.	neutre
N.	gravior	grav**ius**	gravior**es**	gravior**a**
V.	gravior	grav**ius**	gravior**es**	gravior**a**
Acc.	gravior**em**	grav**ius**	gravior**es**	gravior**a**
G.	gravior**is**	gravior**is**	gravior**um**	gravior**um**
D.	gravior**i**	gravior**i**	gravior**ibus**	gravior**ibus**
Abl.	gravior**e**	gravior**e**	gravior**ibus**	gravior**ibus**

• En revanche, les **comparatifs d'infériorité et d'égalité** s'expriment comme en français à l'aide d'**adverbes invariables** placés devant l'adjectif.
Ex. : ***minus gravis*** moins lourd ***tam gravis*** aussi lourd

⚠ Certains adjectifs n'ont pas de comparatif de supériorité ; on emploie alors un adverbe, tel que ***magis*** (plus), pour exprimer la comparaison.
Ex. : ***magis idoneus*** plus capable

Emplois

• Le complément du comparatif est soit à l'**ablatif**, soit précédé de ***quam*** et du mot comparé au même cas que le comparant.
Ex. : *Caius* ***doctior*** *est fratre /* ***quam*** *frater (est).* Caius est plus savant que son frère.

⚠ La construction avec l'ablatif n'est possible qu'avec un comparatif en ***-ior*** au nominatif et à l'accusatif.

• Le comparatif employé sans complément se traduit à l'aide des adverbes « assez » ou « trop » :
Ex. : *Caius* ***doctior*** *est.* Caius est assez savant / trop savant.

VOCABULAIRE

aequus, *-a, -um* : égal
altus, *-a, -um* : haut, profond
candidus, *-a, -um* : blanc
clarus, *-a, -um* : célèbre
doctus, *-a, -um* : savant
longus, *-a, -um* : long
niger, *nigra, nigrum* : noir
pulcher, *pulchra, pulchrum* : beau

Citius, Altius, Fortius !
Plus vite, plus haut, plus fort !
(Devise des Jeux olympiques forgée par Pierre de Coubertin.)

exercices

CORRIGÉS P. 98

1 Mettez au comparatif (nominatif singulier) et traduisez.

a. longus, -a, -um b. dives, divitis c. celer, celeris, celere d. brevis, -e

2 Indiquez les cas, l'adjectif d'origine et traduisez.

a. feliciorem b. gravius c. veterioribus d. fortiore

3 Déclinez au masculin, féminin et neutre le comparatif de « *niger* ». Attention, le radical s'obtient en ôtant la désinence *-a* au nominatif féminin.

4 Traduisez les phrases suivantes.

a. Viae longiores sunt in Italia quam in Graecia.
b. Dominus divitior est uxore.
c. Servi pauperiores sunt.
d. Veteres milites fortiores sunt ducibus.

5 Traduisez en latin.

a. Il est plus beau que son père.
b. Les oiseaux (*avis, -is,* f.) sont plus noirs que la terre.
c. La mer est trop profonde.
d. Romulus est plus célèbre que son frère.
e. Le chemin (*iter, itineris,* n.) est assez court.

6 a) Trouvez deux comparatifs dans le texte, analysez-les (cas, genre) et mettez-les au singulier.
b) Comment dit-on « le hêtre », « le sapin », « le lièvre », « la poule » et « l'oie » ?

Voici comment Jules César présente les Bretons et leur pays, la Grande-Bretagne, qu'il compare à la Gaule.

Hominum est infinita multitudo creberrimaque aedificia fere Gallicis consimilia, pecorum magnus numerus. [...] Materia cujusque generis, ut in Gallia, est, praeter fagum atque abietem. Leporem et gallinam et anserem gustare fas non putant ; haec tamen alunt animi voluptatisque causa. Loca sunt temperatiora quam in Gallia, remissioribus frigoribus.

César, *La Guerre des Gaules,* V, 12.

La population de l'île est extrêmement dense, les maisons sont très nombreuses, elles sont pratiquement les mêmes que celles des Gaulois, et le bétail est abondant. [...] Il y a toutes les espèces d'arbres, comme en Gaule, sauf le hêtre et le sapin. Ils considèrent qu'il leur est interdit de consommer du lièvre, de la poule et de l'oie ; ils élèvent cependant ces animaux pour le plaisir. Le climat est plus tempéré qu'en Gaule, car le froid est plus adouci.

11 Le superlatif

- Le superlatif d'un adjectif est la forme que prend cet adjectif pour indiquer que quelque chose est caractérisé au plus haut degré.
- On distingue, en latin, comme en français, le **superlatif d'infériorité** et le **superlatif de supériorité**.

minime *doctus* le moins savant / très peu savant
*doct**issimus**, -a, -um,* le plus savant / très savant

- Le latin ne fait pas de différence entre le superlatif de supériorité relatif (« le plus savant ») et le superlatif de supériorité absolu (« très savant »).

Formation

- Le **superlatif de supériorité** est formé sur le radical de l'adjectif auquel on ajoute le suffixe ***-issim-***, puis les désinences des adjectifs de la 1re classe ***-us***, ***-a***, ***-um***.

– *doctus,- a, -um,* savant
radical : ***doct-*** → *doct-**issim-us**, -a, -um,* savant, le plus savant, très savant
– *gravis, -e,* lourd
radical : ***grav-*** → *grav-**issim-us**, -a, -um,* le plus lourd, très lourd

- Les adjectifs en ***-er*** ont leur superlatif en ***-errimus***, ***-a***, ***-um***.

– *miser, -a, -um,* malheureux
→ *mis**errimus**, -a, -um,* le plus malheureux, très malheureux
– *acer, acris, acre,* âpre
→ *ac**errimus**, -a, -um,* le plus âpre, très âpre

- Certains adjectifs en ***-ilis*** font leur superlatif en ***-illimus***, ***-a***, ***-um***.

– *facilis, -e,* facile
→ *fac**illimus**, -a, -um,* le plus facile, très facile
– *similis, -e,* semblable
→ *sim**illimus**, -a, -um,* le plus semblable, très semblable

- Quelques adjectifs n'ont pas de forme superlative et on doit employer un adverbe pour exprimer ce degré :

Ex. : *idoneus, -a, -um,* capable
→ ***maxime*** *idoneus, -a, -um,* le plus capable, très capable

- Le **superlatif d'infériorité** se forme à l'aide d'un adverbe placé devant l'adjectif.

minime *doctus* le moins savant

Emploi

Le complément du superlatif se met
– au **génitif**,
Ex. : *Cicero clarissimus omn**ium** Roman**orum** orator**um** est.*
Cicéron est le plus illustre de tous les orateurs romains.

– ou à l'**ablatif** précédé de ***e*** / ***ex***,
Ex. : *Cicero clarissimus **ex** omn**ibus** Roman**is** orator**ibus** est.*
Cicéron est le plus illustre de tous les orateurs romains.

– ou à l'**accusatif** précédé de ***inter***.
Ex. : *Cicero clarissimus **inter** omn**es** Roman**os** orator**es** est.*
Cicéron est le plus illustre de tous les orateurs romains.

Corruptissima re publica, leges plurimae.
Quand l'État est le plus corrompu, les lois se multiplient.

exercices

CORRIGÉS P. 98

1 Formez les superlatifs des adjectifs suivants. lexique

a. longus
b. clarus
c. fortis
d. prudens
e. velox
f. pauper
g. pulcher
h. difficilis
i. dissimilis

2 Analysez les formes suivantes (cas et genres) et citez l'adjectif dont elles proviennent. lexique

a. clarissima
b. longissimi
c. doctissimo
d. dignissimorum
e. beatissimos
f. validissimas
g. acerrimos
h. miserrimum
i. pigerrimis
j. simillimarum
k. suavissimae
l. asperrima

3 Traduisez les expressions suivantes. lexique

a. clarissimus orator
b. hostis fortissimus inter omnes
c. doctissimus ex omnibus discipulis
d. audacissima puellarum
e. dulcissima mater

4 Traduisez les phrases suivantes.

a. Via difficillima est.
b. Ulixes omnium Graecorum asperrimum iter ad patriam habuit (*eut*).
c. Aeneas fortissimus e Trojanis fuit (*fut*).
d. Catilina, nobilissima gente natus, conjurationem in Ciceronem iniit (*entreprit*).
e. Vesuvius altissimus e Campaniae montibus est.

5 À l'aide des notes, traduisez la phrase minimale (en gras). lexique

Adulée de tous, Psyché intimide pourtant d'éventuels prétendants et demeure sans fiancé…

Sic infortunatissimae filiae **miserrimus pater** suspectatis caelestibus odiis[1] et irae superum[2] metuens dei Milesii **vetustissimum percontatur[3] oraculum, et** a tanto numine precibus et victimis ingratae **virgini petit[4] nuptias et maritum**.

Apulée, *Les Métamorphoses*, IV, 32, 5-6.

1. suspectatis caelestibus odiis : *ablatif absolu – suspectant des haines divines*
2. superum = superorum ; superi, -orum, *m. pl. : les êtres supérieurs, les dieux*
3. percontatur = percontatus est : *il consulte*
4. petit : *il demande*

6 a) Retrouvez les trois superlatifs dans le texte d'Apulée, donnez leur sens et expliquez leur formation.
b) Quelle décision le père de Psyché a-t-il prise ? Pourquoi ?
c) Traduisez l'ensemble du texte.

12 Comparatifs et superlatifs irréguliers – Adverbes

Comparatifs et superlatifs irréguliers

• Six adjectifs très fréquents ont des comparatifs et superlatifs formés à partir de radicaux plus ou moins différents.

adjectif	comparatif	superlatif
bonus, *bon*	**melior** (-ior, -ius)	**optimus** (-a, -um)
malus, *mauvais*	**pejor** (-jor, -jus)	**pessimus** (-a,-um)
magnus, *grand*	**major** (-jor, -jus)	**maximus** (-a, -um)
parvus, *petit*	**minor** (minor, minus)	**minimus** (-a, -um)
multi, *nombreux**	**plures** (plures, plura)	**plurimi** (-ae, -a)
propinquus, *proche*	**propior** (-ior, -ius)	**proximus** (-a, -um)

* Le comparatif et le superlatif de cet adjectif existent seulement au pluriel.

• Les **comparatifs irréguliers** se déclinent comme les comparatifs réguliers sur la 3e déclinaison, et les **superlatifs irréguliers** se déclinent comme les superlatifs réguliers sur les 1re et 2e déclinaisons.

• Certains comparatifs et superlatifs sont formés sur des adjectifs disparus ou peu employés, voire sur des adverbes.

inferus → ***inferior**, -ior, -ius,* inférieur, plus bas — ***infimus**, -a, -um,* le plus bas

superus → ***superior**, -ior, -ius,* supérieur, plus haut — ***supremus / summus**, -a, -um,* le plus haut

extra → ***exterior**, -ior, -ius,* extérieur — ***extremus**, -a, -um,* le dernier

• Certains adjectifs n'ont ni comparatif ni superlatif de supériorité formés à l'aide de suffixes. On place alors un adverbe devant l'adjectif : ***magis*** pour le comparatif, ***maxime*** pour le superlatif.

***magis** pius* plus pieux — ***maxime** pius* le plus pieux, très pieux

Les adverbes de manière formés sur des adjectifs

• Les adverbes de manière se forment :

– à l'aide du **suffixe *-e* placé après le radical** s'il s'agit d'adjectifs de la 1re classe ; le radical d'un adjectif de la 1re classe s'obtient en retirant le ***-a*** du nominatif féminin.

Ex. : *doctus* savant — génitif masc. sing. : *doct-i* → ***doct-e*** savamment

– à l'aide du **suffixe *-(i)ter*** s'il s'agit d'adjectifs de la 2e classe ; le radical s'obtient en enlevant ***-is*** du génitif masculin singulier.

Ex. : *fortis* courageux — génitif masc. sing. : *fort-is* → ***fort-iter*** *courageusement*

• Les adverbes ont aussi des comparatifs et des superlatifs.

– Le **comparatif** de l'adverbe est le nominatif neutre du comparatif de l'adjectif correspondant.

Ex. : ***longius*** plus longuement

– Le **superlatif** de l'adverbe se forme avec le même suffixe que le superlatif des adjectifs de la 1re classe mais avec une désinence en ***-e***.

Ex. : *fortissimus* très courageux → ***fortissime*** très courageusement

In extremis
Au dernier moment
(« Il fut sauvé in extremis. »)

exercices

CORRIGÉS P. 99

1 Apprenez par cœur les comparatifs et superlatifs irréguliers du tableau p. 32, puis traduisez.

a. plus grand
b. le plus mauvais
c. meilleur
d. le plus petit
e. pire
f. plus nombreux
g. très bon
h. plus proche

2 Expliquez l'origine des mots français suivants.

a. mieux
b. pire
c. somme
d. enfer
e. péjoratif
f. extrémité
g. pluriel
h. maxime

3 Traduisez les adverbes suivants. lexique

a. clare b. graviter c. saevissime d. leviter e. longe

4 Traduisez les phrases suivantes.

a. Pueri amici majores sunt *(sont)* domini fratre.
b. Optimi cives in foro proximo die congregabuntur *(se réuniront).*
c. Pluribus viis Romam pervenitur *(on arrive).*
d. Non minus est *(est)* periculum in extremo agmine quam primo.

5 À partir des adjectifs latins, formez les adverbes de manière qui correspondent à ceux donnés entre parenthèses.

a. miser, misera, miserum : *malheureux (malheureusement)*
b. dignus, -a, -um : *digne (plus dignement)*
c. communis, -e : *commun (communément)*
d. aequus, -a, -um : *égal (le plus également)*

6 a) Complétez la traduction, puis analysez (cas, genre) les comparatifs et les superlatifs d'adjectifs, ainsi que les adverbes. lexique
b) Comment Cicéron juge-t-il ses collègues ?

C. deinde Piso statarius orator, minime ille quidem tardus in excogitando, verum tamen vultu et simulatione multo etiam acutior quam erat videbatur. [...] Meus autem aequalis Cn. Pompeius vir ad omnia summa natus majorem dicendi gloriam habuisset, nisi eum majoris gloriae cupiditas ad bellicas laudes abstraxisset. [...] Et L. Octavius Reatinus, [...] ad dicendum veniebat magis audacter quam parate.

Caius Pison, ensuite, un orateur posé, ... embarrassé pour trouver des idées, semblait pourtant par son ... et sa physionomie ... fin ... il ne l'était. [...] ... Cnaeus Pompée, ... , aurait eu une ... dans l'éloquence, si le désir ... encore ne l'avait entraîné ... militaires. [...] Et Lucius Octavius Reatinus [...] venait faire ses discours ... .

Cicéron, *Brutus*, 68.

13 Les pronoms-adjectifs démonstratifs

Ce sont des **pronoms** s'ils remplacent un nom ou des **adjectifs** s'ils l'accompagnent.
Ex. : ***Hunc librum*** *legi.* J'ai lu ce livre-ci. (adjectif) ***Hunc*** *legi.* J'ai lu celui-ci. (pronom)

● *Hic*

• Il désigne des personnes ou des objets **proches**.

• On l'associe souvent à la **1re personne** des verbes.

• Il se traduit par **celui-ci, celle-ci, ceux-ci, celles-ci** (pronom) ou **ce ...-ci, cette ...-ci, ces ...-ci** (adjectif).

cas	singulier			pluriel		
	masc.	fém.	neutre	masc.	fém.	neutre
N.	hic	haec	hoc	hi	hae	haec
Acc.	hunc	hanc	hoc	hos	has	haec
G.	hujus	hujus	hujus	horum	harum	horum
D.	huic	huic	huic	his	his	his
Abl.	hoc	hac	hoc	his	his	his

● *Iste*

• Il désigne des personnes ou des objets **plus éloignés que *hic***.

• On l'associe souvent à la **2e personne** des verbes.

N.	iste	ista	istud	isti	istae	ista
Acc.	istum	istam	istud	istos	istas	ista
G.	istius	istius	istius	istorum	istarum	istorum
D.	isti	isti	isti	istis	istis	istis
Abl.	isto	ista	isto	istis	istis	istis

• Il se traduit par **celui-là, celle-là, cela** (pronom) ou **ce...-là, cette...-là, ces...-là**.

• Il a aussi un sens péjoratif.
Ex. : ***Iste rex.*** Ce mauvais roi.

● *Ille*

• Il désigne des personnes ou des objets **plus éloignés que *hic* et *iste***.

• On l'associe souvent à la **3e personne** des verbes.

• Il se traduit comme ***iste***.

• Il a aussi un sens laudatif.
Ex. : ***Ille rex.*** Ce grand roi.

N.	ille	illa	illud	illi	illae	illa
Acc.	illum	illam	illud	illos	illas	illa
G.	illius	illius	illius	illorum	illarum	illorum
D.	illi	illi	illi	illis	illis	illis
Abl.	illo	illa	illo	illis	illis	illis

● *Is*

• Il désigne des personnes ou des objets **déjà cités**.

• On le traduit par un pronom personnel, un article défini ou un adjectif démonstratif.
Ex. : ***Eum vidi.*** Je l'ai vu (pron.)
Ex. : ***Eum puerum vidi.*** J'ai vu cet enfant. (adj.)

N.	is	ea	id	ei / ii	eae	ea
Acc.	eum	eam	id	eos	eae	ea
G.	ejus	ejus	ejus	eorum	earum	eorum
D.	ei	ei	ei	eis / iis	eis / iis	eis / iis
Abl.	eo	ea	eo	eis / iis	eis / iis	eis / iis

• Au génitif, il sert à exprimer la **possession** comme un adjectif possessif de 3e personne quand le possesseur n'est pas le sujet de la proposition (non-réfléchi).
Ex. : ***Filius ejus.*** Le fils de lui → Son fils.

Ad hoc
Pour cela
(Qui convient à la situation.)

exercices

CORRIGÉS P. 100

1 Analysez les formes suivantes (cas, genres, nombres possibles).

a. hanc c. istis e. illa g. istum i. eas
b. illius d. iis f. horum h. hoc j. ei

2 Accordez les pronoms-adjectifs *« hic »*, *« iste »* et *« ille »* aux noms suivants.

a. famarum b. locum c. terram d. equos e. bella f. castris

3 Remplacez le démonstratif de chaque phrase par les formes correspondantes des trois autres démonstratifs.

a. Haec verba fecit *(il a prononcé).*
b. Istas sagittas ei Vulcanus dedit *(a donné).*
c. In eo loco vivo *(je vis).*
d. Illae fugerunt *(se sont enfuies).*

4 Dans les phrases suivantes, *« is »* est-il adjectif ou pronom ? Justifiez votre réponse en trouvant le cas échéant le mot auquel il est accordé.

a. Ea se male gessit *(a agi).*
b. Parentes ejus vidisti *(tu as vu).*
c. Ea nocte bene dormiverunt *(ils ont dormi).*
d. Linguam eorum novi *(je connais).*
e. Eos libros legistis *(vous avez lu).*

5 Le texte suivant est une épitaphe (inscription gravée sur une tombe). Relevez les trois démonstratifs et analysez-les (genre, cas, nombre).

[...] hoc carmen, haec ara, hic cinis
Pueri sepulchrum est Xanthiae,
Qui morte acerba raptus est [...]

B. 219

6 Quelle est la traduction correcte de cette épitaphe ? Justifiez votre réponse.

Quisque huic tumulo pos[s]uit ardente[m] lucernam,
illius cineres aurea terra tegat.

B. 1308

a. Quiconque a posé cette lampe allumée sur sa tombe, qu'une terre dorée recouvre ses cendres.
b. Quiconque a posé une lampe allumée sur cette tombe, qu'une terre dorée recouvre ces cendres.
c. Quiconque a posé une lampe allumée sur cette tombe, qu'une terre dorée recouvre ses cendres.

14 Les pronoms personnels Les pronoms-adjectifs possessifs

Les pronoms personnels

- Ils existent aux 1re et 2e **personnes du singulier et du pluriel**.
- À la 3e personne, le latin n'a qu'un pronom personnel dit **réfléchi**. Il se décline de la même façon au singulier et au pluriel.

cas	1re personne		2e personne		3e personne
	singulier	pluriel	singulier	pluriel	singulier / pluriel
N.	ego *moi*	nos *nous*	tu *toi*	vos *vous*	–
Acc.	me	nos	te	vos	se *se, soi*
G.	mei	nostri / nostrum	tui	vestri / vestrum	sui
D.	mihi	nobis	tibi	vobis	sibi
Abl.	me	nobis	te	vobis	se

Particularités

- On n'emploie le nominatif que pour insister.

Ex. : ***Ego*** *audio.* Moi, j'entends.

- La préposition ***cum*** se soude au pronom personnel.

Ex. : ***me****cum* avec moi ***vobis****cum* avec vous

- À la 3e personne, le pronom personnel réfléchi renvoie au sujet de la proposition.

Ex. : ***Se*** *videt.* Il se voit.

- Pour traduire le pronom personnel non réfléchi, on emploie le démonstratif ***is, ea, id***.

Ex. : ***Eum*** *videt.* Il le voit.

Les pronoms-adjectifs possessifs

- En latin, les pronoms et les adjectifs possessifs ont la même forme et se déclinent comme les adjectifs de la 1re classe.

meus, mea, meum	*mon / le mien*
tuus, tua, tuum	*ton / le tien*
suus, sua, suum	*son / le sien ; leur / le leur*
noster, nostra, nostrum	*notre / le nôtre*
vester, vestra, vestrum	*votre / le vôtre*

- L'adjectif possessif n'est employé que s'il est indispensable pour comprendre la phrase.

Ex. : *Servum voco.* J'appelle mon esclave. *Servum* ***tuum*** *voco.* J'appelle ton esclave.

- L'adjectif possessif a souvent une valeur affective.

Ex. : *amicus* ***meus*** mon cher ami

- À la 3e personne, il n'existe qu'un pronom-adjectif de sens réfléchi. L'adjectif possessif ***suus*** renvoie au sujet de la proposition.

Ex. : *Dominus servum* ***suum*** *vocat.* Le maître appelle son propre esclave.

- À la 3e personne, il n'y a pas en latin d'adjectif possessif non-réfléchi ; si le possesseur n'est pas le sujet de la proposition, on utilise le génitif du pronom démonstratif ***is, ea, id*** pour exprimer la possession (fiche 13).

Alter ego
Un autre moi-même
(un véritable ami)

exercices

CORRIGÉS P. 100

1 Traduisez ces phrases ; donnez le cas des pronoms personnels et la fonction correspondante. lexique

a. Mihi est *(est)* ager.
b. Nobiscum ambulatis *(vous vous promenez)*.
c. Cives tui meminerunt *(se sont souvenus)*.
d. Dux imperium sibi cepit *(prit)*.
e. Vos audimus *(nous écoutons)*.

2 Traduisez ces phrases puis relevez les possessifs ; sont-ils employés comme pronoms ou comme adjectifs ? lexique

a. Servum meum Romam misisti *(tu as envoyé)*.
b. Milites tui in prima legione pugnant *(combattent)*, mei in tertia.
c. Romani putabant *(pensaient que)* leges suas optimas esse *(étaient)*.
d. Agri vestri in Italia sunt *(sont)*, nostri in Sicilia.

3 Traduisez les phrases suivantes.

a. Litteras tuas accepi *(j'ai reçu)* ; tibi statim respondeo *(je réponds)*.
b. Dominus causam suam non dicit *(plaide)*.
c. Amicus vester multa negotia gerit *(gère)* ; ejus naves in portu sunt *(sont)*.
d. Ad urbem tecum eo *(je vais)* ; mihi in foro negotia sunt *(sont)*.

4 Traduisez ces phrases en utilisant le vocabulaire de l'exercice 3.

a. Je t'ai envoyé *(misi)* aussitôt une lettre.
b. Vos amis plaident *(dicunt)* ma cause.
c. Les affaires de ton maître sont *(sunt)* très nombreuses ; son plus grand navire s'éloigne *(abit)* du port.

5 a) Complétez la traduction de cette lettre de Pline le Jeune, puis relevez les pronoms personnels ; à quels cas sont-ils ?
b) Relevez un possessif, précisez sa nature (pronom ou adjectif) et son emploi.
c) Montrez que le style de cette lettre est minutieusement travaillé.

C. Plinius Calpurnio Macro Suo S.[1]
Bene est mihi, quia tibi bene est. Habes uxorem tecum, habes filium ; frueris mari, fontibus, [...] agro, villa amoenissima. Neque enim dubito esse amoenissimam, in qua se composuerat homo felicior, ante quam felicissimus[2] fieret. Ego in Tuscis et venor et studeo, [...]. Vale.

Pline le Jeune, *Lettres*, V, 18.

Caius Pline salue ... Calpurnius Macer
Tout va bien ..., parce que tout va bien ... Tu as ..., tu as ... ; tu profites ..., ..., [...], ..., d'une villa ... agréable. Car je ne doute pas qu'elle soit ... , cette villa où ...'était retiré avant qu'il ne devienne ... ... en Toscane, je chasse et j'étudie [...]. Porte-toi bien.

1. S. : *abréviation de* « salutat ». 2. felicissimus : *bienheureux (= mort)*.

15 Les pronoms-adjectifs relatifs et interrogatifs

La déclinaison

• Les pronoms relatifs ***qui, quae, quod*** (« qui ») et interrogatifs ***quis, quae, quid*** (« qui ? », « que ? ») ne sont distincts qu'à trois formes (signalées par * dans le tableau).

• **L'adjectif interrogatif *qui, quae, quod*** (« quel ? », « quelle ? ») se décline comme le pronom relatif avec lequel il faut donc veiller à ne pas le confondre.

• La plupart des pronoms-adjectifs se caractérisent par le génitif sing. en ***-ius*** / ***-jus*** et le datif sing. en ***-i*** aux trois genres.

cas	singulier			pluriel		
	masc.	fém.	neutre	masc.	fém.	neutre
N.	qui / quis*	quae	quod / quid*	qui	quae	quae
Acc.	quem	quam	quod / quid*	quos	quas	quae
G.	cu**jus**	cu**jus**	cu**jus**	quorum	quarum	quorum
D.	cu**i**	cu**i**	cu**i**	quibus	quibus	quibus
Abl.	quo	qua	quo	quibus	quibus	quibus

⚠ La préposition ***cum*** se place après le pronom relatif auquel elle se soude.
Ex. : *Amici **quibuscum** venisti redierunt.* Les amis avec lesquels tu es venu sont revenus.

L'accord du pronom relatif

• Le pronom relatif **s'accorde en genre et en nombre avec son antécédent** et se met au cas voulu par sa fonction dans la subordonnée relative.
Ex. : *Ancilla [**quam** amabas] exiit.* La servante que tu aimais est sortie.

féminin sing. COD du verbe *aimer* = accusatif

L'antécédent

• Il n'est **pas toujours exprimé** en latin ; dans ce cas, on doit l'exprimer en français.
Ex. : *Age **quod** agis.* Fais ce que tu fais.

• L'antécédent peut être **inclus dans la proposition relative** : dans ce cas, le relatif fonctionne comme un adjectif et l'antécédent est au même cas que lui.
Ex. : ***Quem** amicum video Plinius vocatur.* L'ami que je vois s'appelle Pline.

Le relatif de liaison

Après une ponctuation forte, le relatif sert à relier deux phrases ; on le traduit par un mot de liaison et un déterminant.
Ex. : ***Cujus** amicus Plinius vocatur.* Et (or, car, mais, donc…) son ami s'appelle Pline.

Autres pronoms adjectifs relatifs ou interrogatifs

• ***uter, utra, utrum*** : qui des deux ? (pronom) ; quel / lequel des deux ? (adjectif)

• ***qualis, -e*** (souvent employé avec ***talis, -e***) : tel… que ; le mot indique la **qualité**.

• ***quantus, -a, -um*** (souvent en corrélation avec ***tantus, -a, -um***) : aussi grand que, autant que ; le mot indique la **quantité**.

Qui bene amat bene castigat.
Qui aime bien châtie bien.

exercices

CORRIGÉS P. 101

1 Analysez le genre et le nombre de l'antécédent puis la fonction du pronom relatif, dans les phrases en français, et ajoutez le pronom relatif latin au cas voulu.

a. *Les amis que vous invitez arrivent.* Amici … vocatis veniunt.
b. *Le philosophe, qui prête l'oreille, entend un bruit de chaînes.* Philosophus, … aures praebet, vinculorum fragorem audit.
c. *Nous connaissons le voisin dont le nom est écrit sur la porte.* Vicinum … nomen in janua scribitur novimus.
d. *Les Romains honorèrent beaucoup de dieux dont nous ne pouvons savoir le nombre.* Romani multos deos coluerunt … numerum scire non possumus.

2 Traduisez ces questions. lexique

a. Quis tibi librum dedit ?
b. Quem vidisti in foro ambulantem ?
c. Cujus canem vidimus ?
d. Quibus deis consul gratias egit ?
e. « Uter nostrum Romam condidit ? » inquit Romulus fratri.

3 Traduisez les phrases après avoir analysé (cas, genre, nombre) le pronom relatif. lexique

a. Mihi librum adtulisti quo quotidie utor.
b. Litterasne mihi ostenditis quas a patre accepistis ?
c. Video omnia monumenta de quibus ad me amicus scripsit.
d. Pulchri equi quorum dominus sum victores sunt.

4 Traduisez ces proverbes et citations. lexique

a. Nunc quod es ipse fui, nunc ego sum quod eris.
b. Felix qui potuit rerum cognoscere causas.
c. Is facinus fecit cui prodest.
d. Qui nescit dissimulare nescit regnare.

5 Analysez le pronom relatif souligné, puis traduisez la relative en gras.

César à Alésia.

Accelerat Caesar, ut proelio intersit. Ejus adventu ex colore vestitus cognito, quo in proeliis insigni uti consueverat, turmisque equitum et cohortibus visis, **quas se sequi jusserat**, ut de locis superioribus haec declivia et devexa cernebantur, hostes proelium committunt.

César, *La Guerre des Gaules*, VII, 88.

César se hâte, afin de participer au combat. Comme son arrivée avait été signalée par la couleur du manteau, un signe de reconnaissance dont il avait l'habitude de se servir, et que les escadrons de cavaliers et les cohortes … avaient été vus – en effet, depuis les hauteurs où se trouvaient les Gaulois on voyait ces parties en pente – les ennemis entament le combat.

16 Les pronoms-adjectifs indéfinis (1)

Quis / qui

- Le **pronom *quis, quae, quid*** (quelqu'un, quelque chose)-**adjectif *qui, quae, quod*** (quelque) désigne une **personne ou une chose dont on ne connaît ni l'existence, ni le nom.**
- Le pronom ***quis*** est toujours employé après les **conjonctions *si, nisi*** (si ; si… ne… pas) ; ***ne*** (pour que… ne… pas) ; ***num*** (est-ce que par hasard… ?) pour remplacer ***aliquis***.

Ex. : ***Si quis veniet, adero.*** Si quelqu'un vient (si on vient), je serai là.

cas	singulier			pluriel		
	masc.	fém.	neutre	masc.	fém.	neutre
N.	quis	quae / qua	quid	qui	quae	quae / qua
Acc.	quem	quam	quid	quos	quas	quae / qua
G.	cujus	cujus	cujus	quorum	quarum	quorum
D.	cui	cui	cui	quibus	quibus	quibus
Abl.	quo	qua	quo	quibus	quibus	quibus

⚠ L'adjectif ***qui, quae, quod*** se décline comme le pronom interrogatif, sauf au nominatif masc. sing. (***qui***) et aux nominatif et accusatif neutre sing. (***quod***).

Aliquis (tableau de déclinaison p. 160)

- Le **pronom *aliquis, aliqua, aliquid*** (quelqu'un, quelque chose)-**adjectif *aliqui(s), aliqua, aliquod*** (quelque) désigne une personne ou une chose **dont on connaît l'existence, mais pas le nom.**

Ex. : ***Aliquis fores pulsat.*** Quelqu'un frappe à la porte.

Quidam (tableau de déclinaison p. 160)

- Le **pronom *quidam, quaedam, quiddam*** (un certain homme, une certaine chose)-**adjectif *quidam, quaedam, quoddam*** (un certain, un) désigne une personne ou une chose **dont on connaît l'existence et le nom.**

Ex. : ***Quemdam diligo.*** J'aime quelqu'un.

Les pronoms-adjectifs indéfinis négatifs

- Les pronoms ***nemo*** (***ne*** + ***homo***, personne), ***nihil*** (***ne*** + ***hilum***, rien), le pronom-adjectif ***neuter, neutra, neutrum*** (ni l'un, ni l'autre), l'adjectif ***nullus, -a, -um*** ont un sens négatif.

Ex. : ***Nemo locutus est.*** Personne n'a parlé.

- Quand un indéfini négatif est associé à une négation, on aboutit à une **affirmation**. Placée après l'indéfini, la négation ***non*** **renforce** l'affirmation ; placée devant, elle l'**atténue**.

Ex. : ***nemo non*** tout le monde ***non nemo*** quelques-uns

- ***Neuter*** et ***nullus*** suivent la déclinaison des adjectifs de la 1re classe, sauf pour le génitif et le datif sing. (***neutrius, nullius*** / ***neutri, nulli*** aux trois genres).

N.	nemo	nihil
Acc.	neminem	nihil
G.	nullius	nullius rei
D.	nemini	nulli rei
Abl.	nullo	nulla re

- En latin, la conjonction de coordination ***et*** ne peut être suivie d'un mot négatif : on emploie ***nec*** / ***neque*** suivi du pronom indéfini ***quisquam, quidquam*** / ***quicquam*** (déclinaison de ***quis*** + ***quam***) ou de l'adjectif ***ullus, -a, -um*** (déclinaison de ***nullus, -a, -um***). On traduit « et personne… ne », « et rien… ne », « et aucun ne… ».

Ex. : ***Neque ibi ullam fabricam neque quemquam vidit.*** Il n'a vu là-bas aucun atelier ni personne.

Nemo est supra leges.

Nul n'est au-dessus de la loi.

(La loi s'impose à tous, pauvres comme riches, puissants comme faibles.)

exercices

CORRIGÉS P. 101

1 Traduisez ces phrases. Donnez le cas des pronoms indéfinis puis la fonction correspondante. lexique

a. Num quis hic habitat ?
b. Nisi quem in foro inveniam, mox domi ero.
c. Si quis veniet dum absum, me exspectet !
d. Aliquis januam pulsat ; i et vide quis sit.

2 Traduisez les phrases suivantes. lexique

a. Nemini placet errare.
b. Nihil novi sub sole !
c. Nostris temporibus non nemo legit Ciceronis scripta.
d. Nemini non placet cum amicis ambulare.

3 Traduisez les phrases suivantes. Après avoir identifié l'indéfini, précisez son cas et la fonction correspondante. lexique

a. Nullus civis absit, cum consul in rostris loquetur !
b. Aliquis civis domum veniet ut mecum conferat.
c. Erant in quadam civitate rex et regina.
d. Nulli nocendum est *(il faut nuire)*.

4 Pourquoi Pline le Jeune (64 – v. 114) a-t-il choisi de publier ses *Lettres* ? Complétez cette lettre et relevez les pronoms indéfinis ; à quel cas sont-ils ? Quels noms remplacent-ils ?

C. Plinius Septicio <Claro> Suo S.

Frequenter hortatus es, ut epistulas, si quas paulo curatius scripsissem, colligerem publicaremque.
Collegi non servato temporis ordine – neque enim historiam componebam –, sed ut quaeque in manus venerat.
Superest ut nec te consilii nec me paeniteat obsequii. Ita enim fiet, ut eas quae adhuc neglectae jacent requiram et si quas addidero non supprimam.

Vale !

Pline le Jeune, *Lettres*, I, 1.

Caius Pline salue son cher Septicius Clarus.

Tu m'as souvent encouragé à rassembler et à publier celles de mes lettres que j'aurais écrites …
Je les ai rassemblées, sans conserver l'ordre de rédaction – en effet, je n'en avais pas fait l'historique – mais comme elles me sont tombées entre …
Il suffit que tu n'aies pas à te repentir de ton … ni moi de ma bonne grâce. Il arrivera alors que je rechercherai … qui traînent encore, négligées, et que je ne supprimerai pas celles que je serai amené à ajouter.

Porte-toi bien !

5 Comment Pline s'y est-il pris pour composer son recueil ?

17 Les pronoms-adjectifs indéfinis (2)

Alius, alia, aliud / alter, altera, alterum

Pour dire « **autre** », on distingue en latin :
– ***alius, alia, aliud*** « un autre », « l'un... un autre », « les uns... les autres » (en parlant de **plusieurs**),
– de ***alter, altera, alterum*** « l'un des deux », « l'un, l'autre » (en parlant de **deux**).

• Ils suivent pour l'essentiel la déclinaison des adjectifs de la 1re classe, mais **n'ont pas de vocatif** et présentent les **différences** suivantes :

– nominatif et accusatif neutre sing.	***aliud***			***alterum***	
– génitif sing.	***alius***	aux trois genres	génitif sing.	***alterius***	aux trois genres
– datif sing.	***alii***		datif sing.	***alteri***	

⚠ On n'emploie quasiment pas la forme ***alius*** au génitif, mais le génitif d'***alter*** : ***alterius***.

• Ces pronoms-adjectifs peuvent exprimer la **réciprocité** ou la **divergence**.
Ex. : ***Alii*** *alios vident.* Ils se voient les uns les autres.
Alii *alia putant.* Les uns pensent une chose, les autres une autre.
(Ils ont des opinions différentes.)

Quisque, quaeque, quidque

• Le **pronom** ***quisque, quaeque, quidque*** (chacun)-**adjectif** ***quisque, quaeque, quodque*** (chaque) se décline comme le pronom-adjectif indéfini ***quis, quae, quid*** / ***qui, quae, quod***.

⚠ La particule -***que*** reste invariable.

• On trouve souvent ***quisque*** après un superlatif, un adjectif ordinal, un relatif, un interrogatif.
Ex. : *Fortissimus* ***quisque****.* Chaque homme très courageux. → Tous les hommes courageux.

Totus, -a, -um

Totus, -a, -um (tout entier) se décline comme les adjectifs de la 1re classe excepté :

– au génitif sing.	***totius***	aux trois genres
– au datif sing.	***toti***	

Idem, eadem, idem / ipse, ipsa, ipsum

Pour dire « **même** », on distingue en latin :
– ***idem, eadem, idem*** : le même, la même (**pronom**) / même (**adjectif**),
– et ***ipse, ipsa, ipsum*** : lui-même, elle-même (**pronom**) / même (**adjectif**).

• Le pronom-adjectif ***idem, eadem, idem*** est formé à partir de ***is, ea, id*** (fiche 13) et d'une particule invariable -***dem***. Il suit donc la déclinaison de ***is, ea, id***, excepté :
– au nominatif masc. sing. ***is-dem*** → ***idem***
– au nominatif / accusatif neutre sing. ***id-dem*** → ***idem***
Ex. : ***Idem*** *dicit.* Le même homme parle.

⚠ Au contact de la particule -***dem***, la consonne « m » devient souvent « n » : par exemple, ***eumdem*** ou ***eundem*** à l'accusatif sing.

• Le pronom-adjectif ***idem*** se construit souvent avec ***ac*** ou ***atque*** :
Ex. : ***Iisdem*** *libris utor ac tu.* Je me sers des mêmes livres que toi.

• Le pronom-adjectif ***ipse, ipsa, ipsum*** se décline comme un adjectif de la 1re classe, excepté :

– au nominatif masc. sing.	***ipse***	
– au génitif sing.	***ipsius***	aux trois genres
– au datif sing.	***ipsi***	

Ex. : ***Ipse*** *dico.* Je le dis moi-même.

Trahit sua quemque voluptas.
(Virgile, *Bucoliques*, II, 65)
Chacun suit le plaisir qui l'entraîne.

exercices

CORRIGÉS P. 102

1 Précisez le genre, le nombre et le cas des pronoms-adjectifs suivants (il peut y avoir plusieurs possibilités).

a. alius
b. alterius
c. alio
d. alterae
e. quodque
f. quaeque
g. toti
h. eadem
i. iisdem
j. ipsa

2 Traduisez les expressions suivantes. lexique

a. idem tempus
b. quisque homo
c. alii mores
d. ipsa respublica
e. alter ego

3 Traduisez les phrases suivantes. lexique

a. Ipsa scientia potestas est. (F. Bacon)
b. Nobilissimus quisque delegitur *(est choisi)*.
c. Alii alia hora evigilant *(se réveillent)*.
d. Tota nocte pluit *(il pleut)*.
e. Eumdem virum vidimus *(nous avons vu)*.

4 Traduisez les phrases suivantes. lexique

a. Nihil aliud feci *(j'ai fait)*.
b. Alteri cives Romani sunt, alteri advenae.
c. Pilum cuique militi datur *(est donné)*.
d. Easdem causas dixi *(j'ai plaidé)* atque amici.
e. Caesar ipse proelium commisit *(engagea)*.

5 Complétez la traduction de cette courte lettre de Pline le Jeune à son ami, l'historien Tacite. lexique

C. Plinius Tacito Suo S.

Commendas mihi Julium Nasonem candidatum. Nasonem mihi ? Quid si me **ipsum** ? Fero tamen et ignosco, **eundem** enim commendassem tibi, si te Romae morante **ipse** afuissem. [...]. Tu tamen censeo **alios** roges ; ego precum tuarum minister, adjutor, particeps ero. Vale.

Pline le Jeune, *Lettres*, VI, 9.

Caius Pline salue ... Tacite

Tu ... recommandes la candidature de Julius Nason. De Nason, ... ? Que serait-ce, si je ... recommandais ... ? Mais je l'accepte, et je te pardonne, car je ... recommanderais ... si tu étais resté ..., et que j'en étais absent ... . [...]. ... cependant, à mon avis, sollicite ... : ... je serai ..., ..., ... Porte-toi bien.

6 a) Précisez si les indéfinis signalés en gras dans le texte de Pline le Jeune sont employés comme pronoms ou comme adjectifs.
b) À quel genre, nombre et cas sont-ils ?

18 Les pronoms-adjectifs numéraux

Les pronoms-adjectifs numéraux cardinaux

• Ils sont **invariables** jusqu'à 100, ainsi que ***centum*** et ***mille***.

1	I	unus	10	X	decem	70	LXX	septuaginta
2	II	duo	11	XI	undecim	80	LXXX	octoginta
3	III	tres	12	XII	duodecim	90	XC	nonaginta
4	IV	quattuor	20	XX	viginti	100	C	centum
5	V	quinque	21	XXI	unus, -a, -um et viginti ou viginti unus, -a, -um	200	CC	ducenti, -ae, -a
6	VI	sex	30	XXX	triginta	500	D	quingenti, -ae, -a
7	VII	septem	40	XL	quadraginta	900	CM	nongenti, -ae, -a
8	VIII	octo	50	L	quinquaginta	1000	M	mille
9	IX	novem	60	LX	sexaginta	2000	MM	duo milia

⚠ 1, 2, 3 et les composés terminés par ces 3 chiffres sont des exceptions et se déclinent.

cas	**unus, -a, -um** : singulier			**duo, duae, duo** : pluriel			**tres, tres, tria** : pluriel		
	masc.	fém.	neutre	masc.	fém.	neutre	masc.	fém.	neutre
N.	unus	una	unum	duo	duae	duo	tres	tres	tria
Acc.	unum	unam	unum	duos / duo	duas	duo	tres	tres	tria
G.	un**ius**	un**ius**	un**ius**	duorum	duarum	duorum	trium	trium	trium
D.	un**i**	un**i**	un**i**	duobus	duabus	duobus	tribus	tribus	tribus
Abl.	uno	uno	uno	duobus	duabus	duobus	tribus	tribus	tribus

• ***Unus*** existe au pluriel (***uni***, -***ae***, -***a***) car on peut l'employer avec des mots qui n'ont pas de singulier.
Ex. : ***una castra*** (nominatif de *castra*, -*orum*, n.) : un camp.

• ***Ambo***, ***ambae***, ***ambo*** se décline comme ***duo***, ***duae***, ***duo*** et signifie « les deux ».

Les pronoms-adjectifs numéraux ordinaux

• Ils sont **variables** et se déclinent comme les adjectifs de la 1re classe.

1er	primus, -a, -um*	7e	septimus, -a, -um	30e	tricesimus, -a, -um
2e	secundus, -a, -um	8e	octavus, -a, -um	40e	quadragesimus, -a, -um
3e	tertius, -a, -um	9e	nonus, -a, -um	50e	quinquagesimus, -a, -um
4e	quartus, -a, -um	10e	decimus, -a, -um	100e	centesimus, -a, -um
5e	quintus, -a, -um	11e	undecimus, -a, -um		
6e	sextus, -a, -um	20e	vicesimus, -a, -um		

* Ils s'emploient aussi pour la date, l'heure, les rangs des rois…

Les pronoms-adjectifs numéraux distributifs

• Ils permettent de répartir des éléments entre des personnes.
Ex. : ***Singuli*** *venerunt*. Ils sont venus un par un.
Singulas *epistulas miserunt*. Ils ont envoyé chacun une lettre.

• Ils sont **variables** et se déclinent comme les adjectifs de la 1re classe (mais leur génitif pluriel est en -***um***). Ils sont aussi utilisés pour les multiplications.

1 par 1 / chacun 1	singuli, -ae, -a
2 par 2 / chacun 2	bini, -ae, -a
3 par 3 / chacun 3	terni, -ae, -a

Bis repetita placent.
Les choses répétées deux fois plaisent.

exercices

CORRIGÉS P. 103

1 Analysez (cas, genre, nombre) les formes suivantes. Donnez toutes les possibilités.

a. duae
b. trium
c. una
d. ambae
e. tria
f. uni
g. unam
h. uno
i. duabus
j. ambos

2 Traduisez les expressions suivantes. lexique

a. Sunt statuae in singulis angulis.
b. Narrat singula.
c. Exercitus distantes inter se binos pedes sunt.
d. Ternae sunt partes.

3 Dites à quel nombre les adjectifs numéraux suivants correspondent.

a. viginti quattuor
b. septemdecim
c. sexaginta tres
d. decem milia
e. sescenti
f. tredecim
g. octoginta
h. viginti unus
i. octingenti
j. mille tres

4 Écrivez les nombres suivants en latin en toutes lettres, puis en chiffres romains.

a. 11
b. 23
c. 100
d. 3000
e. 1120

5 Classez les adjectifs numéraux ordinaux suivants dans l'ordre croissant.

a. sexagesimus
b. tertius
c. undecimus
d. millesimus
e. vicesimus primus
f. sextus
g. quintus decimus

6 Quel est le résultat des opérations suivantes ?

a. Bis bina sunt …
b. Decem et viginti sunt …
c. Ter terna sunt …
d. Centum et mille sunt …

7 Lisez cette épitaphe. Combien de temps celui qui repose dans cette tombe a-t-il vécu ?

Decem et octo annorum natus vixi ut potui bene,
Gratus parenti atque amicis omnibus.
Joceris, ludas hortor : hic summa est severitas !

C.I.L., VI, 16169 / B. 85

J'ai vécu pendant … aussi bien que j'ai pu, reconnaissant envers mon père et tous mes amis. Plaisante, joue, je t'y engage : ici, c'est le comble du sérieux !

19 Les quatre conjugaisons et les temps primitifs

Les temps primitifs

• Ce sont les **cinq formes de base** des verbes latins ; elles sont toujours indiquées dans les dictionnaires.

voco	1re personne du sing. de l'indicatif présent	*j'appelle*
vocas	2e personne du sing. de l'indicatif présent	*tu appelles*
vocare	Infinitif présent	*appeler*
vocavi	1re personne du sing. du parfait(1)	*j'ai appelé, j'appelai*
vocatum	Supin(2)	*pour appeler*

• Les temps primitifs sont souvent présentés abrégés : ***voco, -as, -are, -avi, -atum***.

(1) Le parfait correspond en français au passé simple ou au passé composé de l'indicatif.

(2) Le supin est un mode particulier au latin (fiche 26). Il permet surtout de générer des participes.

Les quatre conjugaisons

• À l'aide des temps primitifs, on classe les verbes latins en **quatre conjugaisons**.

1re conjugaison
Verbes dont les trois premières formes des temps primitifs sont en ***-o, -as, -are***.

modèle
voco, -as, -are, vocavi, vocatum : appeler

2e conjugaison
Verbes en ***-eo, -es, -ere***.

modèle
teneo, -es, -ere, tenui, tentum : tenir

3e conjugaison
Elle présente deux variantes :
– la 3e conjugaison : verbes en ***-o, -is, -ere***.
– la 3e conjugaison **mixte** : verbes en ***-io, -is, -ere***.

modèles
mitto, -is, -ere, misi, missum : envoyer
capio, -is, -ere, cepi, captum : prendre

4e conjugaison
Verbes en ***-io, -is, -ire***.

modèle
audio, -is, -ire, audivi / audii, auditum : entendre

Les voix : actif, passif, déponent

• Aux temps de l'***infectum*** (présent, imparfait et futur simple), la voix passive n'est pas composée à l'aide d'un auxiliaire, comme en français ; elle utilise un autre jeu de désinences, selon le tableau suivant :

personne		actif	passif
singulier	1re	**-o** *ou* **-m**	**-or** *ou* **-r**
	2e	**-s**	**-ris** *ou* **-re**
	3e	**-t**	**-tur**

personne		actif	passif
pluriel	1re	**-mus**	**-mur**
	2e	**-tis**	**-mini**
	3e	**-nt**	**-ntur**

• Certains verbes se conjuguent à la forme passive, mais ont un **sens actif** : ils sont appelés **déponents**. Leurs temps primitifs sont donc donnés au passif, avec pour dernière forme le parfait passif composé du participe passé et du verbe ***sum*** (fiche 20).

Ex. : *loquor, loqueris, loqui, locutus sum* : parler

Res loquitur ipsa.
Les faits parlent d'eux-mêmes.
(Cicéron, *Pro Milone*)

conjugaison

exercices

CORRIGÉS P. 103

1 Identifiez les formes de ces verbes modèles.

a. vocatum
b. tenes
c. misi
d. capere
e. audio
f. audii
g. cepi
h. mittis
i. teneo
j. vocare

2 À quelle conjugaison appartiennent les temps primitifs de ces verbes courants ? Distinguez bien la 3e conjugaison et la 3e conjugaison mixte.

a. deleo, -es, -ere, delevi, deletum : *détruire*
b. paro, -as, -are, -avi, -atum : *préparer*
c. sentio, -is, -ire, sensi, sensum : *sentir*
d. dico, -is, -ere, dixi, dictum : *dire*
e. facio, -is, -ere, feci, factum : *faire*

3 À quelle personne sont ces verbes à la forme active ?

a. das b. delemus c. vocant d. dicitis e. paro

4 À quelle personne sont ces verbes à la forme passive ?

a. dantur b. deletur c. mittimini d. tenemur e. vocor f. caperis

5 Retrouvez les neuf verbes dans la phrase en latin en vous aidant des notes.

La jeune Psyché, qui a épousé un mari invisible, est poussée par ses sœurs, jalouses de sa vie confortable, à chercher à voir les traits de son époux. La voici, armée d'une lampe et d'un rasoir, à l'entrée de la chambre conjugale…

Festinat[1] differt[2], audet[3] trepidat[4], diffidit[5] irascitur[6] et, quod est ultimum[7], in eodem corpore odit[8] bestiam, diligit[9] maritum.

Apulée, *Les Métamorphoses*, V. 21.

1. festinare : *se hâter*
2. differre : *remettre à plus tard*
3. audere : *oser*
4. trepidare : *trembler*
5. diffidere : *perdre confiance*
6. irasci : *s'irriter*
7. quod est ultimum : *ce qui est le comble*
8. odisse : *haïr*
9. diligere : *chérir*

6 À quoi reconnaît-on les verbes de l'exercice 5 et à quelle voix sont-ils conjugués ?

7 Essayez de traduire la phrase de l'exercice 5. lexique
Comment l'auteur rend-il sensibles les hésitations de Psyché ?

20 L'*infectum* à l'indicatif (1)

L'***infectum*** (« inachevé ») **marque une action en train de se dérouler**. Il regroupe trois temps de l'indicatif : le **présent**, l'**imparfait** et le **futur**. La **base verbale** est le radical dégagé à partir des trois premières formes des temps primitifs.

Présent de l'indicatif

- **À l'actif**, on ajoute les désinences actives au radical ou au thème du verbe (voir p. 8).

1re conjug. Radical en ā	2e conjug. Radical en ē	3e conjug. Radical en consonne	3e conjug. mixte Radical en consonne	4e conjug. Radical en ī
voc-**o**, *j'appelle*	tene-**o**, *je tiens*	mitt-**o**, *j'envoie*	cap-i-**o**, *je prends*	audi-**o**, *j'entends*
voca-**s**	tene-**s**	mitt-i-**s**	cap-i-**s**	audi-**s**
voca-**t**	tene-**t**	mitt-i-**t**	cap-i-**t**	audi-**t**
voca-**mus**	tene-**mus**	mitt-i-**mus**	cap-i-**mus**	audi-**mus**
voca-**tis**	tene-**tis**	mitt-i-**tis**	cap-i-**tis**	audi-**tis**
voca-**nt**	tene-**nt**	mitt-u-**nt**	cap-iu-**nt**	audi-u-**nt**

- Le verbe ***sum*** (être), est irrégulier et n'a pas de passif, comme en français :
*su-**m*** je suis, ***es**, es-**t**, su-**mus**, es-**tis**, su-**nt***

- **Au passif**, on ajoute les désinences passives au radical ou au thème du verbe (voir p. 8).

1re conjug.	2e conjug.	3e conjug.	3e conjug. mixte	4e conjug.
voc-**or**, *je suis appelé(e)*	tene-**or**, *je suis tenu(e)*	mitt-**or**, *je suis envoyé(e)*	cap-i-**or**, *je suis pris(e)*	audi-**or**, *je suis entendu(e)*
voca-**ris**	tene-**ris**	mitt-e-**ris***	cap-e-**ris***	audi-**ris**
voca-**tur**	tene-**tur**	mitt-i-**tur**	cap-i-**tur**	audi-**tur**
voca-**mur**	tene-**mur**	mitt-i-**mur**	cap-i-**mur**	audi-**mur**
voca-**mini**	tene-**mini**	mitt-i-**mini**	cap-i-**mini**	audi-**mini**
voca-**ntur**	tene-**ntur**	mitt-u-**ntur**	cap-iu-**ntur**	audi-u-**ntur**

* Changement de la voyelle de liaison par rapport à la voix active.

Imparfait de l'indicatif

- Il se forme en intercalant le suffixe ***-ba-*** entre le radical ou le thème et la désinence.

À l'actif

1re conjug.
voca-**ba**-**m**, *j'appelais*
voca-**ba**-**s**
voca-**ba**-**t**
voca-**ba**-**mus**
voca-**ba**-**tis**
voca-**ba**-**nt**

Au passif

1re conjug.
voca-**ba**-**r**, *j'étais appelé(e)*
voca-**ba**-**ris**
voca-**ba**-**tur**
voca-**ba**-**mur**
voca-**ba**-**mini**
voca-**ba**-**ntur**

- 1res personnes (actif / passif) des autres modèles : tene-**ba**-**m** / tene-**ba**-**r** ; mitt-e-**ba**-**m** / mitt-e-**ba**-**r** ; capi-e-**ba**-**m** / capi-e-**ba**-**r** ; audi-e-**ba**-**m** / audi-e-**ba**-**r**.
- L'imparfait du verbe ***sum*** est irrégulier : *era-**m**,* j'étais, *era-**s**, era-**t**, era-**mus**, era-**tis**, era-**nt***

Cogito, ergo sum.
Je pense, donc je suis. (Descartes)

exercices

CORRIGÉS P. 103

1 Classez ces 10 verbes selon leur conjugaison.

a. ago, -is, -ere, egi, actum : *mener, faire*
b. dico, -is, -ere, dixi, dictum : *dire*
c. do, das, dare, dedi, datum : *donner*
d. facio, -is, -ere, feci, factum : *faire*
e. fugio, -is, -ere, fugi (sans supin) : *fuir*
f. habeo, -es, -ere, habui, habitum : *avoir*
g. puto, -as, -are, -avi, -atum : *penser*
h. scio, -is, -ire, sci(v)i, scitum : *savoir*
i. venio, -is, -ire, veni, ventum : *venir*
j. video, -es, -ere, vidi, visum : *voir*

2 Choisissez parmi ces 10 verbes un de chaque conjugaison et conjuguez-le au présent actif.

3 Traduisez ces formes verbales en français.

a. habemus
b. venitis
c. putas
d. capio
e. sciunt
f. agis
g. putamus
h. capit
i. dicunt
j. scis

4 Traduisez en latin les formes verbales suivantes.

a. tu fais
b. je vois
c. il dit
d. nous venons
e. vous voyez
f. tu vois
g. ils pensent
h. nous avons

5 Mettez les formes verbales de l'exercice 3 à l'imparfait et traduisez-les.

6 Traduisez en latin les formes verbales suivantes.

a. je menais
b. il disait
c. tu donnais
d. il fuyait
e. ils savaient
f. nous voyions

7 Traduisez ces formes du présent passif.

a. datur
b. putaris
c. sciuntur
d. videris
e. dicor
f. mittimur
g. vocatur
h. tenemini
i. capiuntur
j. audimur

8 Mettez les verbes de l'exercice 7 à l'imparfait et traduisez-les.

9 Recherchez les verbes du passage dans le lexique et traduisez-les. lexique

L'Angleterre vue par César

<Britanni> utuntur aut aere aut nummo aureo aut taleis ferreis ad certum pondus examinatis, pro nummo. Nascitur ibi plumbum album in mediterraneis regionibus, in maritimis ferrum, sed ejus exigua est copia.

César, *La Guerre des Gaules*, V, 12.

<Les Bretons> … de bronze, de pièces d'or ou de lingots de fer d'un poids déterminé en guise de monnaie. De l'étain y … dans les régions centrales, du fer dans les régions proches de la mer, mais ce dernier en quantité infime.

21 L'*infectum* à l'indicatif (2)

Le futur simple de l'indicatif

On distingue en latin :
– le futur en ***-bo*** des verbes de la 1re et de la 2e conjugaisons.
– le futur en ***-am*** / ***-es*** des verbes des 3e conjugaison, 3e conjugaison mixte et de la 4e conjugaison.

Futurs simples en *-bo*

Le latin intercale entre le radical et les désinences un suffixe ***-bo-*** / ***-be-*** / ***-bi-*** / ***-bu-*** qui diffère selon les personnes.

Actif / **Passif**

1re conjug. (actif)	2e conjug. (actif)	1re conjug. (passif)	2e conjug. (passif)
voca**bo**, *j'appellerai*	tene**bo**, *je tiendrai*	voca**bo-r**, *je serai appelé(e)*	tene**bo-r**, *je serai tenu(e)*
voca**bi-s**	tene**bi-s**	voca**be-ris**	tene**be-ris**
voca**bi-t**	tene**bi-t**	voca**bi-tur**	tene**bi-tur**
voca**bi-mus**	tene**bi-mus**	voca**bi-mur**	tene**bi-mur**
voca**bi-tis**	tene**bi-tis**	voca**bi-mini**	tene**bi-mini**
voca**bu-nt**	tene**bu-nt**	voca**bu-ntur**	tene**bu-ntur**

Futurs simples en *-am* / *-es*

À partir de la 2e personne, le suffixe ***-a-*** devient ***-e-*** jusqu'à la fin de la conjugaison.

Actif / **Passif**

3e conjug. (actif)	3e conjug. mixte (actif)	4e conjug. (actif)	3e conjug. (passif)	3e conjug. mixte (passif)	4e conjug. (passif)
mitt**a-m**, *j'enverrai*	capi**a-m**, *je prendrai*	audi**a-m**, *j'entendrai*	mitt**a-r**, *je serai envoyé(e)*	capi**a-r**, *je serai pris(e)*	audi**a-r**, *je serai entendu(e)*
mitt**e-s**	capi**e-s**	audi**e-s**	mitt**e-ris***	capi**e-ris**	audi**e-ris**
mitt**e-t**	capi**e-t**	audi**e-t**	mitt**e-tur**	capi**e-tur**	audi**e-tur**
mitt**e-mus**	capi**e-mus**	audi**e-mus**	mitt**e-mur**	capi**e-mur**	audi**e-mur**
mitt**e-tis**	capi**e-tis**	audi**e-tis**	mitt**e-mini**	capi**e-mini**	audi**e-mini**
mitt**e-nt**	capi**e-nt**	audi**e-nt**	mitt**e-ntur**	capi**e-ntur**	audi**e-ntur**

* Cette forme est identique à la 2e personne du singulier de l'indicatif présent.

VOCABULAIRE

credo, *-is, -ere, credidi, creditum* : croire
duco, *-is, -ere, duxi, ductum* : conduire
jubeo, *-es, -ere, jussi, jussum* : ordonner
peto, *-is,- ere, peti(v)i, petitum* : demander, chercher à atteindre
quaero, *-is, -ere, quaesi(v)i, quaesitum* : demander, interroger
sto, *-as, -are, steti, statum* : être debout

Lavabo manus!
Je m'en laverai les mains !
(Ces mots seraient ceux du gouverneur romain Ponce Pilate, à qui les Juifs avaient demandé la vie de Jésus. Le gouverneur signifiait ainsi qu'il souhaitait rester en dehors du débat.)

exercices

CORRIGÉS P. 104

1 Conjuguez les verbes suivants au futur simple actif. lexique

a. do b. habeo c. puto d. video e. doceo

2 Conjuguez les verbes « *do* » et « *video* » au futur simple passif.

3 Traduisez les formes verbales suivantes.

a. videbit
b. dabuntur
c. putabitis
d. habeberis
e. tenebo
f. vocabimur
g. stabimus
h. tenebis
i. habebunt
j. videbor

4 Mettez les verbes de l'exercice 3 à la même personne du présent et de l'imparfait.

5 Conjuguez les verbes « *credo* », « *duco* » et « *jubeo* » au futur simple actif.

6 Conjuguez « *dico* », « *quaero* » et « *ago* » au futur simple passif. lexique

7 Traduisez ces formes verbales.

a. caperis
b. audietur
c. quaeret
d. quaerimus
e. petes
f. jubebunt
g. stas
h. dicetur
i. dicitur
j. dicemus

8 Pour aller aux Enfers, suivez les conseils en complétant la traduction. lexique

Sed non hactenus vacua debebis per illas tenebras incedere, sed offas polentae mulso concretas ambabus gestare manibus at in ipso ore duas ferre stipes. [...]
Nec mora, cum ad flumen mortuum venies, cui praefectus Charon protenus expetens portorium sic ad ripam ulteriorem sutili cumba deducit commeantes. [...]
Huic squalido seni dabis nauli nomine de stipibus quas feres alteram, sic tamen ut ipse sua manu de tuo sumat ore.

Apulée, *Les Métamorphoses*, VI, 18

Mais tu ne ... pas t'avancer mains vides à travers ces ténèbres et, au contraire, porter des galettes d'orge adoucies au miel dans les deux mains et, dans ta bouche, tenir deux pièces de monnaie. [...]
Et bientôt, tu ... au fleuve des morts : là, Charon dont c'est le rôle te demandera aussitôt le prix du péage ; c'est lui qui amène les passagers à l'autre rive sur sa barque cousue. [...]
À ce vieillard sale tu ... au titre du péage l'une des pièces que tu ... , mais, de telle sorte qu'il la prenne lui-même dans ta bouche avec ses doigts.

9 Analysez les formes que vous avez traduites (personne, temps) dans l'exercice 8 et donnez les temps primitifs des verbes dont elles proviennent.

22 Le *perfectum* à l'indicatif

Le ***perfectum*** (achevé, « mené à son terme ») regroupe à l'indicatif les temps du **parfait**, du **plus-que-parfait** et du **futur antérieur**. La base verbale est le radical du parfait (4e forme des temps primitifs) : *vocavi* → ***vocav-***, obtenu en ôtant la désinence ***-i***.

Le parfait

Il indique des **actions ponctuelles dans le passé**, rendues par le passé simple en français, ainsi que des **actions accomplies**, rendues par le passé composé.

- **À l'actif**, on ajoute au radical du parfait les désinences spécifiques du parfait.

1re conj.	vocav-**i***, vocav-**isti**, vocav-**it**, vocav-**imus**, vocav-**istis**, vocav-**erunt** / -**ere**
2e conj.	tenu**i**
3e conj.	mis**i**
3e conj. mixte	cep**i**
4e conj.	audi(v)**i**

* j'appelai / j'ai appelé

- **Au passif**, on utilise le participe parfait accordé avec le sujet et le verbe ***sum*** au présent.

1re conj.	vocat**us**, -**a**,-**um** su**m*** (accord du PP : vocat**i**, -**ae**, -**a** su**mus**)
2e conj.	tent**us**, -**a**, -**um** su**m**
3e conj.	miss**us**, -**a**, -**um** su**m**
3e conj. mixte	capt**us**, -**a**, -**um** su**m**
4e conj.	audit**us**, -**a**, -**um** su**m**

* je fus / j'ai été appelé

- Verbe ***sum*** : fu**i**, fu**isti**, fu**it**, fu**imus**, fu**istis**, fu**erunt** / fu**ere**

Le plus que parfait

- **À l'actif**, on ajoute au radical du parfait le suffixe -***era***- + désinences personnelles.

1re conj.	vocav-**era**-**m***
2e conj.	tenu-**era**-**m**
3e conj.	mis-**era**-**m**
3e conj. mixte	cep-**era**-**m**
4e conj.	audi(v)-**era**-**m**

* j'avais appelé

- **Au passif**, on utilise le participe parfait et le verbe ***sum*** à l'imparfait.

1re conj.	vocat**us**, -**a**, -**um** era**m***
2e conj.	tent**us**, -**a**, -**um** era**m**
3e conj.	miss**us**, -**a**, -**um** era**m**
3e conj. mixte	capt**us**, -**a**, -**um** era**m**
4e conj.	audit**us**, -**a**, -**um** era**m**

* j'avais été appelé

- Verbe ***sum*** : fu-**era**-**m** *j'avais été…*

Le futur antérieur

- **À l'actif**, on ajoute au radical du parfait le suffixe -***er***- / -***eri***- + désinences personnelles.

1re conj.	vocav-**er**-**o***, vocav-**eri**-**s**
2e conj.	tenu-**er**-**o**, tenu-**eri**-**s**…
3e conj.	mis-**er**-**o**, mis-**eri**-**s**…
3e conj. mixte	cep-**er**-**o**, cep-**eri**-**s**…
4e conj.	audi(v)-**er**-**o**, audi(v)-**eri**-**s**…

* j'aurai appelé

- **Au passif**, on utilise le participe parfait passif et les formes du verbe ***sum*** au futur.

1re conj.	vocat**us**, -**a**, -**um** er**o***
2e conj.	tent**us**, -**a**, -**um** er**o**
3e conj.	miss**us**, -**a**, -**um** er**o**
3e conj. mixte	capt**us**, -**a**, -**um** er**o**
4e conj.	audit**us**, -**a**, -**um** er**o**

* j'aurai été appelé

- Verbe ***sum*** : fu-**ero**, fu-**eri**-**s**…

⚠ Les verbes déponents se conjuguent comme les verbes passifs, mais ont un sens actif. **miratus sum, eram, ero** : *j'ai, j'avais, j'aurai admiré*

Veni, vidi, vici.
Je suis venu, j'ai vu, j'ai vaincu.
(Jules César)

exercices

CORRIGÉS P. 105

1 À l'aide du lexique, trouvez le radical du parfait des verbes suivants. lexique

a. ago
b. habeo
c. puto
d. scio
e. venio
f. video
g. dico
h. do
i. facio
j. fugio

2 Traduisez les formes verbales suivantes.

a. vocaveram
b. tenuisti
c. miserint
d. cepistis
e. audivit

3 Transposez au passif les formes verbales de l'exercice 2, puis traduisez-les.

4 Traduisez en vous appuyant sur vos réponses à l'exercice 1.

a. j'ai fait
b. j'avais pensé
c. j'aurai vu
d. nous avions fui
e. tu as donné
f. ils ont dit
g. vous aurez su
h. vous étiez venus

5 Identifiez le temps des formes verbales suivantes.

a. acti sumus
b. putata es
c. visae erint
d. datae sunt
e. factus erit
f. dicti erant
g. scita sunt
h. habiti erant

6 Repérez les verbes conjugués aux temps du *perfectum* puis indiquez leur temps et leur voix.

Les effets funestes des spectacles de gladiateurs.

Quo ubi ventum est et sedibus quibus potuerunt locati sunt, fervebant omnia immanissimis voluptatibus. [...]
Et non erat jam ille, qui venerat, sed unus de turba, ad quam venerat et verus eorum socius, a quibus adductus erat. Quid plura ? Spectavit, clamavit, exarsit, abstulit inde secum insaniam, qua stimularetur redire non tantum cum illis a quibus prius abstractus est, sed etiam prae illis et alios trahens.

Saint Augustin, *Confessions*, VI, 8.

Et lorsqu'on fut arrivé là [à l'amphithéâtre] et qu'... comme ..., tout était embrasé par les passions les plus cruelles.
Et ce n'était déjà plus le même homme qui ..., mais un parmi la foule vers laquelle ..., et le véritable camarade de ceux par qui ... . Que dire de plus ? Il ... le spectacle, ..., ..., ... de là avec lui une folie par laquelle il fut poussé à revenir, non seulement en compagnie de ceux par lesquels ... auparavant, mais encore devant eux, et en entraînant les autres.

7 Complétez la traduction. lexique

23 Le subjonctif

Le mode subjonctif, composé de **quatre temps**, est surtout employé dans les **subordonnées** pour des actions envisagées mais non réalisées, par opposition à l'indicatif Dans les **indépendantes**, il peut exprimer l'**ordre** ou la **défense**, le **souhait** ou le **regret**.

Le présent

• Il se forme à partir du radical du présent suivi d'un suffixe (***-e-*** pour la 1re conjugaison ***-a-*** pour les autres, ***-i-*** pour ***sum***) puis des désinences actives ou passives.

À l'actif

1re conjug.	2e conjug.	3e conjug.	3e conjug. mixte	4e conjug.
voc-**e**-**m**, *que j'appelle*	tene-**a**-**m**, *que je tienne*	mitt-**a**-**m**, *que j'envoie*	capi-**a**-**m**, *que je prenne*	audi-**a**-**m**, *que j'entende*
voc-**e**-**s**	tene-**a**-**s**	mitt-**a**-**s**	capi-**a**-**s**	audi-**a**-**s**
voc-**e**-**t**	tene-**a**-**t**	mitt-**a**-**t**	capi-**a**-**t**	audi-**a**-**t**
voc-**e**-**mus**	tene-**a**-**mus**	mitt-**a**-**mus**	capi-**a**-**mus**	audi-**a**-**mus**
voc-**e**-**tis**	tene-**a**-**tis**	mitt-**a**-**tis**	capi-**a**-**tis**	audi-**a**-**tis**
voc-**e**-**nt**	tene-**a**-**nt**	mitt-**a**-**nt**	capi-**a**-**nt**	audi-**a**-**nt**

• ***Sum*** : s-**i**-**m** *que je sois*, s-**i**-**s**, s-**i**-**t**, s-**i**-**mus**, s-**i**-**tis**, s-**i**-**nt**.

• Les composés de ***sum*** (***possum*** > ***possim***) ainsi que ***volo*** et ses dérivés (***volo*** > ***velim***, ***nolo*** > ***nolim***, ***malo*** > ***malim***) se conjuguent comme ***sum***.

Au passif

1re conjug.	2e conjug.	3e conjug.	3e conjug. mixte	4e conjug.
voc-**e**-**r**, *que je sois appelé(e)*	tene-**a**-**r**, *que je sois tenu(e)*	mitt-**a**-**r**, *que je sois envoyé(e)*	capi-**a**-**r**, *que je sois pris(e)*	audi-**a**-**r**, *que je sois entendu(e)*

L'imparfait

• Il se forme avec le suffixe ***-re-*** auquel on ajoute les désinences actives ou passives.

actif	passif
voca**rem**, *que j'appelasse*	voca**rer**, *que je fusse appelé(e)*
tene**rem**, *que je tinsse*	tene**rer**, *que je fusse tenu(e)*
mitte**rem**, *que j'envoyasse*	mitte**rer**, *que je fusse envoyé(e)*
cape**rem**, *que je prisse*	cape**rer**, *que je fusse pris(e)*
audi**rem**, *que j'entendisse*	audi**rer**, *que je fusse entendu(e)*

• ***Sum*** : esse**m**, *que je fusse*

Le parfait

• **À l'actif**, on prend le radical du verbe au parfait auquel on ajoute le suffixe ***-eri-*** suivi des désinences personnelles actives : vocav**erim**, *que j'aie appelé.*

• **Au passif**, le participe parfait passif du verbe (fiche 26) est associé à l'auxiliaire ***sum*** au subjonctif présent : vocat**us (-a, -um)** s**im**, *que j'aie été appelé(e).*

Le plus que parfait

• **À l'actif**, on prend le radical du verbe au parfait auquel on ajoute le suffixe ***-isse-*** suivi des désinences personnelles actives : vocav**issem**, *que j'eusse appelé.*

• **Au passif**, le participe parfait passif du verbe est associé à l'auxiliaire ***sum*** au subjonctif imparfait : vocat**us (-a, -um)** esse**m**, *que j'eusse été appelé(e).*

Oderint, dum metuant !

Qu'ils me haïssent, pourvu qu'ils me craignent !

(Phrase attribuée à l'empereur Caligula (12 – 41), empereur « fou » qui finit assassiné par la garde prétorienne.)

exercices

CORRIGÉS P. 106

1 Analysez et traduisez ces formes verbales.

a. dicat
b. ducatur
c. agamus
d. faciatis
e. vocemini
f. teneantur
g. possint
h. velimus
i. eant
j. mittamur

2 Analysez et traduisez ces formes verbales.

a. audires
b. diceret
c. ducereris
d. mitteremur
e. faceretis
f. irent
g. vocaremini
h. possent

3 Mettez ces verbes à la 1re personne du singulier du subjonctif parfait actif et passif.

a. dico
b. facio
c. ago
d. duco
e. do

4 Mettez les verbes de l'exercice 3 à la 1re personne du pluriel du subjonctif plus-que-parfait actif et passif.

5 a) Recherchez tous les subjonctifs du poème (ne retenez pas la forme *« fecerimus »*) et analysez-les.
b) Par quels modes sont-ils traduits ?
c) Si *« fecerimus »* n'est pas un subjonctif parfait actif, de quelle forme peut-il s'agir ?

Le poète Catulle (v. 87 – v. 52 av. J.-C.) exprime son amour pour une certaine Lesbie.

Vivamus, mea Lesbia, atque amemus,
rumoresque senum severiorum
omnes unius aestimemus assis !
soles occidere et redire possunt :
nobis cum semel occidit brevis lux,
nox est perpetua una dormienda.
Da mihi basia mille, deinde centum,
dein mille altera, dein secunda centum,
deinde usque altera mille, deinde centum.
Dein, cum milia multa fecerimus,
conturbabimus illa, ne sciamus,
aut ne quis malus invidere possit,
cum tantum sciat esse basiorum.

Catulle, *Poésies*, 5.

Vivons, ma Lesbie, et aimons, estimons à la valeur d'un seul as les reproches de vieillards trop austères ! Le soleil peut bien se coucher et revenir : pour nous, quand cette brève étincelle de vie s'éteint, c'est une nuit unique et éternelle à dormir. Donne-moi mille baisers, puis cent, puis mille autres, puis une deuxième fois cent, puis encore mille autres, puis cent. Enfin, quand nous en aurons échangé des milliers et des milliers, nous les mélangerons à ne plus savoir où pour éviter qu'un malveillant nous jalouse, parce qu'il saurait combien il y a de baisers.

24 L'impératif

L'impératif sert à exprimer **l'ordre** et **la défense** (ordre nié). Il comporte **deux temps** (**présent** et **futur**) et **deux formes** (**2e personnes du singulier et du pluriel**).

L'impératif présent

Au singulier, il correspond au radical du présent ; on y ajoute la désinence ***-te*** au pluriel.

À l'actif

1re conjug.	2e conjug.	3e conjug.	3e conjug. mixte	4e conjug.
voca, *appelle*	tene, *tiens*	mitte, *envoie*	cape, *prends*	audi, *entends*
voca**te**, *appelez*	tene**te**, *tenez*	mitti**te**, *envoyez*	capi**te**, *prenez*	audi**te**, *entendez*

• Verbe ***sum*** : es *sois*, es**te** *soyez*

Particularités

• Au singulier, lorsque le radical se termine par une consonne, on ajoute la voyelle ***-e***.

• Au pluriel, la 3e conjugaison et la 3e mixte étant proches de la 4e, le ***-e*** devient ***-i***.

⚠ ***Dicere***, ***ducere***, ***facere***, ***ferre*** ne prennent pas de ***-e*** final à la 2e personne du singulier :
dic dis ***duc*** conduis ***fac*** fais ***fer*** porte

Au passif et déponent

L'impératif se forme à partir du radical du présent auquel on ajoute la désinence ***-re*** au singulier, ***-mini*** au pluriel.

1re conjug.	2e conjug.	3e conjug.	3e conjug. mixte	4e conjug.
voca**re**, *sois appelé(e)*	tene**re**, *sois tenu(e)*	mitte**re**, *sois envoyé(e)*	cape**re**, *sois pris(e)*	audi**re**, *sois entendu(e)*
voca**mini**, *soyez appelé(e)s*	tene**mini**, *soyez tenu(e)s*	mitti**mini**, *soyez envoyé(e)s*	capi**mini**, *soyez pris(es)*	audi**mini**, *soyez entendu(e)s*

L'impératif futur

• Il est employé quand l'ordre doit être exécuté plus tard ; par exemple, dans les textes de lois et les recettes de cuisine.

• Il se caractérise par le suffixe ***-to*** que l'on ajoute au radical du verbe à l'infinitif.

1re conjug.	2e conjug.	3e conjug.	3e conjug. mixte	4e conjug.
voca**to**, *appelle (demain)*	tene**to**	mitti**to**	capi**to**	audi**to**
voca**tote**, *appelez (demain)*	tene**tote**	mitti**tote**	capi**tote**	audi**tote**

• Verbe ***sum*** : es**to**, es**tote**

L'expression de l'ordre et de la défense

• On peut exprimer un ordre à la 1re et à la 3e personne avec le **subjonctif présent** :
Ex. : *Eant Lutetiam.* Qu'ils aillent à Lutèce.

• On peut exprimer la défense à toutes les personnes avec le **subjonctif précédé de *ne*** :
– au **subjonctif présent** pour la 1re ou la 3e personne,
Ex. : *Ne faciamus / ne faciat.* Ne faisons pas / qu'il ne fasse pas !
– au **subjonctif parfait** pour la 2e personne.
Ex. : *Ne feceris / Ne feceritis.* Ne fais pas / Ne faites pas.

• On peut exprimer la défense à la 2e personne avec ***noli*** et ***nolite***, l'impératif de ***nolo*** (« ne pas vouloir »), **suivi de l'infinitif présent**.
Ex. : *Noli facere.* Ne fais pas. *Nolite facere.* Ne faites pas.

Carpe diem.
Profite du moment présent.
(devise des épicuriens)

Sustine et abstine.
Supporte et abstiens-toi.
(devise des stoïciens)

exercices

CORRIGÉS P. 106

1 Traduisez les formes verbales suivants.

a. audite b. dic c. fer d. esto e. cape f. legite g. tene h. este i. voca j. mitte

2 Traduisez ces impératifs passifs.

a. audimini b. dicere c. tenemini d. vocare e. mittere

3 Traduisez les ordres ou défenses suivants.

a. noli amare b. nolite tenere c. noli ferre d. noli legere e. duc f. facite

4 Exprimez la défense en utilisant *« noli »* ou *« nolite »* + infinitif et traduisez.

a. ne feceris b. ne ceperitis c. ne veneritis d. ne audiveris e. ne legeris f. ne fueris g. ne i(v)eritis h. ne habueris

5 Après avoir identifié et traduit les 5 impératifs présents, complétez la traduction de cette scène qui a inspiré Molière dans *L'Avare*. lexique

Le maître de maison, Euclion, a peur d'être volé par l'esclave Strobile…

Euclio I foras, lumbrice, qui sub terra erepsisti modo Qui modo nusquam comparebas ; […]	***Euclion*** *– … dehors, ver de terre, qui rampais là en douce, à mes pieds et ne te montrais pas !*
Strobile Quae te mala crux agitat ? Quid tibi mecum est commerci, senex ? […]	***Strobile*** *– Quel tourment t'agite ? Qu'ai-je à faire avec toi, vieillard ?*
Euclio Ostende huc manus.	***Euclion*** *– …-moi ces …-là !*
Strobile Em tibi, ostendi : eccas.	***Strobile*** *– Eh bien … : les voici !*
Euclio Video. Age, ostende etiam tertiam.	***Euclion*** *– …*
Strobile Larvae hunc atque intemperiae insaniaeque agitant senem. […]	***Strobile*** *– Des fantômes, des fantasmes et des idées folles …*
Euclio Ne inter tunicas habeas ?	***Euclion*** *– Tu n'aurais rien sous ta tunique ?*
Strobile Tempta qua lubet.	***Strobile*** *– … où tu veux.*

Plaute, *Aulularia*, acte IV, scène 4.

25 Les verbes irréguliers

Les verbes irréguliers latins ne le sont qu'à l'***infectum*** (radical du présent).

● *Sum, es, esse, fui* et ses composés (particulièrement *possum, potes, posse, potui*)

Présent

Ce verbe est bâti sur deux radicaux : ***s-*** à la 1re personne du sing., à la 1re et à la 3e du plur., ***es-*** aux autres personnes.

1re sing.	sum, *je suis*	possum*, *je peux*
2e sing.	es	potes
3e sing.	est	potest
1re plur.	sumus	possumus
2e plur.	estis	potestis
3e plur.	sunt	possunt

Imparfait

eram, eras, etc. *j'étais*
poteram, poteras, etc., *je pouvais*

Futur

ero, *je serai*	potero, *je pourrai*
eris	poteris
erit	poterit
erimus	poterimus
eritis	poteritis
erunt	poterunt

* Le préfixe change : ***pos-*** devant une consonne, ***pot-*** devant une voyelle.

● *Eo, is, ire, ivi/ii, itum* et ses composés

Présent

1re sing.	eo, *je vais*	1re plur.	imus
2e sing.	is	2e plur.	itis
3e sing.	it	3e plur.	eunt

Imparfait

ibam, ibas, etc. *j'allais*

Futur

ibo, ibis, etc. *j'irai*

● *Fero, fers, ferre, tuli, latum* et ses composés

Présent

1re sing.	fero, *je porte*	1re plur.	ferimus
2e sing.	fers	2e plur.	fertis
3e sing.	fert	3e plur.	ferunt

Imparfait

ferebam, ferebas, etc. *je portais*

Futur

feram, feres, etc. *je porterai*

● *Volo, vis, velle, volui – Malo, mavis, malle, malui – Nolo, non vis, nolle, nolui*

Présent

1re sing.	volo, *je veux*	malo, *je préfère*	nolo, *je ne veux pas*
2e sing.	vis	mavis	non vis
3e sing.	vult	mavult	non vult
1re plur.	volumus	malumus	nolumus
2e plur.	vultis	mavultis	non vultis
3e plur.	volunt	malunt	nolunt

Imparfait

volebam / malebam / nolebam...

Futur

volam, voles... / malam, males... / nolam, noles...

● *fio, fis, fieri, factus sum* : devenir, être fait

- Ce verbe est un semi-déponent : il sert de passif au verbe ***facio***.
- Le présent suit le modèle de ***audio***, l'imparfait est **fiebam**, le futur **fiam**, **fies**.

Ibis redibis numquam in bello morieris !
(Expression attribuée à l'oracle de Dodone, temple dédié à Zeus, où se rendaient les Anciens pour connaître l'avenir. À un général, venu pour connaître l'issue d'une bataille, l'oracle aurait donné cette réponse !) Voir exercice 4.

exercices

CORRIGÉS P. 107

1 Mettez ces verbes à la 3e personne du singulier du présent.

a. ab**sum**, abes, abesse, afui : *être absent, éloigné*
b. ad**sum**, ades, adesse, adfui : *être présent*
c. ex**eo**, -is, -ire, exi(v)i, exitum : *sortir*
d. au**fero**, aufers, auferre, abstuli, ablatum : *emporter*
e. ab**eo**, -is, -ire, abii, abitum : *s'en aller*
f. ad**eo**, -is, -ire, adii, aditum : *aller vers*
g. red**eo**, -is, -ire, redi(v)i, reditum : *revenir*

2 Mettez les verbes de l'exercice 1 à la 3e personne du singulier de l'imparfait.

3 Mettez les verbes de l'exercice 1 à la 2e personne du pluriel du futur simple.

4 La légende du dessin se traduit facilement à l'aide du cours. Essayez en vous aidant des ponctuations indiquées, mais attention, le sens diffère ! lexique

a. Ibis, redibis, numquam in bello morieris !
b. Ibis, redibis numquam, in bello morieris !

5 Voici le début d'une célèbre satire du poète Horace (65 av. J.-C. – 8 av. J.-C.).
a) Relevez les trois verbes conjugués et traduisez-les.
b) Traduisez ces deux vers. lexique

Ibam forte Via Sacra[1], sicut meus est mos,
nescio quid meditans nugarum[2], totus in illis.

1. Via Sacra : *la Voie Sacrée, empruntée par les cortèges religieux (ablatif du lieu par où on passe).*
2. nescio quid meditans nugarum : *réfléchissant à je ne sais quelles bêtises.*

6 a) Complétez la traduction de ce passage de Virgile. lexique
b) Les accords de « *obscuri* » et de « *sola* » sont-ils ceux que l'on attendrait ?
c) Pourquoi les Enfers sont-ils comparés à une forêt, la nuit ?

Énée, accompagné de la Sybille de Cumes, descend aux Enfers.

Ibant obscuri sola sub nocte per umbram,
perque domos Ditis vacuas et inania regna :
quale per incertam lunam sub luce maligna
est iter in silvis, ubi caelum condidit[1] umbra
Juppiter, et rebus nox abstulit[1] atra colorem.

Virgile, *Énéide*, VI, v. 268-272.

1. *verbes :* condo *et* aufero

Ils … obscurément dans la nuit solitaire à travers les sombres demeures vides de Dis (= Pluton) et ses vains royaumes, comme on fait route en forêt sous la mauvaise lumière d'une lune incertaine, quand Jupiter … le ciel dans l'obscurité et que la nuit noire … la couleur aux objets.

26 Le supin et le participe

Le supin

- Le supin donne le 3e radical du verbe, utilisé pour former le participe.
- Il se termine par la désinence ***-um***.

Ex. : *vocare* > ***vocat-um***

- Employé avec un verbe de mouvement, le supin en ***-um*** sert à exprimer **le but**.

Ex. : *Eo* ***lusum***. Je vais jouer.

- Pour quelques verbes courants, la désinence du supin est en ***-u*** quand il est **complément d'adjectif**.

Ex. : *Difficilis* ***dictu*** *est*. C'est difficile à dire.

Le participe

Le latin a **trois temps** à ce mode, soit un de plus qu'en français : **présent** (sens actif), **parfait** (sens passif), **futur** (sens actif).

Présent, actif

Le participe présent se forme à partir du radical du présent + ***-ns, -ntis***.

1re conjug.	2e conjug.	3e conjug.	3e conjug. mixte	4e conjug.
voca-**ns**, -**ntis**	tene-**ns**, -**ntis**	mitt-**e**-**ns**, -**ntis**	cap-**ie**-**ns**, -**ntis**	audi-**e**-**ns**, -**ntis**
appelant	*tenant*	*envoyant*	*prenant*	*écoutant*

⚠ La forme obtenue a toujours un sens actif et se décline comme l'adjectif de 2e classe ***ingens, -ntis*** (fiche 9).

Parfait (ou participe passé en français) passif (actif pour les déponents)

Il se forme à partir du radical du supin auquel on ajoute les désinences des adjectifs de la 1re classe ***-us, -a, -um***.

vocat-**us**, -**a**, -**um**	tent-**us**, -**a**, -**um**	miss-**us**, -**a**, -**um**
(ayant été) appelé	*(ayant été) tenu*	*(ayant été) envoyé*
capt-**us**, -**a**, -**um**	audit-**us**, -**a**, -**um**	locut-**us**, -**a**, -**um**
(ayant été) pris	*(ayant été) écouté*	*ayant parlé*

Futur, actif

Il se forme à partir du radical du supin auquel on ajoute le suffixe ***-ur-*** puis les désinences des adjectifs de la 1re classe ***-us, -a, -um***.

vocat-**ur**-**us**, -**a**, -**um**	tent-**ur**-**us**, -**a**, -**um**	miss-**ur**-**us**, -**a**, -**um**	capt-**ur**-**us**, -**a**, -**um**	audit-**ur**-**us**, -**a**, -**um**
(étant) sur le point d'appeler	*(étant) sur le point de tenir*	*(étant) sur le point d'envoyer*	*(étant) sur le point de prendre*	*(étant) sur le point d'écouter*

Emplois

- Le participe peut s'employer comme un **adjectif qualificatif**.

Ex. : *Galli* ***victi*** *fugerunt*. Les Gaulois vaincus s'enfuirent.

- Avec les verbes de perception, le participe présent est l'équivalent d'un **infinitif**.

Ex. : *Me videt* ***legentem***. Il me voit lisant. → Il me voit lire.

- Avec l'auxiliaire « être », le participe parfait permet de former les **temps composés du passif** (fiche 22).
- On utilise les participes présent et parfait passif pour former l'**ablatif absolu** (fiche 40).

Ave Caesar, morituri te salutant.
Avé, César, ceux qui vont mourir te saluent.

exercices

CORRIGÉS P. 107

1 Retrouvez les supins des verbes suivants. lexique

a. amitto b. cerno c. defendo d. exspecto e. video

2 Indiquez le temps des participes suivants.

a. sedens
b. tractus
c. venturus
d. appellaturus
e. condens
f. fractus

3 Formez pour chaque verbe les participes présent, parfait et futur.

a. rapio b. exigo c. lego d. impero e. vinco f. loquor

4 Traduisez les phrases suivantes.

a. Audimus eos cantantes. b. Vercingetorix a Caesare victus arma reddidit.

5 a) Relevez dans le texte un participe au présent et donnez ses cas possibles en vous aidant de la fiche 9.
b) Relevez le participe au futur et donnez les cas possibles à l'aide de la fiche 8.
c) En faisant les vérifications nécessaires, relevez quatre participes au parfait. Indiquez de quel verbe ils proviennent. lexique

César essaie de vaincre Vercingétorix.

At Caesar biduum in his locis moratus, quod haec de Vercingetorige usu ventura opinione praeceperat, per causam supplementi equitatusque cogendi ab exercitu discedit ; Brutum […] his copiis praeficit ; hunc monet, ut in omnes partes equites quam latissime pervagentur […]. His constitutis rebus suis inopinantibus quam maximis potest itineribus Viennam pervenit. […] Hac re cognita Vercingetorix rursus in Bituriges exercitum reducit atque inde profectus Gorgobinam, Boiorum oppidum, quos ibi Helvetico proelio victos Caesar collocaverat Aeduisque attribuerat, oppugnare instituit.

César, *La Guerre des Gaules*, VII, 9.

Mais César, s'étant attardé deux jours dans ces lieux, parce qu'il avait prévu que cela se passerait ainsi avec Vercingétorix, se sépara de son armée pour rassembler des renforts et une cavalerie ; il place Brutus à la tête de ces troupes ; il l'exhorte à disperser les cavaliers de tous côtés, aussi loin que possible […]. Ces choses une fois décidées et les siens étant pris au dépourvu, il parvient à Vienne à marches forcées. […] Une fois cette nouvelle apprise, Vercingétorix ramène à nouveau son armée chez les Bituriges et de là, parti à Gorgobina, la place forte des Boïens, que César avait placés, après les avoir vaincus dans le combat contre les Helvètes, sous l'autorité des Héduens, il décida de l'assiéger.

27 L'infinitif

À l'actif

• L'**infinitif présent** se forme à partir du radical du présent + ***-re*** ou ***-e-re***.

1re conjug.	2e conjug.	3e conjug.	3e conjug. mixte	4e conjug.
voca-**re**, *appeler*	tene-**re**	mitt-**e**-**re**	cap-**e**-**re**	audi-**re**

⚠ Certains verbes ont conservé une ancienne terminaison ***-se*** comme ***esse*** ou ***posse***.
⚠ Les verbes irréguliers doublent la consonne de fin de radical par assimilation.
Ex. : *nol-re* → ***nolle*** *vel-re* → ***velle***

• L'**infinitif passé** se forme à partir du radical du parfait + ***-isse***.

vocav-**isse**, *avoir appelé*	tenu-**isse**	mis-**isse**	cep-**isse**	audi(v)-**isse**

• L'**infinitif futur** se forme à partir du participe futur à l'accusatif + ***esse***.

vocatur**um**, -**am**, -**um** *(ou* -**os**, **as**, -**a** *au pluriel)* **esse**, *être sur le point d'appeler*	tentur**um**, -**am**, -**um esse**	missur**um**, -**am**, -**um esse**	captur**um**, -**am**, -**um esse**	auditur**um**, -**am**, -**um esse**

⚠ Le verbe ***esse*** et ses composés n'ont pas de supin mais ***esse*** possède un infinitif futur : futur**um**, -**am**, -**um esse** ou **fore** (forme invariable).

Au passif

• L'**infinitif présent** se forme à partir du radical du présent + ***-ri*** ou ***-i***.

voca-**ri**, *être appelé*	tene-**ri**	mitt-**i**	cap-**i**	audi-**ri**

• L'**infinitif passé** se forme à partir du participe parfait passif à l'accusatif + ***esse***.

vocat**um**, -**am**, -**um** *(ou* -**os**, **as**, -**a** *au pluriel)* **esse**, *avoir été appelé*	tent**um**, -**am**, -**um esse**	miss**um**, -**am**, -**um esse**	captur**um**, -**am**, -**um esse**	audit**um**, -**am**, -**um esse**

⚠ Les verbes qui ne possèdent pas de supin n'ont pas d'infinitif passé.

• L'**infinitif futur** se forme à partir du supin + ***iri***.

vocat**um iri**, *être sur le point d'être appelé*	tent**um iri**	miss**um iri**	capt**um iri**	audit**um iri**

⚠ Le verbe ***esse*** et ses composés ne se conjuguent pas au passif et n'ont donc aucun infinitif à cette voix.

Emplois

• L'infinitif peut être **sujet**, **attribut du sujet** ou **COD** de certains verbes, en particulier de volonté.
Ex. : ***Amare*** *suave est.* Aimer est doux. → Il est doux d'aimer.
↑
sujet, l'attribut du sujet s'accorde comme avec un nom neutre

• Il peut être utilisé comme **infinitif historique** ou de **narration**, à la place d'un verbe conjugué au parfait ou à l'imparfait. Son sujet est alors au nominatif.

• Il peut avoir une **valeur exclamative**. Son sujet est alors à l'accusatif.
Ex. : *Hoc non* ***videre*** *[…] !* Ne pas voir cela !
(Cicéron, *De finibus*, IV, 76)

• On l'utilise aussi pour former une **proposition infinitive** (fiche 33).

Errare humanum est.
L'erreur est humaine.

exercices

CORRIGÉS P. 108

1 Identifiez la conjugaison des infinitifs présents suivants. lexique

a. amare
b. debere
c. interficere
d. adesse
e. mittere
f. ferre
g. scire

2 Trouvez l'infinitif passé actif des verbes suivants. lexique

a. video
b. pereo
c. tollo
d. possum
e. invenio
f. credo
g. clamo

3 Trouvez l'infinitif futur actif des verbes suivants. lexique

a. rapio
b. vinco
c. servo
d. sentio
e. duco
f. teneo
g. sum

4 Mettez les infinitifs suivants à la voix passive en conservant leur temps initial.

a. spectare
b. lecturum esse
c. cepisse
d. auditurum esse
e. novisse
f. dicere

5 a) Relevez les 8 infinitifs du texte latin en vous aidant de la traduction. lexique
b) Analysez-les (temps, voix).

Dans ce discours, Cicéron accuse publiquement de différents méfaits son collègue Catilina, en particulier de tentative de meurtre sur sa personne. Il vient même de sous-entendre qu'il a tué sa dernière femme…

Quod ego praetermitto et facile patior sileri, ne in hac civitate tanti facinoris inmanitas aut extitisse aut non vindicata esse videatur. […] Potestne tibi haec lux, Catilina, aut hujus caeli spiritus esse jucundus, cum scias esse horum neminem, qui nesciat te pridie Kalendas Januarias Lepido et Tullo consulibus stetisse in comitio cum telo, manum consulum et principum civitatis interficiendorum causa paravisse, sceleri ac furori tuo non mentem aliquam aut timorem tuum sed fortunam populi Romani obstitisse ?

Cicéron, *Première Catilinaire*, VI, 14-15.

Mais cet acte, moi, je le laisse de côté et j'admets facilement qu'il soit passé sous silence pour que, dans cette cité, la monstruosité d'un si grand crime ne semble pas avoir été commise ou ne pas avoir été punie. […] Cette lumière ou l'air de ce ciel, Catilina, peuvent-ils t'être agréables, alors que tu sais qu'aucun de ces hommes n'ignore que tu te trouvais la veille des Calendes de janvier du consulat de Lépide et Tullus sur le Comitium avec une arme, que tu avais préparé un groupe pour tuer les consuls et les premiers hommes de la cité, que ce n'est pas ta réflexion ou ta crainte mais la chance du peuple romain qui se sont opposés à ta folie meurtrière ?

28 Le gérondif et l'adjectif verbal

Le gérondif

Formation

• Le gérondif se forme à partir du radical de l'***infectum*** (du présent) + ***-ndum****.

1re conjug.	2e conjug.	3e conjug.	3e conjug. mixte	4e conjug.
voca-**ndum**	tene-**ndum**	mitt-**e**-**ndum**	cap-**ie**-**ndum**	audi-**e**-**ndum**

⚠ Le verbe « être » et ses composés n'ont pas d'adjectif verbal.

• Le gérondif se décline comme un nom de la 2e déclinaison, mais seulement à **quatre cas**. Il n'a **pas de pluriel**.

cas	singulier
Acc.	vocand**um**
G.	vocand**i**
D.	vocand**o**
Abl.	vocand**o**

Emplois

• Le gérondif a toujours un sens **actif**.
• Il **remplace l'infinitif** aux autres fonctions que sujet et COD.
– Avec ***ad*** + accusatif, il exprime **le but**.
Ex. : *Legit ad **discendum**.* Il lit pour apprendre.
– Au **génitif**, il sert de **complément du nom ou de l'adjectif**.
Ex. : *Tempus est **discendi**.* Il est temps d'apprendre. ***discendi** causa* en vue d'apprendre
– Au **datif** (rare), il peut compléter certains verbes.
Ex. : ***Scribendo** adfuerunt.* Ils assistèrent au fait d'écrire. → Ils assistèrent à la rédaction.
– À l'**ablatif** sans préposition, on l'utilise comme **complément circonstanciel de moyen**.
Ex. : *Doctior fies **discendo**.* Tu deviendras plus savant en apprenant.

L'adjectif verbal

Formation

• L'adjectif verbal se forme à partir du radical du présent + ***-ndus, -a, -um****.

voca-**ndus**	tene-**ndus**	mitt-**e**-**ndus**	cap-**ie**-**ndus**	audi-**e**-**ndus**

⚠ Le verbe « être » et ses composés n'ont pas d'adjectif verbal.

• L'adjectif verbal se décline comme un adjectif de la 1re classe (fiche 8).

Emplois

• L'adjectif verbal a toujours un sens **passif**. Employé comme attribut du sujet, il exprime l'**obligation**. S'il a un complément, celui-ci est au datif.
Ex. : *Caius **amandus** est.* Caius est devant être aimé → Il faut aimer Caius. / Caius doit être aimé.
*Caius **amandus** est patri* (datif). Caius est devant être aimé de / par son père.
→ Caius doit être aimé de / par son père.
• Au neutre singulier, avec le verbe ***est***, il se traduit par une **tournure impersonnelle**.
Ex. : ***Amandum** est.* Il faut aimer. / On doit aimer.
• On l'utilise **à la place d'un gérondif** si celui-ci doit avoir son propre complément.
Ex. : *Cupidus ~~**legendi** librum~~ est.*
Adj. verbal au génitif — COD de l'adj. verbal à l'accusatif
Cupidus libri legendi est.
Compl. de l'adjectif au génitif — Adj. verbal au génitif accordé avec *libri*
Il est désireux d'un livre devant être lu.

} Il est désireux de lire un livre.

* Même formation et même sens pour les verbes déponents.

Delenda est Carthago !
Il faut détruire Carthage !
(Phrase obsessionnelle de l'homme politique Caton, persuadé que la puissance de la ville de Carthage était un danger pour les Romains.)

exercices

CORRIGÉS P. 108

1 Formez le gérondif (accusatif) des verbes suivants.

a. agere b. capere c. parare d. relinquere e. rapere f. timere

2 Donnez une définition des mots français suivants pour montrer leur rapport avec l'idée d'obligation.

a. agenda
b. mémorandum
c. légende
d. référendum
e. addenda

3 Traduisez et expliquez les expressions suivantes.

a. mutatis mutandis b. modus vivendi c. quod erat demonstrandum

4 Transformez les gérondifs en caractères gras en adjectifs verbaux.

a. Sunt cupidi **legendi** libros.
b. Elegantia loquendi augetur *(= augmente)* **legendo** oratores.

5 Laquelle de ces trois phrases traduit la proposition manquante dans la traduction française ? Justifiez votre réponse.

a. il avait fait cela pour se protéger et non pas pour que la Gaule l'attaque
b. il avait fait cela pour se protéger et non pas pour attaquer la Gaule
c. il avait fait cela pour protéger la Gaule et non pas pour l'attaquer

Arioviste, roi des Germains, s'adresse à César.

Ariovistus ad postulata Caesaris pauca respondit, de suis virtutibus multa praedicavit : [...]. Non sese Gallis, sed Gallos sibi bellum intulisse ; omnes Galliae civitates ad se oppugnandum venisse ac contra se castra habuisse ; eas omnes copias uno a se proelio pulsas ac superatas esse. [...]. Quod multitudinem Germanorum in Galliam traducat, **id se sui muniendi, non Galliae inpugnandae causa facere**. [...]. Debere se suspicari simulata Caesarem amicitia, quod exercitum in Gallia habeat, sui opprimendi causa habere.

César, *La Guerre des Gaules*, I, XLIV.

Arioviste répondit peu aux demandes de César, vanta beaucoup ses propres talents : [...]. [Il dit] que ce n'était pas lui qui avait déclaré la guerre aux Gaulois, mais les Gaulois qui la lui avaient déclarée, que toutes les cités de Gaule étaient venues le combattre et avaient fait campagne contre lui ; que toutes ces troupes avaient été repoussées et dominées par lui en un seul combat [...]. Le fait qu'il ait amené en Gaule une foule de Germains, ... [...]. Il était bien obligé de soupçonner que César, sous une amitié feinte, parce qu'il avait une armée en Gaule, l'avait uniquement dans le but de l'attaquer, lui.

29 L'organisation de la phrase (1)

Accord du verbe avec le sujet

Le verbe s'accorde avec le sujet, comme en français ; cependant, **quand il y a plusieurs sujets, l'accord peut se faire avec le plus rapproché**.

Ex. : *Pater et mater adest.* Le père et la mère sont là.

Ordre des mots

Grâce au système de la déclinaison, **l'ordre des mots est généralement libre en latin**, le verbe étant souvent placé à la fin. Cependant :

• le verbe placé en tête de phrase crée un effet stylistique, une mise en relief ;
Ex. : ***Eripiet*** *[...] tibi ista populus Romanus.* Cicéron, *Philippiques*, II, 113
Il te les arrachera, [...] ces armes, le peuple romain.

⚠ Le verbe ***esse*** (être) placé en tête de phrase se traduit par « il y a ».

• les déterminants et les adjectifs qualificatifs se placent avant le nom ;
Ex. : ***ille bonus*** *civis* ce bon citoyen-là

mais s'ils marquent l'**appartenance** ou la **matière**, ils sont placés après le nom.
Ex. : *pater* ***meus*** mon père
signum ***marmoreum*** une statue de marbre

• le génitif complément du nom se place habituellement devant le nom.
Ex. : ***Caesaris*** *exercitus* l'armée de César

Genre d'un texte et personnes des verbes

L'observation d'un texte latin indique s'il s'agit d'un **dialogue** ou d'une **lettre** – où les verbes peuvent être à toutes les personnes – ou bien d'un **récit** ou d'une **description** – où les verbes sont plutôt à la 3e personne.

Lecture d'une phrase latine

• On isole chaque proposition à partir des verbes conjugués, puis les subordonnées, grâce aux conjonctions ou pronoms introducteurs.
Ex. : *Quia [...] vos cognovi fortes fidosque mihi, eo animus ausus est maximum [...] facinus incipere.*
(*Quia [...] vos cognovi fortes fidosque mihi* : subordonnée ; *eo animus ausus est maximum [...] facinus incipere* : principale)
Salluste, *Catilina*
Parce que [...] je vous sais courageux et fidèles, mon esprit a osé concevoir une action immense.

• Parfois, des propositions sont insérées à l'intérieur d'autres propositions.
Ex. : *Superiora illa, quamquam ferenda non fuerunt, tamen [...] tuli. [...].*
(*Superiora illa* : principale ; *quamquam ferenda non fuerunt* : subordonnée ; *tamen [...] tuli* : principale)
Cicéron, *1re Catilinaire*
Ces précédentes exactions, bien qu'elles ne fussent pas tolérables, cependant [...] je les ai tolérées.

⚠ Un pronom relatif placé en début de phrase n'introduit pas forcément une subordonnée (fiche 15).

⚠ Certaines propositions ont un verbe à l'infinitif ou au participe (fiches 33 et 40).

Cedant arma togae.
Que les armes cèdent à la toge.
(au pouvoir civil)

exercices

CORRIGÉS P. 108

grammaire

1 À l'aide des traductions, expliquez l'accord du verbe avec le(s) sujet(s).

a. Orgetorigis filia atque unus e filiis capitur. (César, *La Guerre des Gaules*, I, 26).
La fille d'Orgétorix et l'un de ses fils sont capturés.

b. Ego et tu amici sumus. *Toi et moi, nous sommes amis.*

c. Senatus populusque Romanus triumphum imperatori decrevit.
Le Sénat et le peuple romain décernèrent le triomphe pour le général.

2 À l'aide des traductions, expliquez la place des mots en gras.

a. **Fuit** [...] in **hac** republica virtus [...]. (Cicéron, *1re Catilinaire*)
Il y eut [...] dans cette république une vertu [...].

b. Senatus populusque **Romanus magnum** triumphum imperatori decrevit.
Le Sénat et le peuple romain décernèrent un grand triomphe au général.

c. Argentum **meum** mihi fer. *Apporte-moi mon argent.*

3 À l'aide des traductions, relevez les verbes conjugués et séparez les propositions ; quelles sont parmi elles les subordonnées ?

a. Frater meus in otio egit vitam : sibi vixit.
Mon frère a passé sa vie dans le loisir : il a vécu pour lui.

b. Augustus oculos habuit claros, gaudebatque, si quis sibi vultum summitteret.
Auguste avait les yeux clairs et se réjouissait si quelqu'un baissait la tête devant lui.

c. Nunc, si Catilina [...] in Manliana castra pervenerit, omnes ejus conjurationem suspicabuntur.
Maintenant, si Catilina [...] parvient jusqu'au camp de Manlius, tous soupçonneront sa conjuration.

4 a) À quel genre appartient chacun des extraits suivants ?
b) Traduisez ces extraits. lexique

[Nero] liberales disciplinas omnes fere puer attigit. Sed a philosophia eum mater avertit [...] ; a cognitione veterum oratorum Seneca praeceptor, quo diu in admiratione sui detineret[1].

Suétone, *Vies des douze Césars*, « Vie de Néron », 52.

MEGADORUS – [...] Filiam tuam mihi uxorem posco. Promitte hoc fore[2].
EUCLIO – Heia, Megadore, haud decorum facinus tuis factis facis,
Ut[3] inopem atque innoxium abs te atque abs tuis[4] me inrideas.

Plaute, *Aulularia*, II, 2.

1. quo...detineret : *pour le garder longtemps comme admirateur.*
2. hoc fore : *que cela aura lieu.*
3. ut : *à savoir que.*
4. innoxium...tuis : *qui n'ai fait aucun tort, ni à toi, ni aux tiens.*

30 L'organisation de la phrase (2)

Les mots de liaison

• Les mots de liaison sont soit **subordonnants** (fiches 31, 33 à 38, 41), soit **coordonnants**.

• Voici un tableau de **conjonctions de coordination** et d'**adverbes** reliant les propositions de même nature, classés selon leur sens ; certains peuvent être répétés ou mis en corrélation.

addition	**et**	*et*
	ac (devant consonne) / **atque** (devant voyelle)	
	-que (attaché au 1er mot de la proposition)	
	nec / neque... nec / neque	*et... ne pas ; ni... ni*
cause	**nam** (en tête de proposition)	*car*
	enim (2e mot de la proposition)	*car, en effet*
conséquence	**itaque**	*c'est pourquoi*
	ergo, igitur	*donc*
opposition / alternance	**sed** (après une phrase négative)	*mais*
	at	
	autem (2e mot de la proposition)	*mais, or*
	tamen	*cependant*
	vel... vel... / aut... aut...	*ou bien... ou bien...*
	non solum (modo ou **tantum)... sed (verum) etiam...**	*non seulement... mais encore...*

L'énumération

L'énumération se fait de différentes manières :

• soit **sans liaison** (asyndète), ce qui en latin classique produit fréquemment un effet stylistique, ici une **forte opposition**.

Ex. : *Vincere scis, Hannibal ; uti victoria nescis.*
Tu sais vaincre, Hannibal ; mais tu ne sais pas utiliser ta victoire.

• soit **par *et*** (parfois ***-que***) **répété entre chaque mot**, parfois placé dès le premier mot.

Ex. : *senes **et** mulieres **et** pueri* / ***et** senes **et** mulieres **et** pueri* } les vieillards, les femmes et les enfants

La conjonction ***et*** peut se traduire comme ***etiam***, par « aussi ».

• soit par ***-que*** **accolé au dernier mot de l'énumération**.

Ex. : *senes mulieres **puerique*** les vieillards, les femmes et les enfants

Les liaisons négatives

En latin, on n'emploie pas la liaison ***et*** ou ses équivalents si la proposition qui suit est négative : la liaison et la négation sont exprimées par ***nec*** (devant une consonne) ou ***neque*** (devant une voyelle) ; les pronoms ou adverbes de sens négatif sont alors remplacés par leur correspondant de sens affirmatif.

Ex. : *Abii **nec** redii.* Je suis parti et ne suis pas revenu
*Abiit **nec quisquam** eum vidit.* (***nec quisquam*** au lieu de ~~*et nemo*~~)
Il est parti et personne ne l'a vu.

Fluctuat nec mergitur.
Il flotte et ne coule pas.
(Devise de la ville de Paris, dont le symbole est un navire.)

exercices

CORRIGÉS P. 109

1 À l'aide des traductions, complétez les phrases latines avec les mots de liaison convenables.

a. Caper in puteum decidit,... cerebrum non habet.
*Le bouc descendit dans le puits, **car** il n'a pas de cervelle.*

b. Vulpes corvo ... personae tragicae ... capro blanditus est.
*Le renard flatta le corbeau, le masque tragique **et** le bouc.*

c. Persona tragica cerebrum non habet, ... pulchra specie est.
*Le masque tragique n'a pas de cervelle, **mais** il a belle apparence.*

d. Corvus non vulpis fraudem suspicatus est ; ... caseum ore emisit.
*Le corbeau ne soupçonna pas la ruse du renard ; **c'est pourquoi** il laissa échapper le fromage de son bec.*

2 En reprenant les propositions de l'exercice 1, traduisez en latin les phrases suivantes.

a. Le bouc descendit dans le puits, **et ne** soupçonna **pas** la ruse du renard.
b. Le renard flatta **non seulement** le corbeau, **mais encore** le bouc **et** le masque tragique.
c. **Ou bien** le bouc ne soupçonna pas la ruse du renard, **ou bien** il n'a pas de cervelle.
d. Le corbeau n'a pas belle apparence ; **cependant** le renard le (*ei*) flatta.

3 Lisez les textes suivants et relevez les mots de liaison.

[Hadrianus] equitavit ambulavitque plurimum armisque et pilo se exercuit. Venatus frequentissime leonem manu sua occidit. Venando[1] autem jugulum et costam fregit.

Histoire Auguste, « Vie d'Hadrien ».

Proxime cum in patria mea fui, venit ad me salutandum[2] municipis mei filius praetextatus. Huic ego : – Studes ? inquam. Respondit : – Etiam. – Ubi ? – Mediolani[3]. – Cur non hic ? et pater ejus [...] : – Quia nullos hic praeceptores habemus – Quare nullos ? Nam vehementer intererat vestra[4], [...], liberos vestros hic [...] discere[5]. Ubi enim aut jucundius morarentur[6] quam in patria [...] aut minore sumptu quam domi ?

Pline le Jeune, *Lettres*, IV, 13.

1. venando : *en chassant.*
2. ad me salutandum : *pour me saluer.*
3. Mediolani : *à Mediolanum (aujourd'hui, Milan).*
4. vehementer intererat vestra : *ce serait très avantageux pour vous.*
5. liberos vestros hic discere : *que vos enfants fassent leurs études ici.*
6. morarentur : *(traduisez par le conditionnel).*

4 Traduisez les textes de l'exercice 3. lexique

31 La concordance des temps

• On appelle **« concordance des temps » le rapport entre le temps du verbe de la principale et celui de sa subordonnée.**
Ex. : Je veux qu'il vienne. Je croyais qu'il venait.

• Ce phénomène, très utilisé en latin, se produit à l'indicatif, au subjonctif et à l'infinitif : la subordonnée exprime un fait qui peut être **antérieur**, **simultané** ou **postérieur** par rapport à l'action principale.

Règles de concordance des temps pour une subordonnée au subjonctif

temps de la principale	subordonnée	exemple
présent ou futur	subjonctif présent *(simultanéité des deux actions)*	**Opto ut veniat.** *Je souhaite qu'il vienne*
	subjonctif parfait *(antériorité de l'action de la subordonnée)*	**Opto ut venerit.** *Je souhaite qu'il soit venu.*
passé	subjonctif imparfait *(simultanéité des deux actions)*	**Optabam ut veniret.** *Je souhaitais qu'il vînt.*
	subjonctif plus-que-parfait *(antériorité de l'action de la subordonnée)*	**Optabam ut venisset.** *Je souhaitais qu'il fût venu.*

Ces règles s'appliquent de façon stricte en latin dans les **subordonnées conjonctives**, dans les **subordonnées interrogatives indirectes** et dans les **subordonnées circonstancielles**.

• On rattache au présent et au futur le futur antérieur et le parfait de l'indicatif exprimant le résultat présent d'une action passée, ainsi que le subjonctif parfait traduisant une défense.
Ex. : *Ne dubitaveris quin hoc verum sit !* Ne doute pas que cela soit vrai !

• Le présent de narration, qui est l'équivalent d'un passé, peut être considéré comme un présent ou un passé selon le contexte.

Cas particuliers

Dans les **subordonnées de conséquence**, quand le verbe principal est au passé, on peut trouver :

• **le subjonctif présent dans la subordonnée**, pour signaler que la conséquence d'un fait passé dure encore.
Ex. : *Ita rem familiarem dissipavit ut nunc pauper sit.*
Il a tellement dissipé sa fortune que maintenant il est pauvre.

• **le subjonctif parfait**, pour préciser que la conséquence a été un fait réel.
Ex. : *Nero adeo pudendus erat ut comam summiserit.*
Néron était si indécent qu'il laissait tomber sa chevelure.

• **la conjonction *dum*** (pendant que) est toujours suivie de l'indicatif présent, même s'il s'agit du passé ou du futur.
Ex. : *Dum haec in colloquio geruntur, Caesari nuntiata est clades.*
Tandis que ces points étaient traités lors de l'entrevue, la défaite fut annoncée à César.

Cave ne cadas !

Prends garde de ne pas tomber !

(Telle était la phrase que l'on répétait aux généraux vainqueurs pendant leur triomphe pour les inciter à garder les pieds sur terre…)

exercices

CORRIGÉS P. 110

1 Expliquez la concordance des temps dans les phrases suivantes.

a. Haec cum scirem et cogitarem, id tamen nullo periculo feci.
Alors que je savais cela et que j'y pensais, je l'ai cependant fait sans courir de danger.

b. C. Cato tamen, cum consul fuisset, condemnatus est.
Caïus Caton cependant, alors qu'il avait été consul, fut condamné.

c. In Sicilia cum essem, sic audiebam.
Alors que j'étais en Sicile, j'entendais parler ainsi.

d. Ciceronem juvenem medici hortantur ne causas agat.
Les médecins ordonnent au jeune Cicéron de ne pas plaider. (littéralement : « qu'il ne plaide pas »)

2 Traduisez les phrases suivantes. lexique

a. Tibi suadet ut liberis scribas.
b. Cicero causam dicit ut bene de re publica mereat.
c. Provinciae tanta onera solvunt ut pauperes fiant.
d. Cicero tantum lacrimis conficitur ut conjugem Terentiam videre cupiat.

3 Mettez les verbes des principales de l'exercice 2 au parfait et faites la concordance des temps.

4 a) Traduisez les phrases latines suivantes. lexique
b) Mettez le verbe des principales au parfait et faites la concordance des temps.

a. Quaero quid sciat.
b. Te rogo quid agas.
c. Imperant ut audiamus philosophos.
d. Suadet ut deos colatis.

5 a) Expliquez les temps des verbes en italiques dans le texte en fonction des règles de concordance : les mots subordonnants sont en caractères gras. lexique
b) Traduisez le texte.

Cicéron compare la magnanimité du général Marcellus, le vainqueur de Syracuse, avec la bassesse du préteur Verrès qui vole des objets d'art dans la ville.

Qui (= Marcellus) **cum** tam praeclaram urbem vi copiisque ***cepisset***, non putavit ad laudem populi Romani hoc pertinere, hanc pulchritudinem, **ex qua** praesertim periculi nihil ***ostenderetur***, delere et exstinguere. Itaque aedificiis omnibus, publicis privatis, sacris profanis, sic pepercit, **quasi** ad ea defendenda cum exercitu, non expugnanda ***venisset***. In ornatu[1] urbis habuit victoriae rationem, habuit humanitatis.

Cicéron, *De signis*, IV, 54.

1. *en ce qui concerne les œuvres d'art…*

32 La proposition relative

Rappels

- La proposition relative **complète un nom ou un pronom** (« antécédent » du pronom relatif).
- Elle est généralement introduite par le **pronom relatif *qui*, *quae*, *quod*** (fiche 15) toujours **accordé en genre et en nombre avec son antécédent.**
- Elle peut aussi être introduite :

– par des **pronoms adjectifs relatifs indéfinis** comme :
quicumque, quaecumque, quodcumque
quisquis, quidquid / quicquid } (qui que ce soit qui / quelque… que)
– par des **adverbes relatifs** comme ***ubi, quo, qua, unde*** (où, vers où, par où, d'où).

La proposition relative à l'indicatif

Le mode habituel de la proposition relative est l'**indicatif**, comme en français.

Ex. : *Mihi librum attulisti, **quo** quotidie utor.*
Tu m'as apporté un livre, dont je me sers tous les jours.

La proposition relative au subjonctif

L'utilisation du mode subjonctif apporte à la relative une nuance circonstancielle ; elle équivaut alors – et se traduit souvent ainsi – à une proposition de **but**, de **conséquence**, parfois de **cause**, d'**opposition**, de **condition.**

But

Ex. : *Eripiunt aliis **quod** aliis largiantur.*
Ils enlèvent aux uns ce qu'ils pourraient donner aux autres.
→ Ils enlèvent aux uns pour donner aux autres.

Conséquence

Ex. : *Domus est, **quae** nulli mearum villarum cedat.*
C'est une maison telle qu'elle ne le cède à aucune de mes villas.

Cause

Ex. : *Te amo **qui** me ames.*
Je t'aime, toi qui m'aimes. → Je t'aime puisque tu m'aimes.

Opposition

Ex. : *Regulus, **qui** Romae manere posset, in Africam rediit.*
Regulus, alors qu'il pouvait demeurer à Rome, partit en Afrique.

Condition

Ex. : ***Qui** putet hominem omnia scire posse, graviter erret.*
Celui qui penserait qu'un homme peut tout savoir, se tromperait lourdement.
→ On se tromperait lourdement si l'on pensait qu'un homme peut tout savoir.

QUELQUES EXPRESSIONS REMARQUABLES

- ***is… qui*** + subjonctif : *tel qu'il, homme à, capable de*
  Ex. : *Is es qui nescias…* Tu es homme à ignorer…
- ***dignus… qui*** + subjonctif : *digne de*
  Ex. : *Romulus dignus est qui regnet.* Romulus est digne de régner.
- ***sunt qui*** + subjonctif : *il y a des gens qui… → il y a des gens pour…*
  Ex. : *Sunt qui velint…* Il y a des gens pour vouloir…
- comparatif + ***quam qui*** + subjonctif : *trop pour qu'il*
  Ex. : *Majora deliquerant quam quibus ignosci posset.*
  Ils avaient commis des fautes trop grandes pour qu'on pût leur pardonner.

Quae sunt Caesaris, Caesari.
Ce qui est à César, à César.

exercices

CORRIGÉS P. 111

1 Analysez le pronom relatif des phrases suivantes puis traduisez-le en latin.

Ex. : L'esclave *à qui* je demande mon chemin est un jeune homme.
Masculin singulier (antécédent = l'esclave) / COI du verbe « demande »
→ datif : *cui*

a. Les chevaux que je vois dans la plaine sont noirs.
b. Les enfants qui donnent de l'eau aux chevaux sont joyeux.
c. Les chevaux auxquels les esclaves donnent de l'eau sont très beaux.
d. Les chevaux dont tu es le maître sont grands.

2 Traduisez ces expressions en français.

a. Qui rogat, non errat.
b. Quidquid discis, tibi discis !
c. Quidquid latine dictum sit, altum sonatur.
d. Qui nescit dissimulare, nescit regnare. *(devise supposée de Louis XI)*

3 Traduisez en latin en veillant à utiliser une relative.

a. J'envoie des esclaves chercher de l'eau.
b. Mon ami est homme à savoir cela.

4 Complétez le texte français en traduisant les expressions en gras.

Pline le Jeune (vers 61 – vers 113/114) est nommé gouverneur de la province de Pont-Bithynie, au nord de l'actuelle Turquie. Il remplira cette fonction jusqu'à sa mort. Il décrit ici les bains de Bursa…

C. Plinius Traiano Imperatori
Prusenses, domine, balineum habent ; est sordidum et vetus. Itaque magni aestimant novum fieri quod videris mihi desiderio eorum indulgere posse. Erit enim pecunia, **ex qua fiat**, primum ea **quam** revocare a privatis et exigere jam coepi ; deinde **quam** ipsi erogare in oleum soliti parati sunt in opus balinei conferre ; alioqui et dignitas civitatis et saeculi tui nitor postulat.

Caïus Pline à l'empereur Trajan.
Les habitants de Pruse, seigneur, ont des bains : ils sont sales et vieux. Aussi leur tient-il à cœur qu'on en fasse de nouveaux, ce que tu peux accorder à leur désir, me semble-t-il. En effet, il y aura de l'argent … d'abord celui … j'ai commencé à rassembler et demander à des particuliers ; ensuite celui … eux-mêmes ont l'habitude de dépenser pour de l'huile et qu'ils sont prêts à transférer dans la construction des bains. Et d'ailleurs, le prestige de la cité et l'éclat de ton règne le demandent.

Pline le Jeune, *Lettres*, X, 23.

5 a) Analysez (genre, nombre, cas, fonction) les pronoms relatifs soulignés dans le texte de l'exercice 4.
b) Quels mots ces pronoms remplacent-ils ?

33 La proposition infinitive

● Caractéristiques

• La proposition **infinitive** n'est **introduite par aucun mot subordonnant** en latin.

• Son **verbe** est **au mode infinitif** (passé, présent ou futur [fiche 27]).

• Elle comporte un **sujet à l'accusatif**, forcément exprimé. S'il y a un attribut du sujet, il est accordé avec ce sujet, donc à l'accusatif également.

Ex. : *Scio // equum animal esse.* Je sais // que le cheval est un animal.

Verbe introducteur (verbe de connaissance) — *Scio*
pas de mot subordonnant — //
sujet à l'Acc. — *equum*
attribut à l'Acc. — *animal*
verbe à l'infinitif (présent) — *esse*

⚠ Le verbe « être » est souvent sous-entendu.
Ex. : *Scio // equum animal (esse).* Je sais que le cheval est un animal.

● Verbes introducteurs

On peut trouver la proposition infinitive après les **verbes de déclaration**, d'**opinion**, de **connaissance**, de **sentiment**, **certains verbes de volonté** et **certaines expressions au passif impersonnel**.

Déclaration
dico dire — ***respondere*** répondre — ***scribere*** écrire
narrare raconter — ***clamare*** crier

Opinion
puto penser — ***credere*** croire — ***invenire*** trouver que, découvrir
approbare approuver

Connaissance
scire savoir — ***nescire*** ne pas savoir — ***ignorare*** ignorer

Sentiment
gaudere se réjouir — ***sentire*** sentir, ressentir — ***amare*** aimer

Volonté
velle vouloir — ***nolle*** ne pas vouloir — ***malle*** préférer — ***jubere*** ordonner

Expressions au passif impersonnel
dicitur on dit — ***narratur*** on raconte — ***traditur / fertur*** on rapporte

● Concordance des temps

• On utilise l'**infinitif présent** si l'action de la subordonnée se passe **en même temps** que celle de la principale (**simultanéité**).
Ex. : *Puto me beatam* ***esse****.* Je crois que je suis heureuse.
Putavi (putabam) me beatam ***esse****.* J'ai cru (je croyais) que j'étais heureuse.

• On utilise l'**infinitif passé** si l'action de la subordonnée se passe **avant** celle de la principale (**antériorité**).
Ex. : *Puto me beatam* ***fuisse****.* Je crois que j'étais (j'ai été) heureuse.
Putavi (putabam) me beatam ***fuisse****.* J'ai cru (je croyais) que j'avais été heureuse.

• On utilise l'**infinitif futur** si l'action de la subordonnée se passe **après** celle de la principale (**postériorité**).
Ex. : *Puto me beatam* ***futuram esse****.* Je crois que je serai heureuse.
Putavi (putabam) me beatam ***futuram esse****.* J'ai cru (je croyais) que je serais heureuse.

Homo sum : humani nihil a me alienum puto.
Je suis homme : je pense que rien d'humain ne m'est étranger.
(Térence, *Héautontimoroumenos*)

exercices

CORRIGÉS P. 111

1 Traduisez les phrases suivantes. lexique

a. Putas eum interfectum esse.
b. Credidit Hannibalem victurum esse.
c. Scimus Caesarem magnum imperatorem esse.
d. Speramus vos beatos futuros esse.

2 Indiquez pour chacune des propositions infinitives de l'exercice 1 si leur verbe exprime la postériorité (P), l'antériorité (A) ou la simultanéité (S).

3 Traduisez ces phrases.

a. Je dis **que les chevaux sont des animaux**.
b. Il pense **que son ami viendra**.
c. Vous savez **que César a gagné la guerre** *(traduisez : « a vaincu »)*.
d. Nous pensions **qu'il était heureux**.

4 Mettez l'infinitif (signalé entre parenthèses) de la proposition *« Dicitur omnes vias Romam (ducere) »* au temps voulu pour exprimer :

a. la postériorité
b. la simultanéité
c. l'antériorité

5 Traduisez en français les phrases obtenues dans l'exercice 4.

6 a) Traduisez les deux premières propositions infinitives en caractères gras.
b) Relevez le sujet de la troisième proposition infinitive. Qui désigne-t-il ?
c) Quel mot manque-t-il dans le texte latin pour que la forme *« confectum »* soit complète ?

Regulus a été capturé par les Carthaginois qui le renvoient à Rome, avec pour mission de négocier la libération de prisonniers. S'il l'obtient, il sera rendu à sa patrie et pourra finir sa vie chez lui ; s'il échoue, il devra revenir à Carthage et sera puni de mort. Regulus décide de se sacrifier…

Atque illud etiam, […], **reddi captivos** negavit esse utile ; **illos** enim **adulescentes esse et bonos duces, se jam confectum senectute**.
Cicéron, *De officiis*, III, 26-27.

Et, qui plus est, […] il nia qu'il soit utile que … : en effet …, alors qu'il était déjà touché par la vieillesse.

34 La proposition conjonctive

- La proposition **conjonctive** est introduite par une **conjonction de subordination.**
- Cette proposition est le plus souvent **COD du verbe** de la principale, mais peut aussi avoir la fonction de **sujet**, d'**attribut du sujet** et d'**apposition**.
- Le mode du verbe dépend de la **conjonction**.

Les différentes conjonctions et leurs emplois

● *Quod* + indicatif (le fait que)

Ex. : *Moleste fero* ***quod non venisti****.*
Je supporte mal le fait que tu ne sois pas venu. → Je suis peiné que tu ne sois pas venu.

● *Ut* + subjonctif / *Ne* + subjonctif (que / que… ne … pas)

Proposition conjonctive complément d'objet
On trouve cette structure après des verbes exprimant :

- l'**ordre**, ***impero*** (j'ordonne), sauf ***jubeo*** (j'ordonne) et ***volo*** (je veux) (voir fiche 33) ;
- l'**incitation**, ***hortor*** (j'exhorte), ***suadeo*** (je persuade) ;
- le **souhait** : ***opto*** (je souhaite).

Ex. : *Opto* ***ut*** *veniat.* Je souhaite qu'il vienne. *Opto* ***ne*** *veniat.* Je souhaite qu'il ne vienne pas.

⚠ La proposition conjonctive peut se traduire en français par un infinitif.
Suadeo tibi ut legas. Je te conseille que tu lises. → Je te conseille de lire.

Proposition conjonctive sujet
Elle est le sujet réel de verbes impersonnels tels que ***fit ut*** ; ***accidit ut*** (il arrive que).

⚠ Dans ce cas, la négation est ***ut non.***
Ex. : *Saepe fit* ***ut*** *erremus,* ***ut non*** *sapiamus.*
Il arrive souvent que nous nous trompions, que nous manquions de sagesse.

● *Ne* / *ne non, quin* ou *quominus* + subjonctif (que [ne] / que… ne… pas)

- Si le verbe de la principale exprimant la crainte (***timeo, metuo***, je crains), le doute (***dubito***, je doute) ou l'empêchement (***impedio***, j'empêche), est **affirmatif**, la proposition conjonctive est introduite par ***ne***.

⚠ Dans ce cas, la négation est ***ne non***, ou ***quin*** ou ***quominus***.
Ex. : *Timeo* ***ne*** *veniat.* Je crains qu'il (ne)* vienne.
Timeo ***ne non*** *veniat.* Je crains qu'il ne vienne pas.
Dubito ***ne*** *veniat.* Je doute qu'il vienne.

* « ne » n'a pas ici en français de valeur négative ; il est dit « explétif ».

- Si les verbes de doute ou d'empêchement sont employés à la **forme négative** dans la proposition principale, la proposition conjonctive est introduite par ***quin*** ou ***quominus*** qui se traduisent par « que ».

Ex. : *Non impedio* ***quin*** (ou ***quominus***) *proficiscatur.*
Je n'empêche pas qu'il parte. → Je ne l'empêche pas de partir.

Concordance des temps

Les propositions conjonctives au subjonctif suivent les règles de la concordance des temps (fiche 31).

Nihil obstat (quin) imprimatur.
Rien ne s'oppose à ce que ce soit imprimé.
(Formule permettant la publication d'un ouvrage par la censure de l'Église.)

exercices

CORRIGÉS P. 112

1 **Traduisez les phrases suivantes.** lexique

a. Optamus ut ad hostes legatos mittatis.
b. Accidit ut hoc die luna sit plena.
c. Times ne Roma bellum gerat.
d. Magister tibi suadet ut libros legas.
e. Nos hortamini ut valeamus.

2 **Mettez les propositions subordonnées des phrases a., b. et c. de l'exercice 1 à la forme négative, puis traduisez.**

3 **Traduisez en latin en vous aidant de l'exercice 1.**

a. Nous vous exhortons à lire des livres.
b. Vous craignez que ce soit la pleine lune.
c. Tu souhaites que Rome ne fasse pas la guerre.
d. Il arrive que nous ne nous portions pas bien.
e. Je te persuade d'envoyer des ambassadeurs à Rome.

4 **Traduisez les phrases suivantes, puis expliquez l'emploi des conjonctions et des modes. Attention aux négations !** lexique

a. Laetamur, quod rursus valet.
b. Consulem monetis, ne bellum gerat.
c. Fit ut erraverimus.
d. Cupio ne nobiles Romani majorum imagines domi jam habeant.
e. Vereris ne senatus non legatos miserit.

5 **a) Traduisez ce texte.** lexique
b) Expliquez l'emploi des propositions conjonctives en caractères gras.

Le texte suivant est la dédicace que l'orateur Cicéron adresse à son fils Marcus en introduction au De Officiis (Les Devoirs).

[...] Magnopere te hortor, mi Cicero, **ut non solum orationes meas, sed hos etiam de philosophia libros** [...], **studiose legas**. [...] Et id quidem nemini video Graecorum adhuc contigisse[1], **ut idem[2] utroque in genere laboraret**. [...] Equidem et Platonem existimo [...] gravissime et copiosissime potuisse dicere[3], et Demosthenem [...], ornate splendideque facere[4] potuisse.

Cicéron, *De officiis*, I, 3-4.

1. id nemini...adhuc contigisse, ut : *cela n'est encore arrivé à personne, à savoir que...*
2. idem : *le même auteur.*
3. dicere : *parler, pratiquer l'éloquence.*
4. facere : *ici, écrire.*

35 L'interrogation indirecte

Proposition subordonnée

• L'interrogation indirecte est une **proposition subordonnée dont le verbe est au subjonctif** en latin. Elle complète un verbe signifiant « demander » ou « savoir ».

• Elle est introduite par les mêmes mots que l'interrogation directe :
– des **pronoms** et **adjectifs interrogatifs** (fiche 15) ;
– des **adverbes** et **particules interrogatifs** tels que ***num*** ou ***-ne*** soudé au premier mot de la proposition (si) ou ***utrum... an*** (si... ou si).
Ex. : *Rogo **num** ancilla tibi pareat.* Je demande si la servante t'obéit.

• La proposition subordonnée interrogative indirecte est, le plus souvent, comme en français, **complément d'objet** du verbe principal, signifiant « demander » ou « savoir ».
Ex. : *Quaero paterne tuus veniat.* Je demande si ton père vient.

• Elle est **sujet** dans le cas de verbes ou expressions impersonnels tels que :
– ***refert*** ; ***interest*** : il importe de considérer...
– ***dubium est, incertum est*** : on ne sait pas si...
– ***mirum est*** : on se demande avec étonnement...
– ***nihil est cur***... : il n'y a pas de raison pour que...

Concordance des temps

La proposition interrogative indirecte obéit aux règles générales de la concordance des temps (fiche 31).

Selon que le verbe principal est au présent ou au passé, le temps du subjonctif change, il peut exprimer la **simultanéité** ou l'**antériorité**.
Ex. : *Quaero quis **veniat**.* Je demande qui vient.
*Quaero quis **venerit**.* Je demande qui est venu.
*Quaerebam quis **veniret**.* Je demandais qui venait.
*Quaerebam quis **venisset**.* Je demandais qui était venu.

Particularité

On peut exprimer la **postériorité** grâce au participe futur accompagné du verbe ***esse*** au subjonctif : ce dernier verbe respecte les règles de la concordance des temps.
Ex. : *Quaero quis **venturus sit**.* Je demande qui viendra.
*Quaerebam quis **venturus esset**.* Je demandais qui viendrait.

LOCUTIONS

Ces locutions fréquentes introduisent des propositions interrogatives indirectes.
nescio quis... je ne sais qui...
nescio quomodo... je ne sais comment...
nescio quantum... je ne sais combien...
Ex. : ***Nescio quis** venerit heri.* Je ne sais pas qui est venu hier.
nescio an... / haud scio an... je ne sais pas si... ne... pas
incertum an... il n'est pas sûr que...
dubito an... je me demande si...
Ex. : ***Haud scio an dormiat.*** Je ne sais s'il dort.
⚠ Attention à la négation :
Haud scio an non dormiat. Peut-être bien qu'il ne dort pas.

Quid deceat quid non.
Ce qui est bon, ce qui est mauvais.
(Le poète Horace se propose d'indiquer aux jeunes poètes quelles doivent être leurs sources d'inspiration et de critiquer leurs propositions.)

exercices

CORRIGÉS P. 112

1 Transformez ces interrogations directes en interrogations indirectes en ajoutant le verbe « *quaero* » (je demande) ; vous traduirez la phrase latine obtenue.

Ex. : Quid agis ? *Que fais-tu ?* → Quaero quid agas. *Je demande ce que tu fais.*

a. Quid scitis ? *Que savez-vous ?*
b. Quomodo deos colitis ? *Comment honorez-vous les dieux ?*
c. Quos vident ? *Qui voient-elles ?*
d. Qualis vir fuit Caius Julius Caesar ? *Quelle sorte d'homme fut Caius Julius Caesar ?*
e. Cur Cicero illam orationem scribet ? *Pourquoi Cicéron écrira-t-il ce discours ?*
f. Quamdiu juvenes in Graecia manebant ? *Combien de temps les jeunes gens restaient-ils en Grèce ?*

2 Faites le même exercice en remplaçant « *quaero* » par « *quaesivi* » (j'ai demandé). N'oubliez pas de respecter la concordance des temps (fiche 31).

3 Traduisez les phrases suivantes. lexique

a. Interrogabat amicos quis rideret.
b. Interrogatus est cur constituisset tres legiones.
c. Haud sciebam an aliter sentires.
d. Quaerebam num Catilinam admiratus esses.
e. Haud sciebas utrum posset venire an non.
f. Nesciebam quomodo, nesciebam unde, nesciebam quando huc perventurus esset.

4 Mettez les verbes introducteurs des phrases de l'exercice 3 au présent et effectuez les transformations nécessaires.

5 Traduisez cette épigramme après avoir identifié la proposition interrogative indirecte. lexique

Nulla Puella
Nescio tam multis quid scribas, Fauste, puellis :
Hoc scio, quod[1] scribit nulla puella tibi.

Martial, *Épigrammes*, XI, 64.

1. Hoc...quod : *le fait que*

6 Traduisez ces vers. lexique

Esquiliis[1] domus est, domus est tibi colle Dianae,
Et tua patricius culmina[2] vicus habet ; [...]
Dic, ubi conveniam, dic, qua te parte requiram :
Quisquis ubique habitat, Maxime, nusquam habitat.

Martial, *Épigrammes*, VII, 7.

1. Esquiliae, arum : *les Esquilies, quartier de Rome situé sur le Mont Esquilin.*
2. culmen, inis, *n. : ici, demeure.*

36 Les propositions circonstancielles (1)

Les propositions subordonnées circonstancielles de temps

• Elles sont introduites par des **conjonctions de subordination.**
– ***ubi, ut, cum*** : quand, lorsque
– ***postquam*** : après que
– ***antequam*** : avant que
– ***dum*** : jusqu'à ce que, pendant que

• La plupart d'entre elles sont suivies du **mode indicatif**.
Ex. : *Quae **cum** dixit, abiit.* Quand il eut ainsi parlé, il s'en alla.
*Abiit, **antequam** venisti.* Il est parti avant que tu ne sois arrivé.
***Dum** quaerit escam, margaritam repperit gallus.*
Pendant qu'il cherchait sa nourriture, le coq trouva une perle.

• Certaines peuvent être suivies du **subjonctif**. Il apporte alors une valeur supplémentaire de **cause**, de **but**, d'**opposition**.
– ***cum*** + subj. : comme, alors que, du moment que, puisque, bien que
– ***dum*** + subj. : tandis que, pourvu que, afin que
– ***antequam*** + subj. : en attendant que, sans que
– ***ubi*** + subj. : du moment que
Ex. : *Res **cum** ita **essent**, imperator signum dedit.*
Comme les choses en étaient là, le général donna le signal.
*Oderint, **dum metuant** !* Qu'ils me haïssent, pourvu qu'ils me craignent !

Les propositions subordonnées circonstancielles de comparaison

• Le mode habituel de ces propositions est l'**indicatif**. Le verbe est souvent sous-entendu.

• Ces subordonnées peuvent être introduites par des **conjonctions**, des **adverbes** (invariables) ou des **adjectifs** (variables) ; elles sont habituellement annoncées par des **corrélatifs**.
Ex. : *Ita metes, ut sementem feceris.* Tu moissonneras comme tu auras semé.

Invariables

corrélatifs	conjonctions ou adverbes	sens
ita, sic…	ut	*de même que*
tam…	quam	*autant que*
tantum…	quantum	
tot…	quot	
eo + *comparatif…*	quo	*d'autant que + comparatif*
eo minus, eo magis…	quod	*d'autant moins, d'autant plus que*

Variables

corrélatifs	adjectifs	sens
talis, -e…	qualis, -e	*tel que, tel quel*
tantus, -a, -um…	quantus, -a, -um	*aussi grand que*
tam multi, -ae, -a…	quam multi, -ae, -a	*aussi nombreux que*

• Les **indéfinis *idem*** et ***alius*** se construisent avec ***atque***.
Ex. : *Iisdem libris utor **atque** tu.* Je me sers des mêmes livres que toi.

• Le **complément du comparatif** est introduit par ***quam*** (la subordonnée de comparaison est elliptique) ou se met à l'ablatif (fiche 10).

Qualis pater, talis filius !
Tel père, tel fils !

exercices

CORRIGÉS P. 113

1 Soulignez les subordonnées de temps et indiquez le mode du verbe. lexique

a. Antequam pro Murena dicere instituo, pro me ipso pauca dicam.
b. Antequam agatis, cogitate !
c. Haec dum aguntur, interea milites ad castra redierunt.
d. Antequam verbum facerem, ille abiit.

2 Traduisez ces phrases comportant une subordonnée de temps. lexique

a. Ubi hoc nuntiatum est, consul jussit omnes domum ire.
b. Ut Caesar in Galliam venit, Galli eum non libenter acceperunt.
c. Haec cum scribebam, te Romae esse putabam.
d. Ceteri senes cum rem publicam defendebant, nihil agebant ?

3 Identifiez les subordonnées de comparaison et les corrélatifs qui les annoncent.

a. Erat talis, qualem te esse video.
b. Tantam eorum multitudinem nostri interfecerunt, quantum fuit diei spatium.
c. Eo modestior quo doctior est.

4 Traduisez ces phrases comportant une subordonnée de comparaison. lexique

a. Urbs est ita, ut dicitur.
b. Non tam praeclarum est scire Latine *(le latin)* quam turpe nescire.
c. Quot homines, tot sententiae.

5 Relevez dans le texte latin les trois conjonctions de subordination exprimant la comparaison, puis traduisez le texte. lexique

Dans les Verrines, *Cicéron dénonce l'attitude déplorable du propréteur de Sicile, Verrès. Ce dernier s'enrichissait en volant ses administrés. Voici le début du livre IV consacré aux œuvres d'art.*

Venio nunc ad istius, quemadmodum ipse appellat, studium, ut amici ejus, morbum et insaniam, ut Siculi[1], latrocinium[2]. Ego, quo nomine appellem, nescio.

Cicéron, *De signis*, I, 1.

...
...
Je remets la chose entre vos mains : pesez-la à son propre poids, pas à son nom ! Mais apprenez d'abord, juges, la nature même de la chose ; ensuite, peut-être, n'aurez-vous pas grand mal à trouver de quel nom vous pensez qu'il faut l'appeler.

1. Siculus, -i, *m. : le Sicilien.*
2. latrocinium, -ii, *n. : le brigandage.*

6 a) Quel terme Verrès utilise-t-il pour désigner son propre comportement ?
b) Comment ses amis et les Siciliens l'appellent-ils ? Et Cicéron ? Qu'en concluez-vous ?

37 Les propositions circonstancielles (2)

Les propositions subordonnées circonstancielles de cause

Elles sont introduites par des **conjonctions de subordination** qui se construisent :

avec l'indicatif

– ***quoniam*** (ou ***quando*** ou ***ubi***) : puisque
– ***ut*** : vu, étant donné que

Ex. : ***Quoniam*** *periculum* ***erat****, hoc non fecit.*
Puisqu'il y avait du danger, il ne l'a pas fait.

Ex. : *Magnifice,* ***ut erat*** *copiosus, convivium apparavit.*
Il prépara un banquet magnifiquement, vu qu'il était riche.

avec le subjonctif

– ***cum*** : comme, puisque

Ex. : ***Cum*** *periculum* ***esset****, hoc non fecit.*
Puisqu'il y avait du danger, il ne l'a pas fait.

avec l'indicatif ou le subjonctif

– ***quod*** (ou ***quia***) + indicatif : parce que (cause réelle)
– ***quod*** (ou ***quia***) + subjonctif : sous prétexte que ; parce que, dit-on (cause alléguée)

Ex. : ***Quod*** *periculum* ***erat****, hoc non fecit.*
Parce qu'il y avait du danger, il n'a pas fait cela.

Quod *periculum* ***esset****, hoc non fecit.*
Sous prétexte qu'il y avait du danger, il n'a pas fait cela.

Cas particuliers

• Quand la subordonnée de cause introduite par ***quod*** ou ***quia*** est négative, le verbe se met obligatoirement au subjonctif.

Ex. : ***Quod*** *periculum non esset, hoc fecit.*
Puisqu'il n'y avait pas de danger, il a fait cela.

• ***quod*** et ***quia*** sont parfois annoncés dans la proposition principale par des **adverbes corrélatifs** (***eo***, ***hoc***, ***ideo***, ***propterea***) qui en modifient très légèrement le sens (précisément pour cette raison que ; justement parce que).

Les propositions subordonnées circonstancielles de conséquence

• Ces propositions sont **toujours au subjonctif**.

• Elles sont introduites par la **conjonction de subordination** ***ut*** (***uti***) (de telle sorte que, si bien que).

Ex. : *Pulcher est,* ***ut*** *ab omnibus* ***ametur****.* Il est beau, si bien qu'il est aimé de tous.

• Cette conjonction est souvent annoncée dans la proposition principale par un adverbe ou un adjectif corrélatifs :

– **adverbes** : ***tam*** + adjectif ou adverbe = si, tellement
adeo / ***eo*** / ***ita*** / ***sic*** / ***tantum*** + verbe = tellement, à tel point

– **adjectifs** : ***is, ea, id*** / ***talis, -e*** = tel
tantus, -a, -um = si grand
tot = si nombreux

Ex. : ***Tam pulcher*** *est ut ab omnibus ametur.* Il est si beau qu'il est aimé de tous.

• La négation utilisée est ***non***. On peut remplacer ***ut non*** par ***quin*** si la principale contient déjà une négation.

• Pour la concordance des temps dans la proposition de conséquence, voir la fiche 31.

Quia nominor leo.
Parce que je m'appelle le lion. Phèdre
(Idée que le pouvoir peut être utilisé comme unique justification.)

exercices

CORRIGÉS P. 113

1 Traduisez les phrases suivantes en latin.

Cause

a. Puisqu'il n'y a pas de danger, elle fera cela.
b. Il prépare un banquet magnifiquement, vu qu'il est riche.
c. Sous prétexte qu'il y a du danger, il ne fait pas cela.

Conséquence

d. Elle est belle, si bien qu'elle est aimée de tous.
e. Elle est si belle qu'elle est aimée de tous.
f. Il travaille *(laborare)* tellement qu'il réussit *(conficio)* tout.

2 Traduisez en français. lexique

Cause

a. Quoniam id facere non audeo, faciam aliter.
b. Quod te hortor, exibis.
c. Cum patres velint, ita sit !

Conséquence

d. Sic tecum loquar, non ut odio motus sis, sed ut misericordia.
e. Faciam ut intellegas.
f. Tales sunt, ut laudentur.

3 a) Relevez les conjonctions de subordination exprimant la conséquence ; quels sont leurs corrélatifs ?
b) Relevez une conjonction de subordination exprimant la cause.

Le chef germain Arioviste essaie de s'emparer de la ville de Besançon.

Id ne accideret, magnopere sibi praecavendum Caesar existimabat. Namque omnium rerum, quae ad bellum usui erant summa erat in eo oppido facultas, idque natura loci sic muniebatur ut magnam ad ducendum bellum daret facultatem, propterea quod flumen Dubis ut circino circumductum paene totum oppidum cingit ; reliquum spatium, quod est non amplius pedum mille sescentorum, qua flumen intermittit, mons continet magna altitudine, ita ut radices ejus montis ex utraque parte ripae fluminis contingant.

César, *La Guerre des Gaules*, I, 38, 2.

Pour que cela n'arrive pas, César estimait qu'il fallait se prémunir activement. En effet, de toutes les choses qui étaient utiles pour une guerre, la plus grande qualité de cette place forte était que la nature du lieu la protégeait au point de lui donner une grande capacité à faire traîner une guerre en longueur, précisément parce que le fleuve Doubs entoure presque toute la place forte d'un cercle comme tracé au compas, que l'espace restant, qui n'est pas plus grand que mille six cents pieds et que le fleuve délimite, une montagne d'une grande hauteur le remplit, de sorte que les rives de ce fleuve atteignent de chaque côté les bases de cette montagne.

38 Les propositions circonstancielles (3)

La proposition subordonnée de but

• Elle est **toujours au subjonctif** et elle est introduite par :
– ***ut*** : pour que… / ***ne*** : pour que… ne…pas
– ***quo*** : pour que, quand la subordonnée contient un comparatif ; ***quo*** peut être mis en corrélation avec ***eo*** (d'autant plus), dans la principale.

• On peut la traduire en français par un **infinitif** si le sujet des deux verbes est le même.
Ex. : *Audi ut discas.*
Écoute, pour que tu apprennes. → Écoute pour apprendre.

Hoc fecit ne poenas daret.
Il a fait cela pour qu'il ne soit pas puni. → Il a fait cela pour ne pas être puni.

Tace quo melius discas.
Tais-toi pour que tu apprennes mieux. → Tais-toi pour mieux apprendre.

⚠ Le **but** peut aussi s'exprimer en latin par :
– le **gérondif** (***ad*** + **gérondif** à l'accusatif) (fiche 28),
– le **supin en *-um*** après un verbe de mouvement (fiche 26),
– une **relative au subjonctif** (fiche 32).

La proposition subordonnée de concession (ou d'opposition)

• Elle est introduite par une **conjonction de subordination** suivie de l'**indicatif** ou du **subjonctif**.
– ***quamquam*** ou ***quanquam*** / ***etsi*** / ***tametsi*** + **indicatif** : bien que, quoique
– ***cum*** + **subjonctif** : bien que, quoique

⚠ Attention aux multiples sens et constructions de ***cum***.
Ex. : ***Quamquam abest*** *a culpa, accusatur.*
Cum absit *a culpa, accusatur.*
} Bien qu'il soit exempt de faute, il est accusé.

• Plus rarement, on peut trouver :
– ***quamvis*** (souvent devant un adjectif ou un adverbe) + **subjonctif** : quelque… que, si… que
– ***licet*** + **subjonctif** : bien que, quoique
Ex. : ***Quamvis*** *callidus* ***sis,*** *tamen deceptus es.*
Si rusé que tu sois, tu as pourtant été berné.

Licet *ejus orationes non* ***probes,*** *orator vera dicit.*
Bien que tu n'approuves pas ses discours, l'orateur dit la vérité.

Concordance des temps

Les subordonnées de but et de concession au subjonctif suivent les règles générales de la concordance des temps (fiche 31).

Ut queant laxis
Resonare fibris
Mira gestorum
Famuli tuorum
Solve polluti
Labii reatum
Sancte Iohannes

Afin que tes serviteurs, le cœur libéré,
puissent glorifier les merveilles de ta vie,
ôte le péché de leurs lèvres impures,
Saint Jean

(Cet hymne à saint Jean est à l'origine du nom des notes de la gamme, qui constituent les premières syllabes de chaque vers ; le moine Guido d'Arezzo en eut l'idée au XIe siècle.)

grammaire

exercices

CORRIGÉS P. 114

1 Traduisez les phrases suivantes. lexique

a. Caesar in Gallia bellum gerit ut populo Romano sibique gloriam det.
b. In Curia orator dicit ne quid inimicus suus audiat.
c. Mali cives poenas dant ne rei publicae noceant.
d. Quo studiosius abscondas culpam, eo magis patefit.

2 Transformez la 1re phrase de l'exercice 1 en mettant le verbe principal à l'imparfait et en respectant la concordance des temps.

3 Traduisez les phrases suivantes. lexique

a. Quanquam mihi scribis multas epistulas, tamen non quietus sum.
b. Cum Graecia excellat in eloquentia, tamen Romae magnos habemus oratores.
c. Etsi occupationes tuae te impediunt, ad cenam te vocamus.
d. Quamvis milites fortes essent, tamen fugerunt.

4 Transformez la 2e phrase de l'exercice 3 en mettant le verbe principal au parfait et en respectant la concordance des temps.

5 En réutilisant le vocabulaire des exercices 1 et 3, traduisez ces phrases en latin.

a. Bien qu'ils aient nui à la république, les mauvais citoyens ne furent pas punis.
b. Tu m'écris de nombreuses lettres pour que je sois rassuré.
c. Si grands que soient les orateurs romains, pourtant les Grecs excellent dans l'éloquence.

6 Traduisez l'extrait suivant. lexique

Cicéron, exilé et désespéré, écrit à sa femme et à ses enfants.

Ad te statim Aristocritum[1] misi ut ad me continuo […] possis scribere ; etsi Dexippo[2] quoque imperavi ut recurreret, tamen fratrem oravi quo crebrius tabellarios mitteret. Nam ego […] sum Dyrrachi[3] hoc tempore, ut quam celerrime quid agatur[4] audiam, et sum tuto, cum inimici nostri venire dicantur. […] Cura ut valeas.

Cicéron, *Lettres, Ad Familiares*, XIV, 3.

1. et 2. : *Aristocritus et Dexippus sont des messagers de l'auteur.*
3. *Dyrrachium, ville d'Illyrie (aujourd'hui Durazzo).*
4. quid agatur : *ce qui se passe.*

39 Les propositions circonstancielles (4)

Les propositions subordonnées circonstancielles de condition

• Les propositions circonstancielles de condition sont introduites, la plupart du temps, par des conjonctions de subordination : ***si*** (si) ; ***nisi*** (si… ne… pas) ; ***sive***… ***sive*** / ***seu***… ***seu*** (soit… soit).

• Elles sont à l'**indicatif** quand la condition est considérée comme **vraie ou devant être réalisée** (réel et éventuel ou futur).

• Elles sont au **subjonctif** quand l'action est présentée comme **possible**, ou **impossible dans le présent ou le passé** (potentiel, irréel du présent, irréel du passé).

Les conditionnelles à l'indicatif

	proposition subordonnée	proposition principale	exemples
condition **réalisée** dans le présent	**si** + *indicatif présent*	*indicatif présent*	Si **sunt** dei, **sunt** boni. *S'il est vrai que les dieux **existent**, ils **sont** bons.*
condition **réalisée** dans le passé	**si** + *indicatif imparfait*	*indicatif imparfait*	Si **scribebas**, laetus **eram**. *Si (chaque fois que) tu **écrivais**, j'**étais** content.*
condition **à réaliser** dans le futur (= **éventuel**)	**si** + *indicatif futur* ou *futur antérieur*	*indicatif futur simple*	Si hunc librum **leges** / **legeris**, laetus **ero**. *Si tu **lis*** ce livre, je **serai** content.*

* En français, on ne peut pas utiliser le futur de l'indicatif après « si ».

Les conditionnelles au subjonctif

	proposition subordonnée	proposition principale	exemples
potentiel	**si** + *subjonctif présent*	*subjonctif présent*	Si **vincas**, laetus **sim**. *Si tu **étais** vainqueur, je **serais** content.*
irréel du présent	**si** + *subjonctif imparfait*	*subjonctif imparfait*	Si **vinceres**, laetus **essem**. *Si tu **étais** vainqueur, je **serais** content. (mais cela est actuellement impossible)*
irréel du passé	**si** + *subjonctif plus-que-parfait*	*subjonctif plus-que-parfait*	Si **vicisses**, laetus **fuissem**. *Si tu **avais été** vainqueur, j'**aurais été** content.*

⚠ En français, l'irréel du présent et le potentiel utilisent les mêmes moyens grammaticaux : seul le contexte permet de les différencier.

⚠ Il faut veiller à ne pas confondre proposition conditionnelle et interrogative indirecte introduite par ***si***.

Négation

• On emploie ***nisi*** dans la majorité des cas.

• On peut employer ***si… non…***
– pour opposer la subordonnée à la principale ou à une autre subordonnée ;
– quand ***si*** signifie « dans le cas où ».

Si vis pacem, para bellum !
Si tu veux la paix, prépare la guerre !

exercices

CORRIGÉS P. 114

1 Traduisez ces phrases en précisant la valeur des conditionnelles. lexique

a. Si id facis, tecum venio !
b. Si suscipis (suscipio = *accepter, se charger de*) causam, tibi numquam loquor.
c. Si quis ridebit, omnes ridebunt.
d. Si mater ridebat, pueri non flebant.

2 Traduisez ces phrases en précisant la valeur des conditionnelles. lexique

a. Si legibus bene utimur, mali cives poenas dant.
b. Si mecum in Urbem (Urbs avec la majuscule = *Rome*) veneris, Curiam videbis.
c. Si consules fortes viri fuissent, Catilina rei publicae non nocuisset.
d. Nisi te domi reperiam, servi mei te in foro quaerant.
e. Multa loqueretur, si posset : nunc mutus est ! (mutus, a, um : *muet*)

3 En vous inspirant des phrases précédentes, traduisez.

a. Si vous aviez bien utilisé les lois, les mauvais citoyens auraient été punis.
b. Si tu venais à Rome avec moi, tu verrais le forum romain. (potentiel)
c. Si les consuls étaient des hommes courageux, Catilina ne nuirait pas à l'État. (irréel du présent)
d. Si nous ne t'avions pas trouvé à la maison, nos esclaves t'auraient cherché sur le forum.

4 Que diraient les parents de Catilina ?
a) Complétez le début de la traduction proposée.
b) Quelle est la valeur de la proposition subordonnée conditionnelle du texte ?

En 63 av. J.-C., Cicéron est consul. On apprend que son opposant lors de la campagne électorale de l'année précédente, Catilina, noble déchu et ruiné, fomenterait un complot contre le consul. Cicéron prend les devants et convoque le Sénat. Il s'adresse alors avec véhémence, dans un discours fameux, à Catilina, présent parmi les sénateurs. Voici le passage de La Première Catilinaire (I, 7) *où Cicéron évoque les parents de Catilina.*
L'orateur fait alors parler la Patrie personnifiée, qui s'adresse à Catilina comme une mère qui gronderait son enfant.

Si te parentes timerent[1] atque odissent tui neque eos ulla ratione placare[2] posses, ut opinor, ab eorum oculis aliquo[3] concederes ; nunc te patria, quae communis est parens omnium nostrum, odit ac metuit, et jamdiu nihil te judicat nisi de parricidio suo cogitare ; hujus tu neque auctoritatem verebere, nec judicium sequere, nec vim pertimesces ? [...]

... ; mais en réalité, c'est la patrie, notre mère commune à tous, qui te hait, te craint et estime que depuis longtemps tu ne penses à rien d'autre qu'à commettre sur elle un parricide ; et toi, tu ne respecteras pas son autorité, tu n'obéiras pas à sa décision et tu ne craindras pas sa puissance ? [...]

1. timeo, -es, -ere, timui : *craindre.* 2. placo, -as, -are, placavi, placatum : *apaiser.* 3. aliquo : *quelque part.*

40 L'ablatif absolu

Caractéristiques

- C'est une **proposition subordonnée participiale** en latin.
- Elle n'est introduite par aucun mot subordonnant.
- Elle est constituée d'un **verbe au participe** (présent ou parfait), **à l'ablatif** et de **son sujet propre**, différent de celui de la proposition principale, **à l'ablatif** lui aussi.
- Dans un ablatif absolu, le participe présent a toujours la désinence ***-e*** et jamais la désinence ***-i***.

Ex. : *Signo dato, // Caesar proelium commisit.*

absence de mot subordonnant (→ //) ; sujet à l'ablatif (→ *Signo*) ; verbe au participe (parfait) à l'ablatif (→ *dato*)

Le signal ayant été donné, César engagea le combat.

- La proposition subordonnée peut comporter d'éventuels compléments qui gardent leurs cas habituels.

Ex. : ***Cognito Caesaris adventu*** // *Ariovistus legatos ad eum mittit* [...]

verbe au participe parfait à l'ablatif (→ *Cognito*) ; complément du nom au génitif (→ *Caesaris*) ; sujet à l'ablatif (→ *adventu*)

(César, *La Guerre des Gaules*, I, 42)

Une fois connue l'arrivée de César, Arioviste envoya vers lui des messagers.

⚠ Le verbe « être » n'a pas de participe présent mais on peut tout de même former un ablatif absolu en le sous-entendant.

Ex. : ***Cicerone consule*** Cicéron (étant) consul → sous le consulat de Cicéron

me vivo moi (étant) vivant → moi vivant / de mon vivant

Traduction

- L'ablatif absolu peut se traduire en français par une proposition subordonnée participiale ou par une proposition subordonnée circonstancielle.
- On doit d'abord le traduire en mot à mot pour comprendre le sens global. Après cette première traduction littérale, il faut ensuite, d'après le contexte, trouver la **circonstance** que l'ablatif absolu exprime (le plus souvent le **temps** ou la **cause**, parfois la **concession** ou la **condition**) et essayer de faire apparaître cette circonstance pour obtenir une traduction plus élégante.

Ex. : ***Signo dato,*** *Caesar proelium commisit.*

Le signal ayant été donné, César engagea le combat.

Ici, la circonstance exprimée est le **temps**. On peut donc traduire par :

Ayant donné le signal, César engagea le combat.

ou encore

Lorsqu'il eut donné le signal, ...

ou

Après avoir donné le signal, ...

Sublata causa, tollitur effectus.
La cause éliminée, l'effet est enlevé.

exercices

CORRIGÉS P. 115

1 Traduisez les ablatifs absolus suivants mot-à-mot. lexique

a. signo dato
b. oriente sole
c. re probata
d. multis interfectis
e. his litteris cognitis

2 Traduisez en latin en utilisant l'ablatif absolu.

a. la couleur (*color, -oris*, m.) de son vêtement (*vestis, -is*, f.) ayant été reconnue *(cognosco, -ere, cognovi, cognitum)*
b. les épées (*gladius, -ii*, m.) ayant été abandonnées *(relinquo, -ere, reliqui, relictum)*
c. les soldats (*miles, -itis*, m.) fuyant *(fugio, -ere)*

3 Associez le sujet de l'ablatif absolu au verbe qui lui correspond. lexique

a. fide
b. his
c. his rebus
d. concilio

1. perfectis
2. data
3. convocato
4. discedentibus

4 a) Indiquez le sujet et le verbe de tous les ablatifs absolus en gras. lexique
b) Traduisez-les de façon littérale puis en trouvant leur nuance circonstancielle.

La prise d'Avaricum par les troupes de César.

Caesar ex castris equitatum educi jubet, proelium equestre committit : **laborantibus jam suis** Germanos equites circiter CCCC summittit, quos ab initio habere secum instituerat. Eorum impetum Galli sustinere non potuerunt atque in fugam conjecti **multis amissis** se ad agmen receperunt. **Quibus profligatis**[1] rursus oppidani perterriti comprehensos eos, quorum opera plebem concitatam existimabant, ad Caesarem perduxerunt seseque ei dediderunt. **Quibus rebus confectis**, Caesar ad oppidum Avaricum, quod erat maximum munitissimumque in finibus Biturigum atque agri fertilissima regione, profectus est, quod **eo oppido recepto** civitatem Biturigum se in potestatem redacturum confidebat.

César, *La Guerre des Gaules*, VII, 13.

César ordonne que sa cavalerie sorte du camp et engage un combat équestre : ..., il envoie à leur aide environ 400 cavaliers germains, qu'il s'était choisis depuis le début comme gardes. Les Gaulois ne purent résister à leur assaut et, poussés à la fuite, ils se replièrent sur leur ligne ... . les habitants terrifiés amenèrent à César ceux qu'ils avaient attrapés et qui, selon eux, avaient soulevé le peuple par leur action et ils se livrèrent à lui. ..., César s'avança vers la place forte d'Avaricum, qui était la plus grande et la plus protégée des territoires bituriges et dans une région très fertile du point de vue agricole, parce qu'il croyait que, ..., le peuple biturige se soumettrait à sa puissance.

1. profligo, -as, -are, -avi, -atum : *écraser.*

41 Le discours indirect

• On appelle **discours indirect** des paroles ou des pensées rapportées **à l'aide de subordonnées**, et non telles qu'elles ont été formulées au **discours direct**.
Ex. : *Dico : « Marcus venit ».* Je dis : « Marcus est venu ». (style direct)
Dico Marcum venisse. Je dis que Marcus est venu. (style indirect)

• Le discours indirect obéit aux règles suivantes :

proposition principale	proposition subordonnée COD du verbe principal	proposition subordonnée dépendant de la subordonnée COD
Dico... ***Narro...*** ***Puto...***	• **affirmation** : proposition infinitive *Dico Marcum venisse.* Je dis que Marcus est venu.	• **verbes au subjonctif*** *Dico Marcum venisse quia eum vocaveritis.* Je dis que Marcus est venu parce que vous l'avez appelé.
Credo... ***Existimo...*** ***Quaero...***	• **question** : proposition interrogative indirecte au subjonctif *Quaero Marcusne venerit.* Je demande si Marcus est venu. (l'interrogation oratoire se transforme en proposition infinitive)	*Quaero Marcusne venerit ubi eum vocaveritis.* Je demande si Marcus est venu quand vous l'avez appelé.
Scio... ***Impero...***	• **ordre** : proposition au subjonctif sans subordonnant *Impero (ut) Marcus veniat.* J'ordonne que Marcus vienne.	*Impero (ut) Marcus veniat ubi eum vocaveritis.* J'ordonne que Marcus vienne quand vous l'aurez appelé.

* Deux exceptions : – *dum* + indicatif présent : « pendant que » ;
– propositions relatives exprimant une vérité générale (indicatif).

• On ne trouvera dans le discours indirect ni indicatif ni impératif mais l'infinitif et le subjonctif.

• La concordance des temps s'applique dans la proposition infinitive comme dans les propositions au subjonctif.
Les pronoms de la 1re et de la 2e personne disparaissent ; on trouvera à la 3e personne les pronoms ***ille*** et ***is***. Les réfléchis ***se*** et ***suus*** représentent la personne qui parle ou qui pense (fiches 13 et 14).

Exemples tirés de *La Guerre des Gaules* (César)

discours ou style **direct**	discours ou style **indirect**
Eos incusavit : « Quid veremini ? Cur desperatis ? » Il leur fit ces reproches : « Que craignez-vous ? Pourquoi désespérez-vous ? »	*Eos incusavit : quid vererentur ? Cur desperarent ?* Il leur fit ces reproches : que craignaient-ils ? Pourquoi désespéraient-ils ? (I, 40)
« Num recentium injuriarum memoriam deponere possum ? » Puis-je oublier vos nouvelles insultes ? (interrogation oratoire)	*Num recentium injuriarum memoriam se deponere posse ?* Pouvait-il oublier leurs nouvelles insultes? (I, 14)
Is ita cum Caesare egit : « si bello persequi persevarabis, reminiscere virtutis nostrae ». Il tint à César ce langage : « si tu persistes à nous traiter en ennemis, souviens-toi de notre valeur guerrière. » (expression de l'ordre)	*Is ita cum Caesare egit : si bello persequi perseveraret, reminisceretur virtutis Helvetiorum.* Il tint à César ce langage : s'il persistait à les traiter en ennemis, il devait se souvenir de la valeur guerrière des Helvètes. (I, 14)

Summum esse Vercingetorigem ducem.
(Tous reconnaissent) que Vercingétorix est leur chef suprême.
César, La Guerre des Gaules, *VII, 21.*

exercices

CORRIGÉS P. 115

grammaire

Les textes sur cette page sont des extraits du discours de Vercingétorix aux Gaulois (César, La Guerre des Gaules, *VII, 20).*

1 a) Analysez les 4 verbes soulignés dans le texte qui dépendent de « *quod* », à traduire ici par « sous prétexte que » ou « pour avoir » : de quoi Vercingétorix est-il accusé ? lexique

b) Analysez ensuite les deux propositions dont le verbe est en rouge ; les sujets de ces verbes sont en gras ; elles constituent le noyau de la phrase dépendant de « fut accusé de trahison ». Traduisez-les en faisant attention au temps des verbes.

Vercingetorix, cum ad suos redisset, proditionis insimulatus, *quod* castra propius Romanos movisset, *quod* cum omni equitatu discessisset, *quod* sine imperio tantas copias reliquisset, *quod* ejus discessu Romani tanta opportunitate et celeritate venissent : non **haec** omnia fortuito aut sine consilio accidere **potuisse** ; regnum **illum** Galliae **malle** Caesaris concessu quam ipsorum habere beneficio.

haec : *ces événements (qui viennent d'être énumérés) ;*
illum : *lui, Vercingétorix.*

2 Traduisez l'ensemble du texte de l'exercice 1 à partir de la première phrase donnée ci-dessous.

Vercingétorix, lorsqu'il fut revenu près des siens fut accusé de trahison. …

3 Traduisez la première partie de la réponse de Vercingétorix en vous aidant du discours direct (en italiques) qui aurait été prononcé par le chef gaulois.

Tali modo accusatus ad haec **respondit**: *quod* castra movisset, factum inopia pabuli etiam ipsis hortantibus; *quod* propius Romanos accessisset, persuasum loci opportunitate, *qui* se ipsum munitione defenderet: equitum vero operam neque in loco palustri desiderari **debuisse** et illic **fuisse** utilem, quo sint profecti.

« Si j'ai levé le camp, c'est parce que nous manquions de fourrage et que vous avez vous-même insisté… Si je me suis approché des Romains, c'est que j'étais convaincu par l'avantage d'une position qui se défendait d'elle-même sans protection ; on n'a pas dû sentir le besoin de la cavalerie dans un endroit marécageux : d'ailleurs elle a été utile là où nous sommes partis ! »

4 Version. lexique

Summam imperi **se** consulto nulli discedentem **tradidisse**, *ne is* multitudinis studio ad dimicandum impelleretur ; cui rei propter animi mollitiem **studere** omnes videret, *quod* diutius laborem ferre non possent.

Corrigés des exercices

1 Fonctions et cas

▸ énoncés p. 11

1 ▸ a. COI de « consacre » b. COD de « apprends » c. CC moyen de « progresse » d. sujet de « est » e. CDN « exercices »

2 ▸ Poussé par la faim, un renard cherchait à attraper **un raisin** sur une treille en sautant de toutes ses forces ; mais comme il ne pouvait **l'**atteindre, il s'éloigna en disant : « Il n'est pas encore mûr ; je ne veux pas cueillir **un fruit vert** ».

3 ▸ Dans un pré : **ablatif** ; une grenouille : **nominatif** ; un bœuf : **accusatif** ; sa peau : **accusatif** ; à ses petits : **datif** ; à terre : **ablatif**

4 ▸ a. masc. b. fém. c. fém. d. fém. e. masc. f. neutre g. masc. h. fém.

5 ▸ Les noms sont b. regio, f. vestis, i. mare, j. juvenis.

6 ▸ Les noms dans le texte de Phèdre : « **Ranae regem** petunt »
Ranae, vagantes liberis **paludibus**,
clamore magno **regem** petiere ab **Jove**,
qui dissolutos **mores vi** compesceret.
Pater deorum risit atque illis dedit
parvum **tigillum**, missum quod subito **vadi**
motu sonoque terruit pavidum **genus**.

2 La première déclinaison

▸ énoncés p. 13

1 ▸ a. **natur-**, la nature ; b. **cur-**, le soin ; c. **fam-**, la réputation ; d. **poen-**, le châtiment ; e. **terr-**, la terre ; f. **ir-**, la colère

2 ▸

	copia	fortuna	via	vita
accusatif sing.	copiam	fortunam	viam	vitam
ablatif sing.	copia	fortuna	via	vita
génitif pluriel	copiarum	fortunarum	viarum	vitarum
datif pluriel	copiis	fortunis	viis	vitis

3 ▸ a. **copias** : Acc. plur. / COD, les troupes b. **famae** : G. sing. / complément de nom ; D. sing. / COS ; N. plur. / sujet ; V. plur. / apostrophe, la réputation c. **curam** : Acc. sing. / COD, le souci d. **terrarum** : G. plur. / complément de nom, la terre e. **irae** : G. sing. / sujet ; D. sing. / COS ; N. plur. / sujet ; V. plur. / apostrophe, la colère f. **viis** : D. ou Abl. plur. / COS ou CC, la route g. **vita** : N sing. / sujet ; V. sing. / apostrophe ; Abl. sing. / CC, la vie

4 ▸ a. cause : COD, Acc sing., **causam** b. réputation : sujet, N. sing., **fama** ; colère : COD, Acc. sing., **iram** c. des châtiments : COD, Acc. plur., **poenas** ; troupes : sujet, N. plur. **copiae** ; souci : COD, Acc. sing., **curam** ; réputation : CDN, G. sing., **famae** d. fortune : sujet, N. sing. **fortuna** ; une vie : COD, Acc. sing., **vitam** ; sur terre : CC de lieu, Abl. sing., (in) **terra**

5 ▸ a. 5 b. 2 c. 4 d. 3 e. 1

6 ▸ a. cure < **cura**, **-ae**, le soin – vitamines < **vita**, **-ae**, f. : la vie b. vital < **vita**, **-ae** c. irascible < **ira**, **-ae**, la colère d. terrestres < **terra**, **-ae**, la terre e. copieux < **copia**, **-ae**, f : l'abondance f. mal famé < **fama**, **-ae**, la réputation

7 ▸ a. « Pour la vie éternelle » ; expression utilisée pas les Chrétiens dans les formules de bénédiction ou de prière. b. « Tous les chemins mènent à Rome » ; allusion au « milliaire d'or » qui, placé sur le Forum romain, était le « mille zéro » d'où partaient toutes les routes vers l'Italie et les provinces. c. « Le petit char de la vie », c'est-à-dire l'ensemble des études et des activités effectuées par un individu au cours de sa carrière, souvent abrégé C.V.

3 La deuxième déclinaison

▸ énoncés p. 15

1 a. **equ-**, le cheval b. **pericul-**, le danger c. **popul-**, le peuple d. **benefici-**, le bienfait e. **de**-us, dieu

2

	annus	equus	modus	consilium	bellum
accusatif sing.	annum	equum	modum	consilium	bellum
ablatif sing.	anno	equo	modo	consilio	bello
génitif pluriel	annorum	equorum	modorum	consiliorum	bellorum
datif pluriel	annis	equis	modis	consiliis	bellis

3 a. **bella** : N., V., Acc. plur. / sujet, mis en apostrophe, COD, la guerre b. **numero** : D, Abl. sing. / COS, CC, le nombre c. **oculis** : D., Abl. plur. / COS, CC, *l'œil* d. **consilii** : G. / complément de nom, la décision e. **modi** : G. sing., N., V. plur / complément de nom, sujet, apostrophe, la manière f. **annis** : D., Abl. plur. / COS, CC, l'année g. **castrorum** : G. plur., complément de nom, le camp h. **caelum** : N., V., Acc. sing. / sujet, mis en apostrophe / COD, le ciel i. **deis** : D., Abl. plur. / COS, CC, le dieu j. **populi** : G. sing., N., V plur. / complément de nom, sujet ou apostrophe, le peuple

4 a. Le fils : sujet, N., **filius** ; Marcus : complément de nom, G., **Marci** ; un homme : attribut du sujet, N. : **vir** b. les dieux : sujet, N., **dei** ou **dii** ; peuple : COS, D., **populo** ; des chevaux : COD, Acc., **equos** c. le camp : CC, Abl., **castris** ; les hommes : sujet, N., **viri** ; leurs armes : COD, Acc., **arma**

5 a. 3 b. 7 c. 6 d. 2 e. 1 f. 5 g. 4 h. 8

6 a. énumération < **numerus**, **-i**, m. : le nombre ; b. équitation < **equus**, **-i**, m. : le cheval ; c. verbaliser < **verbum**, **-i**, n. : le mot ; d. agraires < **ager**, **agri**, m. : le champ ; e. puérile < **puer**, **pueri**, m. : l'enfant ; f. modifier < **modus**, **-i**, m. : la manière

corrigés

4 La troisième déclinaison

▸ énoncés p. 17

1 a., d. et f. sont des parisyllabiques ; b. et h. des imparisyllabiques ; c., e. et g. sont de faux imparisyllbiques (deux consonnes avant la terminaison **-is** du génitif sing.).

2

cas	sing.	plur.	sing.	plur.	sing.	plur.	sing.	plur.
N.	orator	oratores	nomen	nomina	lex	leges	pes	pedes
V .	orator	oratores	nomen	nomina	lex	leges	pes	pedes
Acc.	oratorem	oratores	nomen	nomina	legem	leges	pedem	pedes
G.	oratoris	oratorum	nominis	nominum	legis	legum	pedis	pedum
D.	oratori	oratoribus	nomini	nominibus	legi	legibus	pedi	pedibus
Abl.	oratore	oratoribus	nomine	nominibus	lege	legibus	pede	pedibus

3 a. **nominis** : G. sing. de **nomen**, **-inis**, n. : le nom b. **oratorem** : Acc. sing. de **orator**, **-oris**, m. : l'orateur c. **nominum** : G. plur. de **nomen**, **-inis**, n. : le nom d. **oratore** : Abl. sing. de **orator**, **-oris**, m. : l'orateur e. **pedi** : D. sing. de **pes**, **pedis**, m. : le pied

4 a. **legem** : Acc. sing. de **lex**, **legis**, f. : la loi b. **sceleris** : G. sing. de **scelus**, **-eris**, n. : le crime c. **flumina** N. V. Acc. plur. de **flumen**, **-minis**, n. : le fleuve d. **nocte** : Abl. sing. de **nox**, **noctis**, f. : la nuit e. **plebi** : D. sing. de **plebs**, **plebis**, f. : la plèbe, le peuple f. **principum** : G. plur. de **princeps**, **-cipis**, m. : le premier g. **militis** : G. sing. de **miles**, **-itis**, m. le soldat h. **mari** : D. Abl. sing. de **mare**, **maris**, n. : la mer i. **hostes** : N. V. Acc. plur. de **hostis**, **-is**, m. : l'ennemi j. **urbium** : G. plur. de **urbs**, **urbis**, f. : la ville

5 a. **partes** < pars, partis, f. (faux imparisyllabique), la partie ; **legibus** < lex, legis, f. (imparisyllabique), la loi

b. **partes** : N. V. Acc. plur. ; toutefois, comme la forme est précédée de la préposition **in** (suivie de l'Acc. ou de l'Abl.) et que **partes** ne peut être un Abl., il faut considérer qu'il s'agit de l'Acc. plur.
Legibus pourrait être un D. ou un Abl. plur., mais, comme il fait partie d'un rythme ternaire (**lingua, institutis, legibus**) où l'une des formes (**lingua**) ne peut être qu'à l'Abl., nous considérerons qu'il s'agit d'un Abl. complément circonstanciel de moyen.

5 La quatrième et la cinquième déclinaisons

▸ *énoncés p. 19*

1 **1re déclinaison** : noms dont le génitif sing. est en **-ae** ; b. anima, g. poeta • **2e déclinaison** : G. sing. en **-i** ; a. puer, c. templum, i. ficus • **3e déclinaison** : G. sing. en **-is** ; e. urbs, f. frater, j. civis • **4e déclinaison** : G. sing. en **-us** ; h. senatus • **5e déclinaison** : G. sing. en **-ei** ; d. spes

2 **2e déclinaison** : G. sing. en **-i** ; a. locus, d. amicus, f. gladius • **3e déclinaison** : G. sing. en **-is** ; c. genus, e. tellus • **4e déclinaison** : G. sing. en **-us** ; b. manus

3 **3e déclinaison** : G. sing. en **-is** ; a. caedes, b. miles, d. pes, f. eques • **5e déclinaison** : G. sing. en **-ei** ; c. fides, e. spes

4

cas	sing.			pluriel		
N.	metus	cornu	senatus	metus	cornua	senatus
V.	metus	cornu	senatus	metus	cornua	senatus
Acc.	metum	cornu	senatum	metus	cornua	senatus
G.	metus	cornus	senatus	metuum	cornuum	senatuum
D.	metui	cornui	senatui	metibus	cornibus	senatibus
Abl.	metu	cornu	senatu	metibus	cornibus	senatibus

5 a. **cornuum** : G. plur. de **cornu**, la corne b. **manus** : N. V. G. sing., N. V. Acc. plur. de **manus**, la main c. **cornua** : N. V. Acc. plur. de cornu, la corne d. **manum** : Acc. sing. de **manus**, la main e. **manibus** : D. Abl. plur. de **manus**, la main f. **metui** : D. sing. de **metus**, la crainte

6

cas	sing.					pluriel				
N.	dies	spes	species	fides	acies	dies	spes	species	fides	acies
V.	dies	spes	species	fides	acies	dies	spes	species	fides	acies
Acc.	diem	spem	speciem	fidem	aciem	dies	spes	species	fides	acies
G.	diei	spei	speciei	fidei	aciei	dierum	sperum	specierum	fiderum	acierum
D.	diei	spei	speciei	fidei	aciei	diebus	spebus	speciebus	fidebus	aciebus
Abl.	die	spe	specie	fide	acie	diebus	spebus	speciebus	fidebus	aciebus

7 a. **die** : Abl. sing. b. **spem** : Acc. sing. c. **acies** : N. V. sing. ; N. V. Acc. plur. d. **diebus** : D. Abl. plur. e. **rerum** : G. plur.

8 a. flumen → **flumen, -inis**, n. : le fleuve, la rivière ; cultu → **cultus, -us**, m. : la civilisation, la culture ; humanitate → **humanitas, -atis**, f. : la politesse, l'urbanité ; virtute → **virtus, -utis**, f. : le courage
b. **flumen** : 3e déclinaison (génitif singulier en **-is**) • **cultu** : 4e déclinaison (G. sing. en **-us**) • **humanitate** : 3e déclinaison (G. sing. en **-is**) • **virtute** : 3e déclinaison (G. sing. en **-is**).
Traduction
Le fleuve Garonne sépare les Gaulois des Aquitains, la Marne et la Seine les séparent des

Belges. Les plus courageux d'entre eux sont les Belges, parce qu'ils sont le plus éloignés de la civilisation et de l'urbanité de la province *(sous-entendu : romaine)*, [...] et les plus proches des Germains qui habitent de l'autre côté du Rhin et avec lesquels ils mènent une guerre continuelle. C'est aussi pour cette raison que les Helvètes précèdent en courage tous les autres Gaulois, parce qu'ils se mesurent aux Germains dans des combats quasi quotidiens.

6 Sens précis des cas en latin (1)

▸ *énoncés p. 21*

1 a. **Soldat**, n'aie pas peur des ennemis ; **miles** est au vocatif, **metum** à l'accusatif. b. **Le soldat** n'a pas peur des ennemis : **miles** est au nominatif, **metum** à l'accusatif. c. **Ami**, le danger est grand ; **amice** est au vocatif, **periculum** au nominatif. d. **L'ami** a vu le grand danger ; **amicus** est au nominatif, **periculum** à l'accusatif. e. **Fortune**, notre **famille** a pour toi une grande **reconnaissance** ; **fortuna** est au vocatif, **gens** au nominatif, **gratiam** à l'accusatif.

2 a. **patris** – les paroles du père b. **puerorum** – les chevaux des enfants c. **senatus** – le pouvoir du sénat d. **deorum** – la colère des dieux e. **gentium** – les noms des familles

3 a. Les soldats jettent leurs armes dans la mer ; **milites**, N. ; **mare**, Acc. (lieu où l'on va) ; **arma**, Acc. (COD) b. Le chef saute sur son cheval pour mener la guerre ; **dux**, N. ; **equum**, Acc. (lieu où l'on va) ; **bellum**, Acc. (but) c. Le peuple pria les dieux pendant trois jours ; **populus**, N. ; **deos**, Acc. (COD) ; **dies**, Acc. (durée). d. L'homme se rend aux champs à travers la ville ; **vir**, N. ; **agros**, Acc. (lieu où l'on va) ; **urbem** Acc. (prép. **per** + Acc.) e. Tu consacrais tes soins à préserver la république ; **curas**, Acc. (COD) ; **rempublicam**, Acc. (but ; prép. **ad** + Acc.)

4 a. Les peuples craignent la colère du ciel ; **populi**, N., sujet ; **caeli**, G., complément du nom ; **iram**, Acc., COD b. Les chefs conduisent l'armée à la guerre ; **duces**, N., sujet ; **exercitum**, Acc., COD ; **bellum**, Acc., (lieu où l'on va) c. Enfant, apprends les noms de la famille ; **puer**, V., apostrophe ; **gentis**, G., complément du nom ; **nomina**, Acc., COD d. Princes, n'ayez pas peur des dangers ; **principes**, V., apostrophe ; **periculorum**, G., complément du nom ; **metum**, Acc., COD e. L'armée en ligne vainquit le plus féroce des ennemis ; **acies**, N., sujet ; **hostium** G., complément du superlatif.

5 a. Voici qu'une multiple **clameur** m'enveloppe de tous côtés : j'habite juste **au-dessus** d'un bain public. Imagine-toi toutes les **sortes** de **sons** qui peuvent conduire nos oreilles à **l'exaspération** : quand les costauds s'entraînent et balancent leurs **mains** chargées d'haltères, j'entends des gémissements.

b. **clamor** : N., sujet ; **balneum**, Acc., complément de lieu dépendant de la préposition **supra** + Acc. ; **genera**, Acc., COD ; **vocum**, G., complément du nom **genera** ; **odium**, Acc., complément exprimant la direction ; **aures**, Acc., COD ; **fortiores**, N., sujet ; **manus**, Acc., COD ; **gemitus**, Acc., COD

c. L'auteur multiplie les mots appartenant au champ lexical du bruit pour insister sur sa nuisance : **clamor, circumsonat, vocum, aures, gemitus, audio**.

7 Sens précis des cas en latin (2)

▸ *énoncés p. 23*

1 a. Le père donne un cheval au fils (destinataire). b. Le maître raconte une histoire aux enfants (destinataire). c. Ce champ est au soldat (possession avec le verbe « être »). d. Les esclaves obéissent au maître (construction du verbe **pareo** + D., COI).

2 a. Dans les champs, nous nous servons de chevaux (**agris** : ablatif, complément du lieu où l'on est ; **equis** : ablatif, construction du verbe **utor** + Abl., COI) b. La Fortune est plus puissante que les dieux (**deis** : ablatif, complément du comparatif) c. Les ennemis sortent des navires sans crainte (**navibus** : ablatif, complément de lieu d'où l'on vient avec la préposition **e** ou **ex** ; **metu** : ablatif, complément de manière avec la préposition **sine**) d. Le chef s'éloigna de l'Italie le jour suivant avec ses troupes (**Italia** : ablatif, complément de lieu d'où on s'éloigne avec la préposition **ab** ou **a** ; **die** : ablatif, complément de temps / date précise ; **copiis** : ablatif, complément d'accompagnement avec la préposition **cum**)

3 a. La fortune a attribué des richesses aux hommes de manière différente (**hominibus** : datif, destinataire ; **modo** : ablatif, complément de manière) b. Les soldats viennent en aide au chef dans le combat (**pugna** : ablatif, complément du lieu où l'on est ; **auxilio** / **duci** : double datif, objectif visé / destinataire) c. L'armée fut écrasée par les ennemis sous les remparts (**hostibus** : ablatif, complément d'agent pour un nom de personne, introduit par la préposition **ab** + Abl. ; **moenibus** : ablatif, complément de lieu où l'on est introduit par la prépositon **sub**)

4 a. Miles a moenibus abiit. b. Exercitus auxilio ducibus veniunt. c. Fortuna imperium senatui tribuit.

5 a. J'apprends avec plaisir, des visiteurs qui viennent de chez toi, que tu vis comme en famille **avec tes esclaves** : cela manifeste bien ta **sagesse**. [...] « Ce sont **des esclaves** ». Mieux, **des hommes**. [...] Montre-moi qui ne l'est pas (esclave). L'un est asservi **au plaisir**, un autre **à la cupidité**, [...] tous le sont **à l'espoir**, et tous **à la crainte** [...].
b. **servis** : ablatif, complément d'accompagnement introduit par la préposition **cum** ; **prudentiam** : accusatif, COD ; **servi** / **homines** : nominatif, attribut du sujet ; **libidini**, **avaritiae**, **spei**, **timori** : datifs, compléments du verbe « servit », COI
ex : à partir de, marque l'origine ; **a** : de chez, marque l'éloignement ; **cum** : avec, accompagnement
c. Sénèque considère que l'esclavage est avant tout une dépendance morale, plus qu'une condition sociale.

8 L'adjectif qualificatif (1)

▸ *énoncés p. 25*

1 a. le / un bon ami b. la / une longue vie c. la / une nouvelle guerre d. le / un grand nombre e. la / une mauvaise fortune

cas	sing.	plur.	plur.	plur.	sing.
N.	bonus amicus	longae vitae	nova bella	magni numeri	mala fortuna
V.	bone amice	longae vitae	nova bella	magni numeri	mala fortuna
Acc.	bonum amicum	longas vitas	nova bella	magnos numeros	malam fortunam
G.	boni amici	longarum vitarum	novorum bellorum	magnorum numerorum	malae fortunae
D.	bono amico	longis vitis	novis bellis	magnis numeris	malae fortunae
Abl.	bono amico	longis vitis	novis bellis	magnis numeris	mala fortuna

2 a. **viae** : G. ou D. sing. / N. ou V. plur. ; **mediae viae**, les / des routes médianes b. **equis** : D. ou Abl. plur. ; **malis equis**, les / de mauvais chevaux c. **beneficia** : N. ou V. ou Acc. plur. ; **magna beneficia**, les / de grands bienfaits

3 a. **bonus civis** : le / un bon citoyen b. **novus dux** : le / un nouveau chef c. **miser puer** : le / un malheureux enfant d. **malus filius** : le mauvais fils e. **multa gens** : la / une famille nombreuse

cas	plur.	sing.	sing.	plur.	plur.
N.	boni cives	novus dux	miser puer	mali filii	multae gentes
V.	boni cives	nove dux	miser puer	mali filii	multae gentes
Acc.	bonos cives	novum ducem	miserum puerum	malos filios	multas gentes
G.	bonorum civium	novi ducis	miseri pueri	malorum filiorum	multarum gentium
D.	bonis civibus	novo duci	misero puero	malis filiis	multis gentibus
Abl.	bonis civibus	novo duce	misero puero	malis filiis	multis gentibus

4 a. **mare** : N. ou V. ou Acc. sing ; **parvum mare**, la / une petite mer b. **pace** : Abl. sing ; **longa pace**, la / une longue paix c. **tempora** : N. ou V. ou Acc. plur. ; **multa tempora**, de nombreuses époques

5 a. Traduction complétée :
Il était une fois, dans une certaine **cité**, **un roi** et une reine. Ils eurent **des filles** au **nombre** de trois, **remarquables** par leur beauté, [...] mais la perfection de la plus jeune, si **éclatante**, ne pouvait être exprimée [...] à cause de la pauvreté du **langage humain**. Bref, beaucoup de **citoyens** et de **nombreux étrangers**, que la rumeur d'un **spectacle extraordinaire** rassemblait en une **affluence passionnée**, [...] **pétrifiés** d'admiration, [...] la vénéraient exactement comme **la déesse** Vénus, en de **dévotes adorations**.
b. Les mots en gras sont des adjectifs qualificatifs. Ils sont accordés en genre, en nombre et en cas avec les noms auxquels ils se rapportent :
conspicuas : Acc. fém. pluriel, accordé à **filias** / **praeclara** : N. fém. sing., accordé à **pulchritudo** / **humani** : G. masc. sing., accordé à **sermonis** / **copiosi** : N. masc. pluriel, accordé à **advenae** / **eximii** : G. neutre sing., accordé à **spectaculi** / **studiosa** : Abl. fém. sing., accordé à **celebritate** / **stupidi** : N. masc. pluriel, accordé à **multi** et **advenae** / **religiosis** : Abl. fém. pluriel, accordé à **adorationibus**
c. L'adjectif **multi** est substantivé et sujet de la phrase comme **advenae** ; on peut le traduire par « beaucoup de » ou « un grand nombre de » ; il est suivi du génitif pluriel **civium**.
d. L'admiration de la foule est exprimée par la longue cadence des phrases (coupées pourtant !), par le champ lexical lié à ce sentiment, et par l'abondance des adjectifs laudatifs.

9 L'adjectif qualificatif (2)

énoncés p. 27

1 a. participe b. brevi c. prudenti *ou* prudente d. celeri e. molli f. divite.

2 a. **sing.** : fortis rex, fortis rex, fortem regem, fortis regis, forti regi, forti rege
plur. : fortes reges, fortes reges, fortes reges, fortium regum, fortibus regibus, fortibus regibus
b. **sing.** : ingens homo, ingens homo, ingentem hominem, ingentis hominis, ingenti homini, ingente homine
plur. : ingentes homines, ingentes homines, ingentes homines, ingentium hominum, ingentibus hominibus ingentibus hominibus
c. **sing.** : vetus urbs, vetus urbs, veterem urbem, veteris urbis, veteri urbi, vetere urbe
plur. : veteres urbes, veteres urbes, veteres urbes, veterum urbium, veteribus urbibus, veteribus urbibus

3 a. **sing.** : similis causa, similis causa, similem causam, similis causae, simili causae, simili causa
plur. : similes causae, similes causae, similes causas, similium causarum, similibus causis, similibus causis
b. **sing.** : pauper servus, pauper serve, pauperem servum, pauperis servi, pauperi servo, paupere servo
plur. : pauperes servi, pauperes servi, pauperes servos, pauperum servorum, pauperibus servis, pauperibus servis
c. **sing.** : tale templum, tale templum, tale templum, talis templi, tali templo, tali templo
plur. : talia templa, talia templa, talia templa, talium templorum, talibus templis, talibus templis

4 a. templorum : 2e ; puellas : 1re ; amice : 2e ; militis : 3e
b. **templorum** : G. pluriel neutre ; **puellas** : Acc. pluriel fém. ; **amice** : V. sing. masc. ; **militis** : G. sing. masc.
c. **templorum** : Omnium ; **puellas** : Omnes ; **amice** : Omnis ; **militis** : Omnis

5 a. **patres** : 3e N., V. ou Acc. pluriel masc. ; sapientes, sapientes *ou* sapientes

b. dominae : 1re G. ou D. sing. ou N. ou V. pluriel fém. ; sapientis, sapienti, sapientes *ou* sapientes
c. domini : 2e G. sing. ou N. ou V. pluriel ; sapientis, sapientes *ou* sapientes

6 a. **caelestium** : honorum ; **mortalis** : puellae ; **inpatiens** : mot latin non exprimé (« elle » dans la traduction) ; **quassanti** : capite ; **fremens** : mot latin non exprimé (« elle » dans la traduction) ; **initialis** : origo ; **mortali** : puella
b. *Dans le même ordre :* G. pluriel masc. ; G. sing. fém. ; N. sing. fém. ; Abl. sing. neutre ; N. sing. fém. ; N. sing. masc. ; Abl. sing. fém.

10 Le comparatif

► *énoncés p. 29*

1 a. **longior, -ior, -ius** : plus long b. **divitior, -ior, -ius** : plus riche c. **celerior, -ior, -ius** : plus rapide d. **brevior, -ior, -ius** : plus court

2 a. **feliciorem** : Acc., plus heureux b. **gravius** : N., V., Acc. neutre, plus lourd c. **veterioribus** : D. Abl. plur., plus vieux d. **fortiore** : Abl. sing., plus courageux

3

cas	sing.		pluriel	
	masc. / fém.	neutre	masc. / fém.	neutre
N.	nigrior	nigrius	nigriores	nigriora
V.	nigrior	nigrius	nigriores	nigriora
Acc.	nigriorem	nigrius	nigriores	nigriora
G.	nigrioris	nigrioris	nigriorum	nigriorum
D.	nigriori	nigriori	nigrioribus	nigrioribus
Abl.	nigriore	nigriore	nigrioribus	nigrioribus

4 a. Les routes sont plus longues en Italie qu'en Grèce. b. Le maître est plus riche que son épouse. c. Les esclaves sont trop pauvres. d. Les vieux soldats sont plus courageux que leurs chefs.

5 a. Pulchrior est patre /quam pater. b. Aves nigriores terra /quam terra sunt. c. Mare altius est. d. Romulus clarior est quam frater/ fratre. e. Iter brevius est.

6 a. **temperatiora** : comparatif neutre pluriel de **temperatus, -a, -um**, tempéré ; attribut du sujet **loca** (pluriel neutre). Sing. : **temperatius**
remissioribus : comparatif ablatif pluriel neutre de **remissus, -a, -um**, adouci ; s'accorde avec **frigoribus** (nom neutre). Sing. : **remissiore**
b. le hêtre : **fagus**, -i, *f.* / le sapin : **abies**, -etis, *f.* / le lièvre : **lepus**, -oris, *m.* /la poule : **gallina**, -ae, *f.* /l'oie : **anser**, -eris *m.*

11 Le superlatif

► *énoncés p. 31*

1 a. **longissimus, -a, -um** : très long, le plus long b. **clarissimus, -a, -um** : très clair, le plus clair c. **fortissimus, -a, -um** : très courageux, le plus courageux d. **prudentissimus, -a, -um** : très prévoyant, le plus prévoyant e. **velocissimus, -a, -um** : très rapide, le plus rapide f. **pauperrimus, -a, -um** : très pauvre, le plus pauvre g. **pulcherrimus, -a, -um** : très beau, le plus beau h. **difficillimus, -a, -um** : très difficile, le plus difficile i. **dissimillimus, -a, -um** : très dissemblable, le plus dissemblable

2 a. **clarissima** : N. V. ou Abl. fém. sing., N. V. Acc. neutre plur. de **clarus**, très / le plus clair b. **longissimi** : G. masc. ou neutre sing. ou N. V. masc. plur. de **longus**, très / le plus long c. **doctissimo** : D. Abl. masc. ou neutre sing. de **doctus**, très / le plus savant d. **dignissimo-**

rum : G. masc. ou N. plur. de **dignus**, très / les plus dignes e. **beatissimos** : Acc. masc. plur. de **beatus**, très / les plus heureux f. **validissimas** : Acc. fém. plur. de **validus**, très / les plus fortes g. **acerrimos** : Acc. masc. plur. de **acer, acris, acre**, très / les plus aigus h. **miserrimum** : Acc. masc. sing. N. V. Acc. neutre sing. de **miser**, très / le plus malheureux i. **pigerrimis** : D. Abl. masc., fém. ou neutre plur. de **piger**, très / le plus paresseux j. **simillimarum** : G. fém. plur. de **similis**, très / le plus semblable k. **suavissimae** : G. D. fém. sing., N. V. plur. de **suavis**, très / le plus doux l. **asperrima** : N. V. Abl. fém. sing., N. V. Acc. neutre plur. de **asper**, très / le plus dur

3 a. un très célèbre orateur, le plus célèbre orateur b. l'ennemi le plus courageux de tous c. le plus savant de tous les élèves d. la plus audacieuse des jeunes filles e. une mère très douce, la plus douce mère.

4 a. La route est très difficile / C'est la route la plus difficile. b. De tous les Grecs, Ulysse eut le voyage de retour vers sa patrie le plus difficile. c. Énée fut le plus courageux des Troyens. d. Catilina, né dans une famille très noble, forma une conjuration contre Cicéron. e. Le Vésuve est la plus haute des montagnes de Campanie.

5 Le très malheureux père consulte l'oracle très ancien et demande pour sa fille des noces et un époux.

6 a. **infortunatissimae** (très infortunée) est formé sur l'adjectif **infortunatus** ; **miserrimus** (très malheureux) est formé sur **miser** ; **vetustissimum** (très ancien) est formé sur **vetus**.
b. Le père a décidé de consulter les dieux et de leur demander de donner un mari à sa fille : il pense en effet que sa fille fait l'objet d'une malédiction divine et qu'il convient d'amadouer les dieux.
c. Ainsi le très malheureux père de la très infortunée fille, après avoir suspecté des haines célestes, et craignant la colère des dieux, consulte le très ancien oracle du dieu de Milet et à cette puissante divinité il demande par des prières et l'offrande de victimes d'accorder des noces et un mari à la malheureuse jeune fille.

12 Les comparatifs et superlatifs irréguliers – Adverbes

▸ *énoncés p. 33*

1 a. major b. pessimus c. melior d. minimus e. pejor f. plures g. optimus h. propior

2 a. mieux < **melius**, meilleur b. pire < **pejor**, plus mauvais c. somme < **summus**, le plus haut → le total d. enfer < **inferus**, situé en bas e. péjoratif < **pejor**, plus mauvais f. extrémité < **extremus**, le dernier g. pluriel < **plures**, plus nombreux h. maxime < **maximus**, très grand

3 a. clairement b. lourdement c. très cruellement d. légèrement e. longuement

4 a. Les amis de l'enfant sont plus grands que le frère du maître. b. Les meilleurs citoyens se réuniront au forum à une date très proche. c. On arrive à Rome par des routes plus nombreuses. d. Le danger n'est pas moindre dans la dernière colonne que dans la première.

5 a. misere b. dignius c. communiter d. aequissime

6 a. Caius Pison, ensuite, un orateur posé [...], **très peu** embarrassé pour trouver des idées, semblait pourtant par son **visage** et sa physionomie **encore beaucoup plus** fin **qu'**il ne l'était. [...] **Quant à mon contemporain**, Cnaeus Pompée, **un homme né pour toutes les plus hautes réussites** (**→ pour tout réussir au plus haut degré**), il aurait eu une **plus grande gloire** dans l'éloquence, si le désir **d'une plus grande gloire** encore ne l'avait entraîné vers les **honneurs** militaires. [...] Et Lucius Octavius Reatinus [...] venait faire ses discours **plus audacieusement que bien préparé** (**→ avec plus d'audace que de préparation**).
– **minime** : le moins, très peu, superlatif de l'adverbe dérivé de **minimus**, le plus petit
– **acutior** : comparatif de supériorité de **acutus, -a, -um**, fin
– **summa** : superlatif de **superus**, le plus haut, substantivé au neutre pluriel, les choses les plus hautes
– **majorem / majoris** : comparatif de **magnus**, plus grand (accord avec l'Acc. sing. **gloriam** puis avec le G. sing. **gloriae**)

– **magis audacter** : l'adverbe « **magis** » marque le comparatif quand celui-ci n'existe pas ; **audacter** est l'adverbe formé sur **audax**, G. **audacis**, adjectif de la 2e classe, à l'aide du suffixe **-ter**
– **parate** : adverbe formé sur **paratus**, adjectif de la 1re classe, à l'aide du suffixe **-e**
b. Cicéron juge ses collègues orateurs avec sévérité, et un certain mépris, tout en affectant de les estimer.

13 Les pronoms-adjectifs démonstratifs énoncés p. 35

1 a. Acc. sing. fém. b. G. sing. masc., fém. ou neutre c. D. ou Abl. plur. masc., fém. ou neutre d. D. ou Abl. plur. masc., fém. ou neutre e. N. ou Abl. fém. sing. ; N. ou Acc.plur. neutre f. G. plur. masc. ou neutre g. Acc. sing. masc. h. Abl. sing. masc. ; N. ou Abl. sing. neutre ; Acc. sing. neutre i. Acc. plur. fém. j. D. sing. masc., fém. ou neutre ; N. plur. masc.

2 a. harum / istarum / illarum b. hunc / istum / illum c. hanc / istam / illam d. hos / istos / illos e. haec / illa / ista f. his / istis / illis

3 a. **Haec** > ea / ista / illa. b. **Istas** > has / eas / illas. c. **eo** > hoc / isto / illo. d. **Illae** > hae / eae / istae

4 a. Pronom b. Pronom c. Adjectif accordé avec **nocte** d. Pronom e. Adjectif accordé avec **libros**

5 **hoc** : N. sing. neutre ; **haec** : N. sing. fém.; **hic** : N. sing. masc.

6 La phrase c. car **huic** est au datif accordé à **tumulo** (sur cette tombe) et **illius** est génitif et complète **cineres** (« les cendres de celui-ci > ses cendres).

14 Les pronoms personnels – Les pronoms-adjectifs possessifs énoncés p. 37

1 a. Le champ est à moi ; **mihi** : D. du pronom personnel de 1re pers. sing., COS b. Vous vous promenez avec nous ; **nobiscum** : Abl. du pron. pers. de 1re pers. du plur. avec la préposition **cum**, compl. d'accompagnement c. Les citoyens se sont souvenus de toi ; **tui** : G. du pron. pers. de 2e pers. du sing., construction du verbe « **meminerunt** », COI. d. Le chef prit le pouvoir pour lui-même ; **sibi** : D. du pron. pers. réfléchi de 3e pers., COS. e. Nous vous écoutons ; **vos** : Acc. du pron. pers. de 2e pers. du plur., COD

2 a. Tu as envoyé mon esclave à Rome ; **meum** : adj.possessif accordé avec **servum**. b. Tes soldats combattent dans la première légion, les miens dans la troisième ; **tui** : adj. possessif accordé avec **milites** ; **mei** : pronom possessif au N. plur. remplaçant **milites**. c. Les Romains pensaient que leurs lois étaient les meilleures ; **suas** : adj. possessif réfléchi accordé avec **leges**. d. Vos champs sont en Italie, les nôtres en Sicile ; **vestri** : adj. possessif accordé avec **agri** ; **nostri** : pronom possessif au N. plur. remplaçant **agri**.

3 a. J'ai reçu ta lettre ; je te réponds aussitôt. b. Le maître ne plaide pas sa propre cause. c. Votre ami gère de nombreuses affaires ; ses navires sont dans le port. d. Je vais avec toi à la ville ; j'ai des affaires au forum (mot à mot : des affaires sont à moi).

4 a. Tibi statim litteras misi. b. Amici vestri causam meam dicunt. c. Domini tui negotia plurima sunt ; ejus maxima navis a portu abit.

5 a. Caius Pline salue **son cher** Calpurnius Macer
Tout va bien **pour moi**, parce que tout va bien **pour toi**. Tu as **avec toi ton épouse**, tu as **ton fils** ; tu profites **de la mer**, **des sources**, [...] **de la campagne**, d'une villa **très** agréable. Car je ne doute pas qu'elle soit **très agréable**, cette villa où **un homme assez heureux** s'était retiré, avant qu'il ne devienne **très heureux**. **Moi**, en Toscane, je chasse et j'étudie. [...] Porte-toi bien.

– Pronoms personnels : **mihi** : D. ; **tibi** : D. ; **tecum** : Abl. avec la préposition **cum** ; **se** : Acc. (pronom réfléchi) ; **ego** : N. (valeur d'insistance)
b. Possessif : **suo**, adjectif accordé à **Calpurnio Macro**, D., sens réfléchi et valeur affective (son cher) dans l'adresse de la lettre.
c. Le style de la lettre est très travaillé : on relève des balancements (**mihi, tibi**) et un chiasme (« **bene est** » au début, puis à la fin) dans la 1re phrase, la répétition de « **habes** » dans la seconde, l'énumération, de « **mari** » à « **amoenissima** » qui insiste sur la félicité du propriétaire, avec comme point culminant le superlatif qui est répété ensuite ; puis la gradation du comparatif « **felicior** » au superlatif « **felicissimus** ». L'auteur flatte son ami en exaltant son bonheur.

15 Les pronoms-adjectifs relatifs et interrogatifs

▸ *énoncés p. 39*

1 a. **amici** : masc. pluriel ; *que* : COD de *invitez* > **quos** ; b. **philosophus** : masc. sing., *qui* sujet de *prête* > **qui** ; c. **vicinum** : masc. sing., *dont* complément du nom *voisin* > **cujus** ; d. **deos** : Acc. masc. pluriel, *dont* complément du nom *nombre* > **quorum**

2 a. Qui t'a donné un livre ? b. Qui as-tu vu se promener sur le forum ? c. De qui avons-nous vu le chien ? d. À quels dieux le consul a-t-il rendu grâce ? e. « Lequel de nous deux a fondé Rome ? » demande Romulus à son frère.

3 a. **quo** : Abl. sing COI de **utor** : Tu m'as apporté un livre dont je me sers tous les jours. b. **quas** : Acc. sing. COD de **accepistis** : Me montrez-vous la lettre que vous avez reçue de votre père ? c. **(de) quibus** : Abl. plur., groupe prépositionnel : Je vois tous les monuments à propos desquels mon ami m'a écrit. d. **quorum** : G. plur., complément du nom **dominus** : les beaux chevaux dont je suis le maître sont vainqueurs.

4 a. Ce que tu es maintenant, je l'ai été, je suis maintenant ce que tu seras. b. Heureux celui qui a pu connaître l'origine des choses. c. A commis le crime celui à qui il profite. d. Qui ne sait pas dissimuler ne sait pas régner.

5 **Quas** : pronom relatif, a pour antécédent **turmis** et **cohortibus**, Abl. sing ; COD de **jusserat** (et sujet de la proposition infinitive).
« … les escadrons de cavaliers et les cohortes **auxquels il avait donné l'ordre de le suivre** avaient été vus… »
Remarque : la subordonnée traduite : **« quo in proeliis insigni uti consueverat »** présente un antécédent inclus dans la proposition relative – *cf.* point 3 de la fiche 15 – par ailleurs l'ablatif est le cas du complément d'**uti**.

16 Les pronoms-adjectifs indéfinis (1)

▸ *énoncés p. 41*

1 a. Quelqu'un habite-t-il ici ? **Quis** est au N. sing. masc., il est sujet de **habitat**. b. Si je ne rencontre personne (À moins que je ne rencontre quelqu'un) sur le forum, je serai bientôt à la maison. **Quem** est à l'Acc. sing. masc., il est le COD de **inveniam**. c. S'il vient quelqu'un pendant mon absence, qu'il m'attende ! **Quis** est au N. sing. masc., il est sujet de **veniet**. d. Quelqu'un frappe à la porte : va voir qui c'est ! **Aliquis** est au N. sing. masc., il est le sujet de **pulsat**. **Quis** est un interrogatif indirect, N. sing. masc., sujet de **sit**.

2 a. Cela ne fait plaisir à personne de se tromper. b. (Il n'y a) rien de neuf sous le soleil ! c. À notre époque, quelques-uns lisent les écrits de Cicéron. d. Tout le monde aime se promener avec ses amis.

3 a. Qu'aucun citoyen ne soit absent, quand le consul parlera sur la tribune ! **Nullus** est un adjectif indéfini (aucun), au N. épithète du sujet **civis**. b. Un citoyen viendra chez moi pour s'entretenir avec moi. **Aliquis** est un adjectif indéfini (quelqu'un qui existe, mais dont je ne

corrigés

connais pas le nom) épithète de **civis**, le sujet de **veniet**. **c.** Il y avait dans une certaine cité un roi et une reine. **Quadam** est un adjectif indéfini (la cité est connue et on pourrait la nommer) épithète de **civitate**, lui-même à l'Abl. de lieu. **d.** Il ne faut nuire à personne. **Nulli** est le D. sing. de **nemo**, personne.

4 Caius Pline salue son cher Septicius Clarus.
Tu m'as souvent encouragé à rassembler et à publier celles de mes lettres que j'aurais écrites **avec un peu plus de soin**. [...] mais comme elles me sont tombées entre **les mains**. Il suffit que tu n'aies pas à te repentir de ton **conseil** ni moi de ma bonne grâce. Il arrivera alors que je rechercherai **celles** qui traînent encore [...]
– **quas** est à l'Acc. pluriel fém. et reprend **epistulas**.
– **quaeque** est au N. sing. fém. ; il remplace **epistula**.
– **quas** est à l'Acc. pluriel fém. et remplace **epistulas**.

5 Pline dit avoir rassemblé quelques unes de ses lettres sur le conseil de son ami Septicius Clarus. Il a choisi d'abord celles qui lui paraissaient les mieux écrites, sans respecter leur chronologie, mais comme elles lui sont tombées entre les mains. Si le choix plaît à son ami, il n'exclut pas d'en rechercher d'autres pour compléter le recueil. Le texte a tout d'un billet par son rythme rapide, qui va droit au but et évite les mots de liaison si courants en latin. On notera aussi l'usage de phrases courtes.

17 Les pronoms-adjectifs indéfinis (2)

énoncés p. 43

1 **a.** **alius** : N. masc. sing. de **alius, -a, -ud** : *l'un, l'autre (de plusieurs)* / autre, ou G. masc., fém. ou neutre du même pronom-adjectif **b.** **alterius** : G. masc., fém. ou neutre de **alter, altera, alterum** : *l'un, l'autre (de deux) / autre* **c.** **alio** : Abl. masc. ou neutre de **alius, -a, -ud** : *l'un, l'autre (de plusieurs)* **d.** **alterae** : N. fém. plur. de **alter, altera, alterum** **e.** **quodque** : N. ou Acc. neutre sing. de l'adjectif **quisque, quaeque, quodque** : *chaque* **f.** **quaeque** : N. fém sing. de **quisque, quaeque, quidque**, *chacun*, ou de **quisque, quaeque, quodque**, *chaque*, ou N. Acc. neutre pluriel de ce pronom-adjectif **g.** **toti** : D. masc.,fém. ou neutre sing. de **totus, -a, -um** : *tout entier*, ou N. masc. plur. de ce pronom adjectif. **h.** **eadem** : N. fém. sing. de **idem, eadem, idem**, *le même*, ou *même*, ou N. Acc. neutre plur. de ce pronom-adjectif **i.** **iisdem** : D. ou Abl. masc.,fém. ou neutre plur. de **idem, eadem, idem** : *le même* ou *même* **j.** **ipsa** : N. fém. sing., Abl. fém. sing. ou N. Acc. neutre pluriel de **ipse, ipsa, ipsum** : *lui-même*

2 **a.** la même époque **b.** chaque homme **c.** d'autres mœurs **d.** la république elle-même **e.** un autre moi-même

3 **a.** La science elle-même est un pouvoir **b.** Chaque (homme) le plus noble est choisi → On choisit tous les hommes les plus nobles **c.** Les uns se réveillent à une heure, les autres à une autre. → Ils se réveillent à des heures différentes. **d.** Il pleut toute la nuit. **e.** Nous avons vu le même homme.

4 **a.** Je n'ai rien fait d'autre. **b.** Les uns sont des citoyens romains, les autres des étrangers. **c.** Un javelot est donné à chaque soldat. → On donne un javelot à chaque soldat. **d.** J'ai plaidé les mêmes causes que mes amis. **e.** César engagea lui-même le combat.

5 Caius Pline salue **son cher** Tacite
Tu **me** recommandes la candidature de Julius Nason. De Nason, **à moi** ? Que serait-ce, si je **me** recommandais **moi-même** ? Mais je l'accepte, et je te pardonne, car je **te** recommanderais **le même homme**, si tu étais resté **à Rome**, et que j'en étais absent **moi-même**. [...] **Toi**, cependant, à mon avis, sollicite **d'autres personnes** ; **moi**, je serai **le serviteur de tes prières, ton aide, ton associé**. Porte-toi bien.

6 **a.** et **b.** **(me) ipsum** : adjectif accordé avec **me**, Acc. masc. sing ; **eundem** : pronom, Acc. masc. sing. ; **ipse** : pronom, N. masc. sing. ; **alios** : pronom, Acc. masc. pluriel

18 Les pronoms-adjectifs numéraux

▸ énoncés p. 45

1 a. N. plur. fém. b. G. plur. masc. ou fém. ou neutre c. N. ou Abl. fém. sing. d. N. plur. fém. e. N. ou Acc. plur. neutre f. D. sing. masc. ou fém. ou neutre g. Acc. sing. fém. h. Abl. sing. masc. ou neutre i. D. ou Abl. plur. fém. j. Acc. pluriel masc.

2 a. Des statues sont… → Il y a des statues à chacun des angles. b. Il raconte les choses une par une. c. Les armées sont distantes de deux pieds (entre elles). d. Il y a trois fois trois parties.

3 a. 24 b. 17 c. 63 d. 10 000 e. 600 f. 13 g. 80 h. 21 i. 800 j. 1 003

4 a. undecim – XI b. viginti tres *ou* viginti tria – XXIII c. centum – C d. tria milia – MMM e. mille centum viginti – MCXX

5 Le bon classement est : b. 3e – f. 6e – c. 11e – g. 15e – e. 21e – a. 60e – d. 1 000e

6 a. Bis bina sunt **quattuor**. b. Decem et viginti sunt **triginta**. c. Ter terna sunt **novem**. d. Centum et mille sunt **mille centum**.

7 **Decem et octo annorum** = 18 ans.

19 Les quatre conjugaisons et les temps primitifs

▸ énoncés p. 47

1 a. **vocatum** : supin b. **tenes** : 2e pers. de l'indicatif présent c. **misi** : 1re pers. du parfait d. **capere** : infinitif présent e. **audio** : 1re pers. de l'indicatif présent f. **audii** : 1re pers. du parfait g. **cepi** : 1re pers.du parfait h. **mittis** : 2e pers. de l'indicatif présent – i. **teneo** : 1re pers. de l'indicatif présent j. **vocare** : infinitif

2 a. 2e conjugaison b. 1re conjugaison c. 4e conjugaison d. 3e conjugaison e. 3e conjugaison mixte

3 a. **das** : 2e sing. b. **delemus** : 1re plur. c. **vocant** : 3e plur. d. **dicitis** : 2e plur. e. **paro** : 1re sing.

4 a. **dantur** : 3e plur. b. **deletur** : 3e sing. c. **mittimini** : 2e plur. d. **tenemur** : 1re plur. e. **vocor** : 1re sing. f. **caperis** : 2e sing.

5 Les neuf verbes sont : festinat, differt, audet, trepidat, diffidit, irascitur, est, odit, diligit.

6 On les reconnaît à leurs désinences personnelles (**-t** pour la 3e personne du sing. active ; **-tur** pour la 3e personne du sing. passive ou déponente). Tous les verbes sont à la voix active, sauf **irascitur**, déponent.

7 « Elle se hâte, remet à plus tard, montre de l'audace, tremble, perd confiance, s'irrite et, ce qui est le comble, dans le même corps elle hait le monstre, mais chérit le mari. »
Pour montrer les hésitations de Psyché, Apulée a groupé deux par deux des verbes de sens opposé. Cela lui permet aussi, à la fin de la phrase, de souligner l'ambiguïté des sentiments de Psyché pour son époux qu'elle n'a jamais vu.

20 L'*infectum* à l'indicatif (1)

▸ énoncés p. 49

1 a. **ago** : 3e conjugaison b. **dico** : 3e conjugaison c. **do** : 1re conjugaison d. **facio** : 3e conjugaison mixte e. **fugio** : 3e conjugaison mixte f. **habeo** : 2e conjugaison g. **puto** : 1re conjugaison h. **scio** : 4e conjugaison i. **venio** : 4e conjugaison j. **video** : 2e conjugaison

2 Pour **do** et **puto**, on se reportera au tableau de **voco** dans le cours, p. 48 ou p. 162 ; pour **habeo** et **video**, on se reportera à **teneo**, p. 164 ; pour **ago** et **dico**, on se reportera à **mitto**, p. 166 ; pour **facio** et **fugio**, on se reportera à **capio**, p. 168 ; pour **scio** et **venio**, on se reportera à **audio**, p. 170.

3 a. nous avons b. vous venez c. tu penses d. je prends e. ils savent f. tu mènes, tu fais g. nous pensons h. il prend i. ils disent j. tu sais

4 a. agis / facis b. video c . dicit d. venimus e. videtis f. vides g. putant h. habemus

5 a. **habebamus** : nous avions b. **veniebatis** : vous veniez c. **putabas** : tu pensais d. **capiebam** : je prenais e. **sciebant** : ils savaient f. **agebas** : tu menais, tu faisais g. **putabamus** : nous pensions h. **capiebat** : il prenait i. **dicebant** : ils disaient j. **sciebas** : tu savais

6 a. agebam b. dicebat c. dabas d. fugiebat e. sciebant f. videbamus g. videbamus

7 a. il / elle est donné(e) b. tu es pensé(e) c. ils / elles sont su(e)s d. tu es vu(e) e. je suis dit(e) f. nous sommes envoyé(e)s g. il / elle est appelé(e) h. vous êtes tenu(e)s i. ils / elles sont pris(es) j. nous sommes entendu(e)s

8 a. **dabatur** : il / elle était donné(e) b. **putabaris** : tu étais pensé(e) c. **sciebantur** : ils / elles étaient su(e)s d. **videbaris** : tu étais vu(e) e. **dicebar** : j'étais dit(e) f. **mittebamur** : nous étions envoyé(e)s g. **vocabatur** : il / elle était appelé(e) h. **tenebamini** : vous étiez tenu(e)s i. **capiebantur** : ils / elles étaient pris(es) j. **audiebamur** : nous étions entendu(e)s

9 **utuntur** : 3e pers. du plur. du présent de **utor, -eris, -i, usus sum** : se servir de (+ Abl.), verbe déponent de la 3e conjugaison ; **nascitur** : 3e pers. du sing. du présent de **nascor, -eris, -i, natus sum** : naître, exister naturellement, verbe déponent de la 3e conjugaison ; **est** : 3e pers. du sing. du présent de **sum, es, esse, fui** : être ; **est** : idem

21 L'*infectum* à l'indicatif (2)

► *énoncés p. 51*

1

	do	habeo	puto	video	doceo
1re sing.	dabo	habebo	putabo	videbo	docebo
2e sing.	dabis	habebis	putabis	videbis	docebis
3e sing	dabit	habebit	putabit	videbit	docebit
1re plur.	dabimus	habebimus	putabimus	videbimus	docebimus
2e plur.	dabitis	habebitis	putabitis	videbitis	docebitis
3e plur.	dabunt	habebunt	putabunt	videbunt	docebunt

2

	do	video
1re sing.	dabor	videbor
2e sing.	daberis	videberis
3e sing	dabitur	videbitur
1re plur.	dabimur	videbimur
2e plur.	dabimini	videbimini
3e plur.	dabuntur	videbuntur

3 a. il / elle verra b. ils / elles seront donné(e)s c. vous penserez d. tu seras eu(e) e. je tiendrai f. nous serons appelé(e)s g. nous nous tiendrons debout h. tu tiendras i. ils / elles auront j. je serai vu(e)

4 a. **videbit** : videt, videbat b. **dabuntur** : dantur, dabantur c. **putabitis** : putatis, putabatis d. **habeberis** : haberis, habebaris e. **tenebo** : teneo, tenebam f. **vocabimur** : vocamur, vocabamur g. **stabimus** : stamus, stabamus h. **tenebis** : tenes, tenebas i. **habebunt** : habent, habebant j. **videbor** : videor, videbar

5

	credo	duco	jubeo
1re sing.	credam	ducam	jubebo
2e sing.	credes	duces	jubebis
3e sing	credet	ducet	jubebit
1re plur.	credemus	ducemus	jubebimus
2e plur.	credetis	ducetis	jubebitis
3e plur.	credent	ducent	jubebunt

6

	dico	quaero	ago
1re sing.	dicar	quaerar	agar
2e sing.	diceris	quaereris	ageris
3e sing	dicetur	quaeretur	agetur
1re plur.	dicemur	quaeremur	agemur
2e plur.	dicemini	quaeremini	agemini
3e plur.	dicentur	quaerentur	agentur

7 a. tu es pris(e), tu seras pris(e) b. il / elle sera entendu(e) c. il / elle cherchera d. nous cherchons e. tu demanderas f. ils / elles ordonneront g. tu te tiens debout h. il / elle sera dit(e) i. il / elle est dit(e) j. nous dirons

8 Mais tu ne **devras** pas t'avancer mains vides à travers ces ténèbres [...] Et bientôt, tu **arriveras** au fleuve des morts [...] À ce vieillard sale tu donneras au titre du péage l'une des pièces que tu **portes** (littéralement : **porteras**), mais, de telle sorte [...]

9 **debebis** : 2e pers. du sing. du futur actif du verbe **debeo, es, ere, debui, debitum** : devoir
venies : 2e pers.du sing. du futur actif du verbe **venio, is, ire, veni, ventum** : venir
dabis : 2e pers.du sing. du futur actif du verbe **do, das, dare, dedi, datum** : donner
feres : 2e pers.du sing. du futur actif du verbe **fero, fers, ferre, tuli, latum** : porter

corrigés

22 Le *perfectum* à l'indicatif

▸ *énoncés p. 53*

1 a. eg-i b. habu-i c. putav-i d. sci(v)-i e. ven-i f. vid-i g. dix-i h. ded-i i. fec-i j. fug-i

2 a. j'avais appelé b. tu tins / as tenu c. ils / elles auront envoyé d. vous avez pris e. il / elle entendit, il / elle a entendu

3 a. **vocatus/a eram** : j'avais été appelé(e) – b. **tentus/a es** : tu fus / as été tenu(e) – c. **missi/missae erint** : ils / elles seront envoyé(e)s – d. **capti/ae sunt** : vous avez été pris(es) – e. **auditus/a est** : il / elle a été entendu(e), il /elle fut entendu(e)

4 a. egi / feci b. putaveram c. videro d. fugeramus e. dedisti f. dixerunt g. sci(v)eritis h. veneratis

5 a. parfait passif : nous avons été poussés b. parfait passif : tu as été pensée c. futur antérieur passif : elles auront été vues d. parfait passif : elles furent données e. futur antérieur passif : il aura été fait f. plus que parfait passif : ils avaient été dits g. parfait passif : ces choses ont été sues h. plus que parfait passif : ils avaient été possédés

6 **ventum est** : parfait passif de **venio** : on vint, on arriva ; **potuerunt** : parfait actif de **possum** : ils purent ; **locati sunt** : parfait passif de **loco** : ils ont été placés, ils se sont placés ; **venerat** (deux occurrences) : plus que parfait actif de **venio** : il était venu ; **adductus erat** :

plus que parfait passif de **adduco** : il avait été amené ; **spectavit**: parfait actif de **specto** : il regarda ; **clamavit** : parfait actif de **clamo** : il cria ; **exarsit** : parfait actif de **exardesco** : il brûla ; **abstulit** : parfait actif de aufero : il emporta ; **abstractus est** : parfait passif de **abstraho** : il fut entraîné

7 Et lorsqu'on fut arrivé là (à l'amphithéâtre) et qu'ils furent placés comme ils purent, tout était embrasé par les passions les plus cruelles. Et ce n'était déjà plus le même homme qui était venu, mais un parmi la foule vers laquelle il était venu, et le véritable camarade de ceux par qui il avait été amené. Que dire de plus ? Il regarda le spectacle, cria, s'échauffa et emporta de là avec lui une folie par laquelle il fut poussé à revenir, non seulement en compagnie de ceux par lesquels il fut amené auparavant, mais encore devant eux, et en entraînant les autres.

23 Le subjonctif

▸ *énoncés p. 55*

1 **Toutes les formes appartiennent au subjonctif présent** : a. **dicat** : 3e sing. actif, qu'il / elle dise b. **ducatur** : 3e sing. passif, qu'il / elle soit conduit(e) c. **agamus** : 1re plur. actif, que nous menions / fassions d. **faciatis** : 2e plur. actif, que vous fassiez e. **vocemini** : 2e plur. passif, que vous soyez appelé(e)s f. **teneantur** : 3e plur. passif, qu'ils / elles soient tenus g. **possint** : 3e plur., qu'ils / elles puissent h. **velimus** : 1re sing., que nous voulions i. **eant** : 3e plur., qu'ils / elles aillent j. **mittamur** : 1re plur. passif, que nous soyons envoyé(e)s

2 **Toutes les formes appartiennent au subjonctif imparfait** : a. **audires** : 2e sing. actif, que tu entendisses b. **diceret** : 3e sing. actif, qu'il / elle dît c. **ducereris** : 2e sing. passif, que tu fusses conduit(e) d. **mitteremur** : 1re plur. passif, que nous fussions envoyé(e)s e. **faceretis** : 2e plur. actif, que vous fissiez f. **irent** : 3e plur., qu'ils allassent g. **vocaremini** : 2e plur. passif, qu'ils/elles fussent appelé(e)s h. **possent** : 3e plur., qu'ils / elles pussent

3 a. **dico** : dixerim / dictus, -a, -um sim b. **facio** : fecerim / factus, -a, -um sim c. **ago** : egerim / actus, -a, -um sim d. **duco** : duxerim / ductus, -a, -um sim e. **do** : dederim / datus, -a, -um sim

4 a. **dico** : dixissemus / dicti, -ae, -a essemus b. **facio** : fecissemus / facti, -ae, -a essemus c. **ago** : egissemus / acti, -ae, -a, essemus d. **duco** : duxissemus / ducti, -ae, -a essemus e. **sto** : stetissemus / pas de passif (ce verbe est intransitif)

5 a. **vivamus** : 1re plur. du subjonctif présent actif de **vivo, -is, -ere, vixi, victum**, vivre
amemus : 1re plur. du subjonctif présent de **amo, -as, -are, -avi, -atum**, aimer
aestimemus : 1re plur du subjonctif présent actif de **aestimo, -as, -are, -avi, -atum**, estimer
sciamus : 1re plur du subjonctif présent actif de **scio, -is, -ire, sci(v)i, scitum**, savoir
possit : 3e sing. du subjonctif présent de **possum, potes, posse, potui**, pouvoir
sciat : 3e sing. du subjonctif présent actif de **scio, -is, -ire, sci(v)i, scitum**, savoir
b. Les trois premiers subjonctifs sont traduits par des impératifs français (l'impératif n'existe pas à la 1re personne du pluriel en latin ; on emploie le subjonctif à la place). « **Ne sciamus** » : « pour que nous ne sachions pas », (rendu en français par « à ne plus savoir »). « **Ne... possit** » : « afin que personne ne puisse» (rendu en français par « pour éviter qu'un malveillant ». « **Cum sciat** » : « puisqu'il sait » (rendu par « parce qu'il saurait », un conditionnel).
c. **fecerimus** n'est pas un subj. parfait actif, mais la 1re plur. du futur antérieur (« nous aurons fait ») ; **conturbabimus** : 1re plur. du futur simple de **conturbo, as, are, avi, atum**, mélanger.

24 L'impératif

▸ *énoncés p. 57*

1 a. écoutez b. dis c. porte d. sois (plus tard) e. prends f. lisez g. tiens h. soyez i. appelle j. envoie

2 a. soyez entendu(e)s b. sois dit c. soyez tenu(e)s d. sois appelé(e) e. sois envoyé(e)

3 **a.** n'aime pas **b.** ne tenez pas **c.** ne porte pas **d.** ne lis pas **e.** conduis **f.** faites

4 **a.** **noli facere** : ne fais pas **b.** **nolite capere** : ne prenez pas **c.** **nolite venire** : ne venez pas **d.** **noli audire** : n'écoute pas **e.** **noli legere** : ne lis pas **f.** **noli esse** : ne sois pas **g.** **nolite ire** : n'allez pas **h.** **noli habere** : n'aie pas

5 Les 5 impératifs présents : **i** ; **ostende** (× 2) ; **age** ; **tempta**
Euclion – **Va** dehors, ver de terre, qui rampais là en douce, à mes pieds et ne te montrais pas !
Strobile – Quel tourment t'agite ? Qu'ai-je à faire avec toi, vieillard ?
Euclion – **Montre**-moi ces **mains**-là.
Strobile – Eh bien, **je te les ai montrées** : les voici.
Euclion – **Je vois. Allez, montre-moi la troisième.**
Strobile – Des fantômes, des fantasmes et des idées folles **agitent ce vieillard.**
Euclion – Tu n'aurais rien sous ta tunique ?
Strobile – **Tâte** où tu veux.

25 Les verbes irréguliers

énoncés p. 59

1 **a.** abest **b.** adest **c.** exit **d.** aufert **e.** abit **f.** adit **g.** redit

2 **a.** aberat **b.** aderat **c.** exibat **d.** auferebat **e.** abibat **f.** adibat **g.** redibat

3 **a.** aberitis **b.** aderitis **c.** exibitis **d.** auferetis **e.** abibitis **f.** adibitis **g.** redibitis

4 Voici les deux interprétations possibles :
– Tu iras, tu reviendras, jamais tu ne mourras à la guerre / tu ne périras par les guerres.
– Tu iras, tu ne reviendras jamais, tu mourras à la guerre / tu périras par les guerres.
Il est probable qu'à la suite de cette consultation des dieux l'intéressé se soit cru invulnérable, mais qu'il ait péri au combat !

5 **a.** **ibam** : j'allais ; **est** : (il) est ; **nescio** : je ne sais
b. J'allais par hasard le long de la Voie Sacrée, comme c'est mon habitude, en songeant à je ne sais quelles bêtises, tout absorbé en elles.

6 **a.** Ils **avançaient** obscurément [...], quand Jupiter **a caché** [...] et que la nuit noire **a enlevé** la couleur [...]
b. **Obscuri** est accordé avec le sujet sous-entendu de **ibant** (Enée et la Sybille) dont il est l'attribut. **Sola** est accordé avec l'Abl. sing. fém. **nocte** dont il est l'épithète. En revanche, pour le sens, ce sont les deux personnages qui sont solitaires et la nuit qui est obscure. Virgile utilise ici une figure de style appelée hypallage dans laquelle on échange les adjectifs.
c. La description des Enfers est conforme à la conception romaine de ces lieux : **domos vacuas** (« les demeures vides » ; le texte d'Apulée fiche 21, p. 51, plus tardif, utilise les mêmes mots) ; les Enfers sont les **inania regna Ditis** (« les royaumes vains de Pluton ») ; traditionnellement, il y règne l'obscurité, cette région située sous la terre n'étant jamais visitée par le Soleil. La comparaison avec une forêt, la nuit, est tout à fait pertinente, en particulier quand les nuages viennent dérober la lumière de la lune et que, comme le dit Virgile, « la nuit enlève aux choses leur couleur » : on est alors comme aux Enfers, où tout paraît gris, y compris les morts qui ne sont plus que des **umbrae** (« ombres »).

26 Le supin et le participe

énoncés p. 61

1 **a.** amissum **b.** cretum **c.** defensum **d.** exspectatum **e.** visum

2 **a.** présent **b.** parfait **c.** futur **d.** futur **e.** présent **f.** parfait

3 a. rapiens, -entis / raptus, -a, -um / rapturus, -a, -um b. exigens, -entis / exactus, -a, -um / exacturus, -a, -um c. legens, -entis / lectus, -a, -um / lecturus, -a, -um d. imperans, -antis / imperatus, -a, -um / imperaturus, -a, -um e. vincens, -entis / victus, -a, -um / victurus, -a, -um f. loquens, -entis / locutus, -a, -um / locuturus, -a, -um

4 a. Nous les entendons / écoutons chanter. b. Vercingetorix, vaincu par César a rendu / rendit les armes.

5 a. **inopinantibus** : D. ou Abl. masc. ou fém. ou neutre pluriel
b. **ventura** : N. ou V. ou Abl. fém. sing. / N. ou V. ou Acc. neutre pluriel
c. **moratus**, de **moror** ; **constitutis**, de **constituo** ; **profectus**, de **proficiscor** ; **victos**, de **vinco**

27 L'infinitif

énoncés p. 63

1 a. 1re conjug. b. 2e conjug. c. 3e conjug. mixte d. irrégulier (pas de conjug.) e. 3e conjug. f. irrégulier (pas de conjug.) g. 4e conjug.

2 a. vidisse b. peri(v)isse c. sustulisse d. potuisse e. invenisse f. credidisse g. clamavisse.

3 a. rapturum, -am, -um esse b. victurum, -am, -um esse c. servaturum, -am, -um esse d. sensurum, -am, -um esse e. ducturum, -am, -um esse f. tenturum, -am, -um esse g. futurum, -am, -um esse

4 a. spectari b. lecturum iri c. captus, -a, -um esse d. auditurum iri e. notus, -a, -um esse f. dici

5 a. sileri, extitisse, vindicata esse, esse (× 2), stetisse, paravisse, obstitisse
b. présent passif, parfait actif, parfait passif, présent actif (× 2), parfait actif, parfait actif, parfait actif

28 Le gérondif et l'adjectif verbal

énoncés p. 65

1 a. agendum b. capiendum c. parandum d. relinquendum e. rapiendum f. timendum

2 a. les choses qui **doivent** être faites b. ce dont on **doit** se rappeler c. ce qui **doit** être lu d. ce qui **doit** être rapporté e. les choses qui **doivent** être ajoutées

3 a. les choses devant être changées ayant été changées > en faisant les changements nécessaires b. façon de vivre, mode de vie c. ce qui devait être démontré, formule utilisée en mathématiques à la fin d'une démonstration

4 a. Sunt cupidi **legendorum librorum**. Ils sont désireux de lire des livres. b. Elegantia loquendi augetur (= augmente) **legendis oratoribus**. L'élégance de la parole augmente par la lecture des orateurs.

5 b. Mot à mot : pour lui devant être protégé > pour se protéger / pour la Gaule devant être attaquée > pour attaquer la Gaule

29 L'organisation de la phrase (1)

énoncés p. 67

1 a. **capitur** est au sing. : le verbe s'accorde ici avec le sujet le plus rapproché, **unus e filiis**. b. **sumus** est accordé à la 1re personne du pluriel car il y a 2 sujets : **ego** et **tu** (ici, l'accord se fait comme en français). c. **decrevit** est au sing. : il s'accorde avec le sujet le plus rapproché, **populus**.

2 a. Le verbe **fuit** placé en tête de phrase insiste sur la disparition de la vertu ; **hac** est un adjectif démonstratif normalement placé devant le nom qu'il détermine (**republica**).

b. **Romanus** marque l'origine géographique, et se place donc après le nom ; même sous la forme d'adjectif, **Romanus** s'écrit toujours avec une majuscule – signe de la fierté romaine ! ; **magnum** est un adjectif qualificatif, normalement placé devant le nom qu'il qualifie (**triumphum**) c. **meum** est un adjectif possessif qui marque l'appartenance, donc qui se place après le nom qu'il détermine (**argentum**).

3 a. Frater meus in otio **egit** vitam ; sibi **vixit** : 2 verbes, donc 2 propositions, indépendantes et juxtaposées
b. Augustus oculos **habuit** claros **gaudebatque** si quis sibi ...vultum **summitteret** : 3 verbes, donc 3 propositions ; les 2 premières sont coordonnées par -**que**, l'une est indépendante, la seconde est une principale : elle commande en effet une subordonnée introduite par la conjonction de subordination **si**.
c. Nunc, si Catilina [...] in Manliana castra **pervenerit**, omnes ejus conjurationem **suspicabuntur** : 2 verbes, donc 2 propositions ; la première est introduite par la conjonction de subordination si, la seconde est la principale.

4 a. Le premier texte ne comporte que des verbes à la 3e personne : il s'agit d'après le titre et le nom de l'auteur, d'un récit ou d'une description historique. Le second texte contient les signes de ponctuation du dialogue ; c'est, d'après le titre et le nom de l'auteur, un extrait de dialogue théâtral.
b. extrait 1 :
(Néron), dans son enfance, aborda presque toutes les disciplines libérales. Mais sa mère le détourna de la philosophie [...] ; son précepteur Sénèque le détourna de l'étude des anciens orateurs, pour le garder longtemps comme admirateur.
extrait 2 :
Mégadore – [...] Je te demande ta fille pour épouse. Promets-moi que cela aura lieu.
Euclion – Hé là, ta façon d'agir n'est pas honnête : tu te moques d'un pauvre homme qui n'a aucun tort envers toi et les tiens.

30 L'organisation de la phrase (2)

▸ *énoncés p. 69*

1 a. Caper in puteum decidit, **nam** cerebrum non habet. b. Vulpes corvo **et** personae tragicae **et** capro blanditus est. c. Persona tragica cerebrum non habet, **sed** pulchra specie est. d. Corvus non vulpis fraudem suspicatus est ; **itaque** caseum ore emisit.

2 a. Caper in puteum decidit, **nec** vulpis fraudem suspicatus est. b. Vulpes **non modo** (**non tantum**) corvo, **verum etiam** (**sed etiam**) capro **et** personae tragicae (ou : personae**que** tragicae) blanditus est. c. **Vel** (ou **Aut**) caper vulpis fraudem non suspicatus est, **vel** (ou **aut**) cerebrum non habet. d. Corvus non pulchra specie est ; **tamen** vulpes ei blanditus est.

3 **Mots de liaison** :
– ambulavit**que**... armis**que** et pilo : énumération avec répétition des liaisons signifiant « et »,
– Venando **autem** : conjonction marquant une opposition,
– **cum** : ici, conjonction de subordination car elle introduit une proposition dont le verbe est **fui**,
– **cur** / **quare** (pourquoi ?) induisent les réponses introduites par **quia** (parce que), conjonction de subordination introduisant une proposition subordonnée dont le verbe est **habemus** et par **nam** (car), conjonction de coordination introduisant une proposition indépendante dont le verbe est **intererat**,
– Ubi **enim** (en effet), conjonction de coordination synonyme de **nam**,
– **aut**... **aut** dans la dernière phrase exprime une alternance.

4 [Hadrien] montait à cheval, se promenait souvent et s'exerçait aux armes défensives et offensives. À la chasse, il tua très souvent un lion de sa propre main. Mais, en chassant, il se cassa la clavicule et une côte.

Récemment, comme je me trouvai dans ma patrie, le fils d'un de mes concitoyens, encore en toge prétexte, vint pour me saluer. Moi, je lui demandai : – Tu étudies ? Il répondit : – Oui, encore. – Où ? – À Mediolanum. – Pourquoi pas ici ? Et son père [...] : – Parce que nous n'avons aucun maître ici. – Pourquoi aucun ? Ce serait en effet très avantageux pour vous [...] que vos enfants fassent leurs études ici [...]. Car où séjourneraient-ils soit plus agréablement (→ avec plus de plaisir), que dans leur patrie, soit avec moins de dépenses, que chez eux ?

31 La concordance des temps

▸ *énoncés p. 71*

1 a. *Haec* cum **scirem** et **cogitarem**, *id tamen nullo periculo* **feci** : le verbe principal en gras souligné est au passé, donc la subordonnée exprimant l'opposition, introduite par **cum**, est au subjonctif imparfait (actions simultanées).
b. *C.Cato tamen,* cum *consul* **fuisset**, **condemnatus est** : le verbe principal en gras souligné est au passé, donc la subordonnée exprimant l'opposition, introduite par **cum**, est au subjonctif plus que parfait car l'action expimée par le verbe est antérieure à celle du verbe principal.
c. *In Sicilia* cum **essem**, *sic* **audiebam** : le verbe principal en gras souligné est au passé, donc la subordonnée exprimant le temps, introduite par **cum**, est au subjonctif imparfait (actions simultanées).
d. *Ciceronem juvenem medici* **hortabantur** ne *causas* **ageret** : le verbe principal en gras souligné est au passé, donc la subordonnée complétive dépendant de **hortor**, introduite par **ne**, est au subjonctif imparfait (actions simultanées). L'autre subordonnée de cause est à l'indicatif imparfait.

2 a. Il te conseille d'écrire à tes enfants.
b. Cicéron prononce une plaidoirie pour rendre service à l'état.
c. Les provinces supportent tant de charges qu'elles en deviennent pauvres.
d. Cicéron a de telles crises de larmes qu'il désire voir son épouse Terentia.

3 a. Tibi suasit ut liberis scriberes.
b. Cicero causam dixit ut bene de re publica mereret.
c. Provinciae tantas onera soluerunt ut pauperes fierent.
d. Cicero tantum lacrimas confectus est ut conjugem Terentiam videre cuperet.

4 a) a. Je demande ce qu'il sait.
b. Je te demande ce que tu fais.
c. Ils ordonnent que nous écoutions les philosophes.
d. Il vous conseille de vénérer les dieux.

b) a. Quaesivi quid sciret.
b. Te rogavi quid ageres.
c. Imperaverunt ut audiremus philosophos.
d. Suasit ut deos coleretis.

5 a. **Cepisset** : subjonctif plus-que-parfait marquant l'antériorité par rapport au verbe principal **putavit**, lui-même au passé ; dépend de **cum**, qui introduit une subordonnée de temps et de cause.
Ostenderetur : subjonctif imparfait marquant la simultanéité par rapport a **putavit**. Verbe d'une relative (**ex qua**) au subjonctif exprimant la cause.
Venisset : subjonctif plus-que-parfait marquant l'antériorité par rapport au verbe principal **pepercit**, lui-même au passé ; dépend de **cum**, qui introduit une subordonnée de comparaison introduite par **quasi**.

b. Marcellus, alors qu'il avait pris par la force, avec ses troupes, une ville aussi célèbre, ne pensa pas qu'il appartenait à la gloire du peuple romain de détruire et de supprimer cette beauté, surtout qu'elle ne présentait aucun danger. Voilà pourquoi il épargna tous les bâtiments, publics et privés, sacrés et profanes, comme s'il était venu pour les défendre avec son armée, et non pour s'en emparer. En ce qui concerne la décoration de la ville, il fit la part de la victoire, il fit la part de l'humanité.

32 La proposition relative

▸ *énoncés p. 73*

1 **a.** **que** : masc. plur. (antécédent : les chevaux), COD de *je vois* → Acc. masc. plur. : **quos**
b. **qui** : masc. plur. (antécédent : les enfants), sujet de *donnent* → N. masc. plur. : **qui**
c. **auxquels** : masc. plur. (antécédent : les chevaux), COI/COS de *donnent* → D. masc. plur. : **quibus**
d. **dont** : masc. plur. (antécédent : les chevaux), complément du nom *maître* → G. masc. plur. : **quorum**

2 **a.** Celui qui pose des questions, ne s'égare pas.
b. Quoi que tu apprennes, c'est pour toi que tu l'apprends !
c. Tout ce qui a été dit en latin, sonne profond !
d. Qui ne sait feindre, ne sait régner !

3 **a.** Servos mitto qui aquam quaerant. **b.** Amicus meus is est qui sciat.

4 [...] En effet, il y aura de l'argent **pour les faire** : d'abord celui **que** j'ai commencé [...] ; ensuite celui **qu'**eux-mêmes ont l'habitude de dépenser [...]

5 **a.** **quod** : relatif neutre à l'accusatif sing. ; son antécédent est tout le début de la phrase (et c'est pourquoi il est neutre, au sens de « ce que ») et il est le COD de indulgere (vb. transitif direct, au sens de « concéder, accorder »).
qua : pronom relatif, fém., Abl. sing, reprenant l'antécédent pecunia.
quam : pronom relatif, fém., Acc. sing. COD de revocare et exigere, reprend l'antécédent ea, qui représente pecunia.
quam : pronom relatif, fém., Acc. sing. COD de conferre (antécédent sous-entendu : pecunia).
b. La réponse a été donnée dans le **a.**

33 La proposition infinitive

▸ *énoncés p. 75*

1 **a.** Tu penses qu'il a été tué. **b.** Il / elle a cru / crut qu'Hannibal gagnerait. **c.** Nous savons que César est un grand général. **d.** Nous espérons que vous serez heureux.

2 **a.** A **b.** P **c.** S **d.** P

3 **a.** Dico equos animalia esse. **b.** Putat suum amicum venturum esse. **c.** Scitis Caesarem bellum victum esse. **d.** Putabamus eum beatum esse.

4 **a.** ducturas esse **b.** ducere **c.** duxisse.

5 **a.** On dit que tous les chemins mèneront à Rome. **b.** On dit que tous les chemins mènent à Rome. **c.** On dit que tous les chemins menaient / ont mené à Rome.

6 **a.** que les captifs (prisonniers) soient rendus / c'étaient des jeunes gens et de bons chefs.
b. **se** : il désigne Régulus car c'est un pronom personnel réfléchi.
c. **esse** (il est sous-entendu).

34 La proposition conjonctive

▸ énoncés p. 77

1 a. Nous souhaitons que vous envoyiez des ambassadeurs aux ennemis. b. Il se fait qu'aujourd'hui (la lune est pleine) c'est la pleine lune. c. Tu crains que Rome ne fasse la guerre. d. Le maître te persuade (que tu lises des livres) de lire des livres. e. Vous nous exhortez (à ce que nous soyons en bonne santé) à être en bonne santé.

2 a. **Optamus ne ad hostes legatos mittatis** : Nous souhaitons que vous n'envoyiez pas d'ambassadeurs aux ennemis. b. **Accidit ut hoc die luna non sit plena** : Il se fait qu'aujourd'hui ce n'est pas la pleine lune. c. **Times ne Roma non bellum gerat** : Tu crains que Rome ne fasse pas la guerre.

3 a. Vos hortamur ut libros legatis. b. Timetis ne luna sit plena. c. Optas ne Roma bellum gerat. d. Accidit ut non valeamus. e. Tibi suadeo ut legatos ad hostes mittas.

4 a. Nous nous réjouissons (du fait) qu'il aille bien de nouveau ; **quod** + indicatif : le fait que b. Vous conseillez au consul (qu'il ne fasse pas la guerre) de ne pas faire la guerre ; **moneo ut** / négation **ne** + subjonctif : proposition complétive après un verbe exprimant l'incitation. c. Il arrive que nous nous soyons trompés ; **fit ut** + subjonctif, verbe impersonnel construit avec une complétive d. Je désire que les nobles Romains n'aient plus chez eux les images des ancêtres ; **cupio ut** / négation **ne** + subjonctif, proposition complétive après un verbe exprimant un souhait. e. Tu crains que le sénat n'ait pas envoyé d'ambassadeurs ; **timeo ne** / négation **ne… non** + subjonctif : proposition complétive après un verbe de crainte.

5 a. Je t'engage vivement, mon cher Cicéron, (à ce que tu lises) à lire avec application non seulement mes discours, mais aussi mes ouvrages de philosophie[…]. […] Et assurément, (je n'ai vu se produire jusqu'à présent chez aucun des Grecs le fait que le même auteur travaille dans les deux genres) à ma connaissance, il n'est arrivé à aucun des Grecs que le même auteur travaille dans les deux genres. […] Quant à moi, j'estime que Platon […] aurait pu pratiquer l'éloquence de façon très forte et très prolixe, et que Démosthène […] aurait pu écrire brillamment et avec élégance.
b. **…te hortor ut … legas** : proposition complétive introduite par **ut** après un verbe exprimant l'incitation
contigisse ut laboraret : proposition complétive introduite par **ut** après un verbe impersonnel signifiant « il arrive que ».

35 L'interrogation indirecte

▸ énoncés p. 79

1 a. **Quaero quid sciatis.** Je demande ce que vous savez. b. **Quaero quomodo deos colatis.** Je demande comment vous honorez les dieux. c. **Quaero quos videant.** Je demande qui elles voient. d. **Quaero qualis vir fuerit C. Julius Caesar.** Je demande quel genre d'homme fut Jules César. e. **Quaero cur M. Tullius Cicero hanc orationem scripturus sit.** Je demande pourquoi Cicéron écrira ce discours. f. **Quaero quamdiu juvenes in Graecia manserint.** Je demande combien de temps les jeunes gens séjournaient en Grèce.

2 a. **Quaesivi quid sciretis.** J'ai demandé ce que vous saviez. b. **Quaesivi quomodo deos coleretis.** J'ai demandé comment vous honoriez les dieux. c. **Quaesivi quos viderent.** J'ai demandé qui elles (ou ils) voyaient. d. **Quaesivi qualis vir fuisset C. Julius Caesar.** J'ai demandé quel genre d'homme avait été Jules César. e. **Quaesivi cur M. Tullius Cicero hanc orationem scripturus esset.** J'ai demandé pourquoi Cicéron écrirait ce discours. f. **Quaesivi quamdiu juvenes in Graecia mansissent.** J'ai demandé combien de temps les jeunes gens étaient restés en Grèce.

3 a. Il demandait à ses amis quel était celui qui riait. b. On lui demanda pourquoi il avait formé trois légions. c. Je ne savais pas si tu avais un autre sentiment. d. Je demandais si tu admirerais Catilina. e. Tu ne savais pas s'il pouvait venir ou non. f. Je ne savais ni comment, ni où, ni quand il parviendrait ici.

4 a. Interrogat amicos quis rideat. b. Interrogatur cur constituerit tres legiones. c. Haud scio an aliter sentias. d. Quaero num Catilinam admiraturus sis. e. Haud scis utrum possit venire an non. f. Nescio quomodo, nescio unde, nescio quando huc perventurus sit.

5 La proposition interrogative indirecte est **quid scribas...** dépendant de **nescio**.
Aucune jeune fille
Je ne sais ce que tu écris, Faustus, à tant de jeunes filles :
Ce que je sais, c'est qu'aucune ne t'écrit.

6 Les propositions interrogatives indirectes sont : **ubi conveniam** et **qua te parte requiram**, dépendant de **dic**.
Tu as une maison aux Esquilies, une maison sur la colline de Diane, le quartier des patriciens abrite ton troisième toit ; [...] Dis-moi où je pourrai te rejoindre, dis-moi où je peux te chercher. Celui qui habite partout, Maximus, n'habite nulle part.

36 Les propositions circonstancielles (1)

► énoncés p. 81

1 a. **Antequam pro Murena dicere instituo**, pro me ipso pauca dicam (mode indicatif). b. **Antequam agatis**, cogitate ! (mode subjonctif). c. **Haec dum aguntur**, interea milites ad castra redierunt (mode indicatif). d. **Antequam verbum facerem**, ille abiit (mode subjonctif).

2 a. Quand on eut annoncé cette nouvelle, le consul ordonna à tous de rentrer chez eux. b. Quand César vint en Gaule, les Gaulois ne l'accueillirent pas de bon cœur. c. Quand j'écrivais ces mots, je pensais que tu te trouvais à Rome. d. Et tous les autres vieillards, quand ils défendaient l'État, n'agissaient-ils donc pas ?

3 a. subordonnée de comparaison : **qualem te esse** ; corrélatif : **talis ;** Il était tel que je te vois. b. subordonnée de comparaison : **quantum fuit diei spatium** ; corrélatif : **tantam** ; Les nôtres en tuèrent une quantité proportionnelle à la durée restante du jour. c. subordonnée de comparaison : **quo doctior est** ; corrélatif : **eo** ; Il est d'autant plus modeste qu'il est savant.

4 a. La Ville est comme on le dit. b. Il n'est pas si remarquable de connaître le latin qu'il est honteux de l'ignorer ! c. Il y a autant d'avis que d'hommes.

5 **quemadmodum** (on trouve aussi : **quem ad modum**) : comme
ut (× 2) : comme
J'en viens maintenant à son – c'est ainsi qu'il l'appelle lui-même – goût, à sa maladie et sa folie, comme disent ses amis, à son brigandage, comme disent les Siciliens. Pour ma part, de quel nom je dois l'appeler, je ne le sais.

6 a. Verrès nomme son penchant un **studium** (goût)
b. Ses amis l'appellent un **morbus** (une maladie) et une **insania** (une folie), les Siciliens un **latrocinium** (du brigandage), Cicéron ne trouve pas de mot pour qualifier ce comportement (**nescio**) et laisse cette question à l'appréciation du lecteur. Ce début du livre IV est extrêmement éloquent et Cicéron cherche à faire comprendre ainsi l'énormité, à ses yeux, du crime de Verrès.

37 Les propositions circonstancielles (2)

► énoncés p. 83

1 a. Quoniam periculum non est, id faciet. b. Magnifice convivium apparat ut copiosus est. c. Quod (quia) periculum est, id non facit. d. Pulchra est, ut ab omnibus ametur. e. Tam pulchra est ut ab omnibus ametur. f. Adeo (eo, ita, sic, tantum) laborat, ut omne conficiat.

2 a. Puisque je n'ose pas faire cela (ainsi), je ferai autrement. b. Parce que je t'y exhorte, tu sortiras. c. Puisque les pères (sénateurs) le veulent, qu'il en soit ainsi ! d. Je te parlerai de telle sorte que tu ne seras pas ému par la haine, mais par la miséricorde. e. Je ferai en sorte que tu comprennes. f. Ils sont tels que nous les louons (nous faisons leur éloge).

3 a. ut, ut / sic, ita b. (propterea) quod

38 Les propositions circonstancielles (3)

▸ *énoncés p. 85*

1 a. César fait la guerre en Gaule afin qu'il apporte → afin d'apporter la gloire au peuple romain et à lui-même. b. L'orateur plaide à la Curie afin qu'aucun de ses ennemis ne l'entende. c. Les mauvais citoyens sont punis pour qu'ils ne nuisent pas à la république d. Plus soigneusement tu caches ta faute, plus elle se voit.

2 **Caesar in Gallia bellum gerebat ut populo Romano sibique gloriam daret.** (subjonctif imparfait en concordance avec la principale au passé)

3 a. Bien que tu m'écrives de nombreuses lettres, je ne suis cependant pas tranquille. b. Bien que la Grèce excelle dans l'éloquence, cependant nous avons de grands orateurs à Rome. c. Même si tes occupations t'en empêchent, nous t'invitons à dîner. d. Si courageux que fussent les soldats, ils s'enfuirent pourtant.

4 **Cum Graecia excelleret in eloquentia, tamen Romae magnos habuimus oratores.** (subjonctif imparfait en concordance avec la principale au passé)

5 a. Quamquam (etsi, tametsi) rei publicae nocuerunt (*ou* Cum rei publicae nocuissent) mali cives poenas non dederunt b. Multas epistulas mihi scribis ut quietus sim. c. Quamvis magni oratores Romani sint, tamen Graeci in eloquentia excellunt.

6 Je t'ai aussitôt envoyé Aristocritus pour que tu puisses continuellement [...] m'écrire ; bien que j'aie ordonné aussi à Dexippus (qu'il revienne vite) de revenir vite, j'ai prié cependant mon frère (qu'il m'envoie plus souvent des messagers) de m'envoyer plus souvent des messagers. Car moi [...], je suis à Dyrrachium en ce moment, (pour que j'apprenne le plus rapidement possible ce qui se passe) pour apprendre le plus rapidement possible ce qui se passe, et j'y suis en sécurité, bien qu'on dise que nos ennemis arrivent. [...] Veille (à ce que tu restes en bonne santé) à rester en bonne santé.

39 Les propositions circonstancielles (4)

▸ *énoncés p. 87*

1 a. Si tu fais cela, je viens avec toi ! (Réel). b. Si tu acceptes cette cause, je ne te parle plus jamais. (Réel). c. Si quelqu'un se met à rire, tous riront. (Futur / Éventuel). d. Si / Chaque fois que la mère riait, les enfants ne pleuraient pas. (Réel / Répétition dans le passé).

2 a. Si nous nous servons bien des lois, les mauvais citoyens sont punis. (Réel). b. Si tu viens avec moi à Rome, tu verras la Curie. (Futur / Éventuel). c. Si les consuls avaient été des hommes courageux, Catilina n'aurait pas nui à l'État. (Irréel du passé). d. Si je ne te trouvais pas à la maison, mes esclaves te chercheraient sur le forum. (Potentiel). e. Il parlerait beaucoup, s'il le pouvait. Mais, en fait, il est muet. (Irréel du présent).

3 a. Si legibus bene usi essetis, mali cives poenas dedissent. b. Si mecum in Urbem venias, forum Romanum videas. c. Si consules fortes viri essent, Catilina rei publicae non noceret. d. Nisi te domi repperissemus, servi nostri te in foro quaesivissent.

4 a. Si tes parents te craignaient et te haïssaient et que tu ne pusses les apaiser d'aucune façon, à mon avis, tu te retirerais en quelque endroit loin de leurs yeux ; mais en réalité, c'est

la patrie, notre mère commune à tous, qui te hait, te craint et estime que depuis longtemps tu ne penses à rien d'autre qu'à commettre sur elle un parricide ; et toi, tu ne respecteras pas son autorité, tu n'obéiras pas à sa décision et tu ne craindras pas sa puissance ?
b. Irréel du présent (**si ...timerent atque odissent neque...posses, ...concederes**).

40 L'ablatif absolu

▸ *énoncés p. 89*

1 a. le signal ayant été donné b. le soleil se levant c. la chose (l'affaire) ayant été approuvée d. beaucoup (de gens, d'hommes) ayant été tués e. ces lettres ayant été connues

2 a. colore vestis cognito b. gladiis relictis c. militibus fugientibus

3 a. fide data : la parole ayant été donnée b. his discedentibus : ceux-ci s'éloignant c. his rebus perfectis : ces choses une fois achevées d. concilio convocato : l'assemblée ayant été convoquée avec plaisir

4 a. **suis** : sujet ; **laborantibus** : verbe ; **multis** : sujet ; **amissis** : verbe ; **quibus** : sujet ; **profligatis** : verbe ; **quibus rebus** : sujet ; **confectis** : verbe ; **eo oppido** : sujet ; **recepto** : verbe
b. – les siens étant en difficulté (peinant) > comme les siens étaient en difficulté ;
– beaucoup (d'hommes) ayant été abandonnés > après que beaucoup d'hommes eurent été abandonnés *ou* après avoir abandonné beaucoup d'hommes ;
– ceux-ci ayant été terrassés à nouveau > comme ceux-ci avaient été terrassés à nouveau ;
– ces choses ayant été achevées > après que ces choses eurent été achevées *ou* après avoir achevé ces choses ;
– cette place forte ayant été prise > quand il aurait pris cette place forte.

41 Le discours indirect

▸ *énoncés p. 91*

1 a. Les quatre verbes soulignés sont au **subjonctif plus-que-parfait** à la 3e pers. du sing. pour les 3 premiers, à la 3e pers. du pluriel pour le dernier.
b. Les deux propositions sont des **infinitives** dépendant de **proditionis insimulatus** qui suggère des paroles prononcées ; il s'agit de discours indirect :
« Tous ces événements n'avaient pu arriver par hasard ou sans avoir été prévus ; il préférait tenir son autorité sur la Gaule du consentement de César plutôt que la devoir à la reconnaissance des siens. »

2 Vercingétorix, lorsqu'il fut revenu près des siens, fut accusé de trahison, pour avoir déplacé son camp plus près des Romains, pour s'être éloigné avec toute la cavalerie, pour avoir laissé sans commandement général des troupes si nombreuses, et parce que dès son départ les Romains étaient venus si à propos et avec tant de promptitude. Tout cela ne pouvait être arrivé par hasard et sans intention de sa part ; il aimait mieux être à la tête de la Gaule grâce au consentement de César que par la reconnaissance de ses compatriotes.

3 Ainsi accusé, il répondit qu'il avait levé le camp parce qu'ils manquaient de fourrage et qu'ils avaient eux-mêmes insisté ; qu'il s'était approché des Romains, convaincu par l'avantage d'une position qui se défendait d'elle-même sans protection ; qu'on n'avait pas dû sentir le besoin de la cavalerie dans un endroit marécageux, et qu'elle avait été utile là où ils étaient partis.

4 C'était délibérément qu'en partant il n'avait confié le commandement général à personne, de peur que ce nouveau chef, pour plaire à la multitude, ne soit poussé à engager une action ; il les y savait tous portés par cette faiblesse qui les rendait incapables de supporter plus longtemps les fatigues.

42 L'Italie antique

L'Empire romain

civilisation

43 Chronologie de l'histoire et de la littérature romaines

Événements historiques
I. LA ROME ROYALE (753 À 509 AV. J.-C.) ÉPOQUE LÉGENDAIRE
753 Fondation légendaire de Rome par **Romulus**
753 à 509 : **les sept rois de Rome** **Romulus** **Numa Pompilius** **Tullus Hostilius** **Ancus Martius** **Tarquin l'Ancien** **Servius Tullius** **Tarquin le Superbe**

Louve romaine allaitant Romulus et Remus
Musée du Capitole, Rome

Événements historiques	Littérature
II. LA RÉPUBLIQUE ROMAINE (509 À 27 AV. J.-C.)	
1re période – La conquête de l'Italie (509 à 272 av. J.-C.)	
509 à 350 av. J.-C. : lutte contre les voisins de Rome, en particulier les Étrusques (395 : prise de Véies)	
350 à 272 av. J.-C. : conquête du reste de l'Italie	
2e période – La conquête du bassin méditerranéen (264 à 112 av. J.-C.)	
264 à 146 av. J.-C. : guerres puniques (contre les Carthaginois) conquête de la Sicile et de l'Afrique du Nord	**Plaute** (254-184), auteur de comédies **Caton l'Ancien** (234-149), homme d'État et écrivain **Térence** (v. 185-160), auteur de comédies
146 à 112 av. J.-C. : conquête du pourtour de la Méditerranée	
3e période – Les guerres civiles (133 à 27 av. J.-C.)	
133 à 63 av. J.-C. : conflit entre le parti populaire et le parti aristocratique	**Lucrèce** (99-55), poète **Catulle** (v. 82-v. 52), poète
63 à 27 av. J.-C. : conflits entre des ambitieux • **Pompée** et **César** (63 à 44) 58 à 52 : Conquête de la Gaule par César 48 : défaite et mort de Pompée 44 : (Ides de Mars) assassinat de César • **Antoine** et **Octave** (43 à 30) 30 : conquête de l'Égypte En 27, Octave est nommé ***Augustus***, premier empereur de Rome.	**Cicéron** (106-43), orateur et homme politique **César** (101-44), homme politique et historien **Salluste** (86-35), historien **Virgile** (70-19 av. J.-C.), poète **Horace** (65-8 av. J.-C.), poète **Ovide** (43 av. J.-C.-17 ou 18 apr. J.-C.), poète **Tite-Live** (59 av. J.-C.-17 apr. J.-C.), historien

Événements historiques	Littérature
III. L'EMPIRE ROMAIN (27 AV. J.-C. À 476 APR. J.-C.)	
Le Haut-Empire (27 av. J.-C. à 192 apr. J.-C.)	
1re dynastie : les Julio-Claudiens (27 av. J.-C. – 68 apr. J.-C.)	
Auguste **Tibère** **Caligula** **Claude** **Néron**	**Phèdre** (v. 15-50), Fables **Sénèque** (4 av. J.-C.-65 apr. J.-C.) philosophe et auteur de tragédies **Pétrone** (époque de Néron) *Le Satiricon*, roman
2e dynastie : les Flaviens (69-96)	
Vespasien **Titus** **Domitien**	**Pline l'Ancien** (23-79), auteur de textes documentaires **Martial** (v. 40-v. 104), poète satirique
3e dynastie : les Antonins	
Nerva **Trajan** **Hadrien** **Antonin** **Marc-Aurèle** **Commode**	**Pline le Jeune** (63-v. 114), auteur de *Lettres* **Tacite** (v. 55-v. 120), historien **Juvénal** (v. 55-v. 140), poète satirique **Suétone** (v. 70-v. 140), historien **Florus** (Ier, IIe siècle environ), historien **Apulée** (v. 125-170 ?), romancier, *Les Métamorphoses*
Le Bas-Empire (193 apr. J.-C. à 476 apr. J.-C.)	
Dynastie des Sévères (193-235)	
Septime Sévère **Caracalla** **Elagabal** **Alexandre Sévère**	**Tertullien** (v. 150-222), auteur d'œuvres polémiques chrétiennes
Anarchie (235-270) – Début des invasions germaniques	
Aurélien **Dioclétien** **Constantin** **Théodose le Grand** • l'Empire romain devient un empire chrétien • partage de l'Empire en Empire d'Orient et Empire d'Occident **410 :** prise de Rome par Alaric, roi des Wisigoths **476 :** chute de l'Empire romain d'Occident	**Saint Augustin** (354-430), auteur de *La Cité de Dieu* et des *Confessions*

Masque tragique.
Détail d'une mosaïque de la Maison du Faune, Pompéi.

44 Les institutions de la République et de l'Empire

Les Romains qui veulent exercer une fonction politique doivent être élus **magistrats**. Il existe plusieurs types de magistratures, qui doivent être exercées de la moins importante à la plus prestigieuse, pour un an chacune. Cette carrière politique porte le nom de ***cursus honorum***.

Magistrature	Magistrats	Âge minimum(1)	Nombre(2)	Fonction
questure ***quaestura, -ae,*** f.	**questeurs** ***quaestor, -oris,*** m.	28-31	De 2 à 40	**Finances** : gèrent le trésor, paient les armées, assistent les gouverneurs des provinces pour les questions financières.
édilité ***aedilitas, -atis,*** f.	**édiles** ***aedilis, -is,*** m.	31-37	4(3)	**Administration municipale** : police, approvisionnement, surveillance des marchés, organisation de certains jeux, garde des archives.
préture ***praetura, -ae,*** f.	**préteurs** ***praetor, -oris,*** m.	34-40	De 1 à 16	**Justice** : – le **préteur urbain** juge les cas concernant les Romains et peut remplacer un consul en son absence ; – le **préteur pérégrin** juge les cas des étrangers entre eux ou avec les Romains.
consulat ***consulatus, -us,*** m.	**consuls** ***consul, -is,*** m.	37-43	2	Convoquent et président le **Sénat** et les Comices ; commandent les **armées**.

(1) et (2) Âge et nombre variables selon les époques ; (3) 2 édiles plébéiens et 2 édiles curules.

Abréviation de ***Senatus PopulusQue Romanus***, le Sénat et l'assemblée du peuple romain. Ces quatre lettres ornaient de nombreux monuments romains ainsi que les enseignes militaires ; cette devise était le symbole de l'union du Sénat et du peuple, le signe de la puissance romaine.

Reconstitution du Sénat romain.

La République

Sous la République, le pouvoir est partagé entre les magistrats, le Sénat et les Comices.

Les consuls

- donnent leur nom à l'année,
- pouvoir exécutif,
- pouvoir religieux (droit d'auspices),
- proposent des lois.

Le Sénat → les consuls : « conseille » (*consilium*), en fait donne des ordres

Les consuls → le Sénat : président

Les consuls → les Comices : convoquent proposent des lois

Les Comices → les consuls : élisent chaque année

Le Sénat

Conseil formé par les anciens magistrats (300 puis jusqu'à 1000). Les sénateurs sont **nommés à vie**.

Rôles

- approuvent les lois,
- surveillent la religion,
- gèrent les finances.

Le Sénat → les Comices : valide les décisions (*auctoritas*)

Les Comices

- comices curiates
- comices centuriates
- comices tributes

Rôles

- discutent et votent les lois.

L'Empire

Même si le Sénat a le pouvoir théorique de choisir l'empereur, celui-ci est en fait le plus souvent désigné par son prédécesseur et/ou choisi par ses troupes.

- Le système est progressivement mis à mal lors des années de guerre civile puis pendant le principat.
- L'établissement de l'Empire amène de nouvelles règles et concentre les pouvoirs aux mains du seul empereur, même si les autres organes de gouvernement continuent à exister. Le nouveau pouvoir est proche d'une monarchie.

Les magistrats

– Les consuls ne sont en poste que quelques mois.
– Les pouvoirs de toutes les magistratures sont diminués.

Le Sénat → les magistrats : choisit

Le Sénat → EMPEREUR : choisit

EMPEREUR → le Sénat : préside

Les Comices → EMPEREUR : acclament

Les Comices → les magistrats : élisent chaque année

EMPEREUR

Le Sénat

- Il est présidé par le ***princeps senatus*** (« premier du Sénat ») c'est-à-dire l'empereur.
- Les sénateurs (300) sont choisis par l'empereur dans l'ordre sénatorial. Ils font les lois.

Les Comices

- Auguste les réunit encore mais Tibère leur enlève tous leurs pouvoirs législatifs, qui sont transférés au Sénat.
- Ils approuvent la nomination de l'Empereur et lui donnent l'***imperium*** et la puissance tribunicienne.

Inscription sur l'Arc de Titus à Rome : « Le Sénat et le peuple romain au divin Titus Vespasien Auguste, fils du divin Vespasien. »

45 L'organisation de la société romaine

Les divisions essentielles de la société romaine :
– **hommes libres et esclaves**, division la plus flagrante ;
– **riches et pauvres** ;
– **hommes et femmes**.

Les esclaves

• L'esclavage existe dès les premiers temps de Rome, comme dans toutes les sociétés antiques. **Un esclave est considéré comme une chose**, qu'on achète ou vend, et **il n'a aucun droit**. On devient esclave par la naissance, comme prisonnier de guerre, ou par condamnation.

• L'espérance de vie d'un esclave est en moyenne de **20 ans** : la plupart des esclaves sont donc très jeunes. C'est pourquoi le mot ***puer*** se traduit souvent par « petit esclave ».

• La condition des esclaves est très différente selon les lieux où ils travaillent :
– les **esclaves publics** employés par l'État peuvent assurer la police, mais aussi construire des routes, ce qui est beaucoup plus dur ;
– les **esclaves privés** sont à la merci de leur maître ; ils vivent durement à la campagne, où ils appartiennent à la ***familia rustica*** ; en ville (***familia urbana***), leur condition est très variable. Leur sort s'humanise sous l'Empire.

• Au IIe siècle avant J.-C. eurent lieu des **révoltes d'esclaves** en Italie et en Sicile, durement réprimées ; la plus importante fut conduite en 73 av. J.-C. par le gladiateur Spartacus, qui avait réuni 90 000 hommes ; le général Crassus dut la combattre avec une véritable armée, et fit crucifier 6 000 esclaves.

• Sous le Bas-Empire, des esclaves s'enfuient et forment des bandes de brigands. Une nouvelle sorte d'esclaves apparaît : les **colons**, serfs attachés à la terre de leur maître.

Le saviez-vous ?

• Un maître pouvait affranchir un esclave (***manumissio***) par testament ou par une inscription sur le registre du cens. L'ancien maître restait le ***patronus*** de son affranchi, qui adoptait son *nomen* et son *praenomen*, et ne pouvait se marier.
• Sous l'Empire, le nombre d'affranchis augmente et certains parviennent à de hautes fonctions politiques.

Jeune esclave apportant un plateau garni de gâteaux. Vers 190 ap. J.-C., mosaïque des environs de Carthage, Tunisie.

Les hommes libres

Les plébéiens et les clients

- À l'origine, les **plébéiens**, roturiers, s'opposent aux **patriciens**, aristocrates ; ils sont de **condition libre**, mais **pauvres**, et n'ont **aucun droit**. On attribue à Servius Tullius, le 6e roi de Rome, une réforme importante : l'abolition du privilège de la naissance au profit de la **richesse**. Les hommes libres furent divisés en **5 classes** en fonction de leur fortune : les plébéiens qui s'étaient enrichis deviennent alors citoyens à part entière.
- Les **clients** sont également des hommes libres et pauvres ; ils se mettent au service d'un ***patronus***, patricien ou plébéien riche, qui les nourrit et les protège. Au fil des conquêtes, les clients proviennent des classes moyennes ruinées par les guerres et n'ont plus aucun statut juridique ; ils deviennent souvent les hommes de main de riches citoyens, notamment pendant les campagnes électorales.

Le saviez-vous ?

- Sous la République, tout homme libre né d'un père citoyen obtient la ***civitas***, ou **droit de cité**, qui lui confère les **droits politiques** (élire et être élu), les **droits civils** (propriété, mariage, droit d'intenter un procès), en contrepartie de **charges** (impôts et service militaire) ; mais les classes les plus pauvres n'y ont pas accès.
- À partir de 49 av. J.-C., la ***civitas* s'étend à toute l'Italie**, mais avec divers statuts (avec ou sans le droit de vote…).

Les chevaliers et les patriciens

- Les **chevaliers** (***equites***) sont les citoyens assez riches pour être à leurs frais **cavaliers dans l'armée romaine**. Ils formeront, sous la République, la bourgeoisie d'affaires.
- Dans les premiers temps, les **patriciens** sont des aristocrates, seuls à pratiquer les **cultes domestiques** et à former une ***gens*** (famille noble) qui porte le *nomen gentilicum* (nom de famille) ; le ***pater familias*** a tout pouvoir, y compris de vie et de mort, sur la famille.
- Sous l'Empire, patriciens et chevaliers constituent la **classe dominante** qui occupe les fonctions officielles, en particulier celles des préfets et des procurateurs.

La classe dominante comportait, sous Auguste, deux ordres définis par la richesse :
– l'***ordo equester***, à partir de 400 000 sesterces,
– l'***ordo senatorius***, pour ceux qui possédaient 1 million de sesterces.

La place des femmes

- Dans les **premiers temps** de Rome, la femme est une **éternelle mineure**, passant de la tutelle de son père à celle de son mari. L'éducation des filles est négligée ; elle se fait à la maison pour les tâches domestiques, mais très rarement à l'école. Cependant on note un grand respect pour les mères de famille.
- Entre la République et l'Empire, la condition des femmes s'améliore : elles obtiennent le **droit au divorce**, et une nouvelle forme de **mariage par consentement mutuel**.

46 L'armée et les armes

Une armée de citoyens

• L'armée fut l'un des éléments majeurs de la puissance et de la gloire de Rome. Dès l'époque des Rois, **tous les citoyens doivent à leur cité un service militaire**. À la fin du Ve siècle avant J.-C., l'armée s'étoffe de troupes fournies par les alliés et de troupes auxiliaires, souvent des mercenaires étrangers « spécialisés », comme les archers crétois ou les frondeurs des Baléares. Le dictateur Camille instaure la **solde** en 406 avant J.-C.

• Au IIe siècle, en 107 avant J.-C., Marius conduit une importante réforme : les nombreuses guerres et les conquêtes de provinces lointaines amènent à la **création d'une armée de métier**, ouverte à tous les citoyens, même aux plus pauvres, puis à tous les Italiens qui **s'engagent pour 16 ans**. Dès lors, réunie sous la bannière de l'aigle, cette armée **change de mentalité** : elle peut être plus attachée à son général et au butin promis qu'à la République.

• Sous l'Empire, l'armée reste **organisée en légions désignées par un numéro**. Sous Auguste, il y a 25 légions dont l'empereur est le général en chef (*imperator*). Un grand nombre d'entre elles assure la sécurité des frontières de l'Empire. L'armée accueille les provinciaux qui acquièrent ainsi le **droit de cité**. **L'engagement est de 20 ans** et la solde augmente. L'armée joue un rôle politique, et, surtout en période de crise, elle peut nuire à l'empereur, qui doit savoir se montrer généreux avec les soldats.

Enseigne d
légionnaires romains
signe de ralliemen
et de protection

Soldats et cavaliers romains. Base de la colonne Antonine, Rome.

• Une **légion** romaine est composée de 10 cohortes et 120 cavaliers.
• Chaque **cohorte**, sauf la première, comprend 3 manipules.
• Un **manipule** est composé de 160 soldats, répartis en 2 centuries.

Les soldats

- Un **légionnaire** portait une dague, un glaive (*gladius*), un javelot en fer et en bois (*pilum*) et un bouclier (*scutum*). Les **fantassins** portaient des cottes de mailles, puis des cuirasses en acier. Les soldats avaient également des casques et certains, les plus riches, avaient des armoiries. Chaque fantassin portait 30 à 35 kg de bagages.
- La **ration alimentaire** quotidienne du soldat était de 1 kg de pain, 100 g de lard, parfois du fromage, et 1/2 litre de vin (vinaigre mélangé avec de l'eau).
- Au **combat**, l'organisation de la légion (*acies*) était la suivante :
– au centre, la légion était flanquée de troupes alliées et de la cavalerie ;
– chaque légion se présentait sur trois lignes de manipules en quinconces ;
– au signal, les soldats lançaient le javelot, puis attaquaient au corps à corps au glaive.
- D'autres tactiques plus complexes venaient compléter cette stratégie de base.
Lors des sièges, des **machines de guerres** (catapultes, balistes, tours d'assaut, etc.) et des **fortifications** élaborées donnaient à l'armée romaine un avantage important.

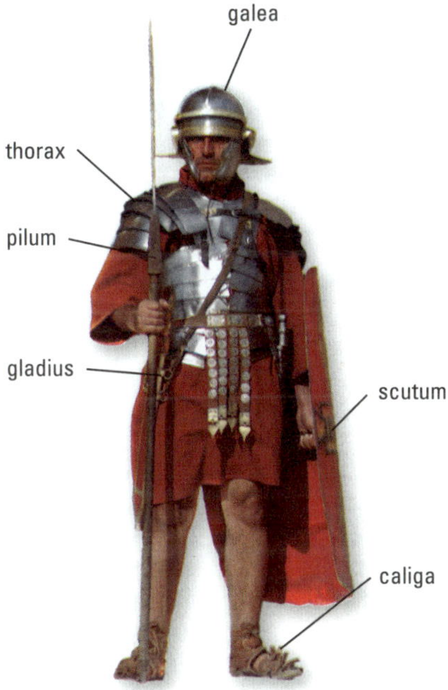

La vie militaire

- La **discipline était très stricte** ; le soldat prêtait serment et pouvait être sévèrement puni en cas d'incartade, de désobéissance ou de lâcheté : amendes, bastonnades, verges, et même la mort. Mais il redoutait surtout le déshonneur qui le poursuivait même dans la vie civile.
En revanche, il était récompensé en cas d'acte de bravoure : éloges, décorations honorifiques, couronnes, etc.
Les généraux, eux, espéraient qu'on leur accorde des *supplicationes*, prières publiques de remerciements, une **ovation** ou, réservé au général en chef ou à l'empereur, un **triomphe**.

Le saviez-vous ?

- L'armée en marche (***agmen***) se déplaçait à la vitesse de 25 km par jour (davantage en cas de marches forcées) avec armes et bagages.
- Les **camps fortifiés** (***castra***) étaient établis chaque soir. Ils pouvaient devenir permanents et servir d'abris pendant l'hiver. On retrouvait les rites et les plans mis en œuvre pour la construction d'une ville : rues se coupant à angle droit avec, au centre, les tentes de l'état-major et le forum.

47 Le commerce et la monnaie

Le commerce

Les échanges commerciaux sont sans doute à l'origine d'un marché, au bord du Tibre, qui deviendra la ville de **Rome**. Le site n'est qu'à une vingtaine de kilomètres de la mer par une portion navigable du fleuve et peu distant des salines d'Ostie auxquelles la ville sera reliée par la *Via Salaria*.

Voies romaines (la *Via Appia* que fit paver le censeur Appius en 312 av. J.-C. reliant Rome à Capoue), **voies navigables** (comme le Tibre, le Pô, le Rhône…), **voies maritimes**, sont les trois grands vecteurs du commerce romain.

Import-export

• Depuis que Pompée, au Ier siècle, a pacifié les routes maritimes de la Méditerranée en éliminant les pirates, Rome importe des marchandises du monde entier : soie de Chine, ambre scandinave, saucissons gaulois, dattes d'Afrique…
Les importations les plus notables sont celles de **blé**, de Sicile, de Crète et surtout d'Égypte ; on évoque le chiffre de 40 000 tonnes par an. Ces céréales sont distribuées à bas coût aux Romains sous la forme de l'**annone**.

• Les exportations concernent surtout des produits typiquement italiens, comme l'huile d'olive, le vin, des produits manufacturés (vases…), réalisés dans les grands domaines campagnards (*latifundia*) appartenant aux riches Romains.
La création de ces domaines a ruiné les petits paysans contraints de gagner la ville et d'y vivre de la générosité des ***patroni*** et de l'État.

Le transport

Les transports lourds empruntent les voies fluviales et maritimes et sont assurés par des navires appelés ***naves onerariae*** (navires de charge) qui mesurent 8 à 10 m. de large, 20 à 30 m. de long et peuvent transporter jusqu'à 4 000 amphores.
Les marchandises sont débarquées au port (celui d'Ostie pour Rome), stockées dans d'énormes entrepôts d'où elles repartent sur de plus petits bateaux ou des carrioles vers les marchés de la ville.

Chargement d'un bateau romain dans le port d'Ostie.
Détail d'une fresque, musée du Vatican, Rome.

La monnaie

• Au début de son histoire, Rome n'a pas de monnaie propre : on recourt au troc et on se sert de monnaies grecques. Puis apparaissent des monnaies sans effigie estimées au poids. Enfin, on crée l'**as**, censé représenter une livre romaine de cuivre (324 g).

• Vers la fin du IIIe siècle av. J.-C. se met en place le **bimétallisme** : **denier** (***denarius***) d'argent et **sesterce** (***sestertius***) de bronze. L'***aureus***, monnaie d'or, est frappé pour la première fois sous César, puis de façon irrégulière. Les monnaies valaient jusqu'à 3 fois plus que leur poids en métal.

Aureus à l'effigie de Vespasien.

• Au IIIe siècle de notre ère, la monnaie romaine s'effondre suite à une grave crise. Constantin, au début du IVe siècle, crée une nouvelle monnaie d'or, le ***solidus***, au poids de 5,4 g d'or (réduit assez rapidement à 4,5 g). Cette monnaie est utilisée pendant tout le Bas-Empire et la période byzantine jusqu'au XIe siècle.
Le **solidus** a eu des multiples, mais ce sont souvent des pièces commémoratives, qui ne circulent pas, et de populaires sous-multiples, les ***semissis*** (1/2) et les ***tremissis*** (1/3, soit 1,5 g d'or).

Solidus de Constantin.

Un corps de fonctionnaires fut institué pour contrôler les pièces, car elles étaient souvent rognées pour récupérer un peu d'or.

Denarius de Marc Antoine représentant une galère prétorienne.

Le saviez-vous ?

Le ***solidus*** survécut, en Occident, à la disparition de l'Empire Romain : plusieurs peuples barbares en frappèrent des exemplaires locaux. Le nom est à l'origine de celui de la monnaie française (les « **sols** » chers à Molière, qui deviendront les « **sous** »), des mots « **solde** » et « **soldat** ». En effet, la solde des militaires romains était payée dans cette monnaie.

Juno Moneta

Il y avait, sur le Capitole, près du grand temple de Jupiter, un temple de **Junon *Moneta*** (« celle qui avertit ») qui commémorait un événement cher au cœur des Romains : lors du siège de Rome par les Gaulois, en 390 av. J.-C., ce sont les oies du Capitole, consacrées à Junon, qui avertirent les Romains de l'attaque. On a donc, au IIIe siècle av. J.-C., consacré un nouveau temple à **Junon *Moneta***. C'est là que fut gardé le Trésor de Rome et que furent frappées les premières pièces romaines.

De ***moneta*** vient le français **monnaie**, l'allemand **Moneten**, l'anglais **money**, etc.

48 La religion – Les dieux

Les dieux domestiques

• À l'origine réservés aux patriciens, les **cultes domestiques** sont également pratiqués par les plébéiens sous la République. Dans le foyer de chaque maison, où le feu est entretenu en permanence, un autel appelé ***lararium*** y est consacré et une sorte de placard renferme des statuettes de cire des dieux domestiques.

> Les **dieux domestiques** sont :
> – les **Lares**, dieux de l'abondance alimentaire,
> – les **Pénates**, dieux du garde-manger,
> – les **Mânes**, ancêtres divinisés.

• Le culte est assuré par le ***pater familias*** (père de famille) ; on offre à ces divinités des fleurs ou de la nourriture. On honore également le ***Genius***, « génie » protecteur de chaque individu, toutefois réservé aux hommes ; les femmes sont collectivement protégées par **Junon**.

Les dieux de la cité

> Au Ier siècle av. J.-C, l'historien et érudit Varron dénombre plus de 30 000 divinités à Rome !

• Les Romains honoraient dans les premiers temps un nombre considérable de divinités, les ***numina*** (« volontés divines »), attachées à toutes les activités (par exemple, *Sator*, le dieu des semailles) ou aux phénomènes naturels (*Vertumnus*, dieu des saisons).

Brève généalogie des dieux et déesses

• C'est seulement sous la République, à partir du VIe siècle, que les Romains assimilent les dieux grecs et leur généalogie ; ils ne s'intéressent guère à la mythologie, mais les poètes tels qu'Ovide ou Virgile s'en inspireront plus tard.

• Au départ furent **Jour** et **Nuit** qui engendrèrent **Ciel** et **Terre** (en grec, **Ouranos** et **Gè** ou **Gaia**) ;

• Le **Ciel** féconda la **Terre** par ses pluies et engendra les **Titans** (masculins) et les **Titanides** (féminines) ;

• Un de ces Titans (**Kronos**), s'unit à une de ses sœurs (**Rhéa**) et ils eurent 3 filles et 3 garçons ; ces derniers se partagèrent le monde.

Statue en bronze de Poséidon.
V. 460 av. J.-C., musée national, Athènes.

Les principaux dieux présentés sous leur nom **grec**, puis leur nom **romain** :

Kronos / **Saturne** (Titan) et **Rhéa** / **Rhéa** (Titanide)

Zeus / **Jupiter** roi des dieux, dieu de la foudre	**Héra** / **Junon** déesse du mariage
Poséidon / **Neptune** dieu de la mer et des séismes	**Déméter** / **Cérès** déesse des moissons
Pluton / **Hadès** dieu des Enfers et de la richesse	**Hestia** / **Vesta** déesse du foyer

Jupiter eut 2 enfants avec sa sœur **Héra,** et 6 autres nés « hors mariage »

– avec Héra **Arès** / **Mars** dieu de la guerre **Héphaïstos** / **Vulcain** dieu de la forge

– nés hors mariage **Athéna** / **Minerve** déesse de la sagesse et des techniques
Aphrodite / **Vénus** déesse de l'amour et de la beauté
Hermès / **Mercure** dieu des routes, messager des dieux
Apollon / **Apollon** dieu de la musique et du soleil
Artémis / **Diane** déesse de la chasse et de la lune, sœur jumelle d'Apollon
Dionysos / **Bacchus** dieu du vin et du théâtre

Le saviez-vous ?

• Il existait des dieux spécifiquement romains, comme :
– **Janus**, à double face, dieu des portes dont le temple était fermé en temps de paix et ouvert en temps de guerre ;
– **Quirinus**, le premier roi de Rome divinisé.

• Les Romains regroupaient généralement les divinités en **triades** pour le culte public : ainsi, sur la colline du **Capitole** se dressait le temple de la **Triade Capitoline**, consacré à **Jupiter**, **Junon** et **Minerve**.

Temples dédiés à Jupiter, Junon et Minerve.
Forum de Sufetula (Sbeitla), Tunisie.

Les cultes orientaux et le culte de l'Empereur

• Dès la République et surtout sous l'Empire, les Romains, très accueillants envers les autres religions, **adoptent des cultes venus d'Orient**, en particulier :
– le culte de divinités égyptiennes, notamment **Isis** et **Sérapis** ;
– le culte de la déesse **Cybèle** (la « Grande Mère », originaire de Phrygie), et d'**Attis**, son prêtre divinisé ;
– le culte de **Mithra**, dieu venu de Perse.

• Les **religions monothéistes** sont également apparues dans le monde romain :
– le **judaïsme** suscite la méfiance, mais est protégé par un statut institué par César ; cependant Tibère et Caligula exilent des Juifs, et l'empereur Titus détruit le temple de Jérusalem en 70 ;
– le **christianisme** est mal toléré par les Romains à cause du refus des Chrétiens de participer au culte de Rome et de l'empereur, ce qui est une marque d'opposition politique ; les Chrétiens furent périodiquement persécutés : par exemple, après l'incendie de Rome en 64, attribué à Néron plus tard, ce dernier fit exécuter des centaines de Chrétiens qu'il rendait responsables de cette catastrophe.

• Enfin, le **culte de l'Empereur** est institué partout dans l'Empire à partir d'Auguste ; à la mort du prince, et aussi de certains membres de la famille, a lieu la ***consecratio***, ou « divinisation ». De nombreux collèges de prêtres assurent le culte des empereurs, tels que les Augustales, voués à servir le Génie de l'empereur.

49 La religion – Prêtres et cultes

Originalité de la religion romaine

Les Romains étaient avant tout attachés aux rituels religieux, qu'ils respectaient avec la plus grande minutie ; chaque acte de leur vie, y compris politique, était lié à un de ces rituels, dont le but principal était de leur garantir la protection et l'approbation des divinités.

Les prêtres

Ils sont organisés en collèges :

- 15 **Flamines** sont attachés au culte d'un dieu ;
- 3 à 5 **Pontifes** organisent et surveillent les pratiques, définissent les **jours fastes ou néfastes** ;
- 4 à 7 **Vestales**, prêtresses de Vesta, sont chargées d'entretenir la flamme du foyer de la cité ;
- 12 **Saliens** dévoués à Mars, 20 **Féciaux** chargés de la diplomatie, 12 **Luperques** et 12 **Arvales** consacrés aux dieux de la nature – ces derniers collèges tombés en désuétude seront restaurés par l'empereur Auguste soucieux de rétablir les traditions ;
- 6 **Augures** et des **Haruspices**, prêtres d'origine étrusque chargés de prédire l'avenir, et les **interprètes des Livres Sibyllins**, ouvrages divinatoires attribués à la Sibylle de Cumes.

Le **Grand Pontife** est le chef de la religion – cette fonction est liée à la politique ; à l'époque impériale, elle est l'apanage de l'empereur.

Les lieux de culte et les rituels

- Pour les Romains, le mot ***templum*** désigne l'espace sacré, de forme rectangulaire, que délimite sur le ciel l'augure à l'aide de son bâton, et où il dénombre les oiseaux de passage pour prédire l'avenir ; le même espace délimité sur terre s'appelle le ***pomerium***.
- Le ***templum*** devient ensuite une construction qui abrite la statue d'un dieu. Quelques temples, comme celui de Vesta, sont de forme ronde. Seuls les prêtres ont le droit d'y entrer.

Statue de Vestale dans la « maison des Vestales », Forum Romanum, Rome.

Le saviez-vous ?

- Les fidèles assistent au culte devant le temple, où se dresse un autel ; ils répètent les prières ou formulent des vœux, puis on procède aux sacrifices d'animaux selon un rituel très précis et différent pour chaque divinité, ou aux libations, versement d'une offrande de liquide (lait ou vin).
- Les Romains ont très tôt interdit les sacrifices humains.

Haruspice consultant les entrailles d'un taureau devant le temple de Jupiter Capitolin. Bas-relief provenant du Forum de Trajan, début du IIe siècle, Rome.

Le calendrier

Les fêtes

Sous la République, les **fêtes religieuses** occupent au moins **45 jours** dans l'année (dont 19 fêtes fixes et plus de 20 fêtes mobiles). Elles sont :

- destinées à **combattre les maléfices** : par exemple, les ***Lupercalia***, purification du territoire et fête de la Fécondité, ou les ***Lemuria***, fête organisée pour chasser les revenants ;
- des **rites agraires** : par exemple, les ***Terminalia***, purification des bornes sur les routes de campagne, ou les ***Saturnalia***, en l'honneur de Saturne qui protège en hiver les graines enfouies dans le sol ;
- des **rites guerriers** : par exemple, le ***Quinquatrus***, purification de l'armée avant les campagnes militaires, en mars, et l'***October Equus*** (« cheval d'octobre » vainqueur de la course et sacrifié ensuite) à la fin de la campagne.

Les *Lupercalia* étaient célébrées en l'honneur du dieu des troupeaux, Faunus Lupercus. Des jeunes patriciens devaient courir en fouettant les jeunes femmes qu'ils croisaient avec des peaux de bêtes sacrifiées, cela leur promettait la fécondité. Peinture de Domenico Beccafumi, 1519, collection Martelli, Florence.

Les jeux

Les fêtes sont souvent accompagnées de **jeux publics** (***ludi***) qui seront nombreux sous la République (environ 60 jours dans l'année) et plus encore sous l'Empire (jusqu'à 175 jours !). Ils sont organisés par l'État ou par des particuliers, en particulier par les candidats aux élections.

Les ***Ludi Romani***, ***Ludi Magni*** ou ***Ludi Capitolini*** étaient organisés en l'honneur de **Jupiter** ; ils comportaient une procession, des courses, des épreuves de lutte et des représentations théâtrales.

Char de course, musée de la Civilisation Romaine, Rome.

civilisation

50 Les âges de la vie

La société romaine, **patriarcale**, est devenue assez rapidement **militaire**. C'est pourquoi les Romains distinguent cinq périodes dans la vie d'un homme, liées à des cérémonies privées ou à des obligations civiles.

La naissance et la prime enfance

• La naissance d'un enfant est suivie d'une **cérémonie privée**, 8 jours après sa naissance pour une fille, 9 pour un garçon. Le bébé est posé à terre devant le **laraire** (l'autel familial consacré aux ancêtres). Pour reconnaître son enfant, le père le soulève dans ses bras et le fait entrer ainsi dans la famille. Au cours de cette cérémonie, le garçon reçoit son prénom.

• On attache au cou de l'enfant la ***bulla***, un médaillon en or ou en cuir rempli d'amulettes destinées à le protéger.

Les « *tria nomina* »

Le nom d'un Romain est constitué de trois éléments :
– le ***praenomen*** (qui précède le nom, « prénom »).
– le ***nomen gentilicium*** (le nom de la *gens*, « famille ») **héréditaire** et dérivé du nom d'un ancêtre illustre chez les patriciens.
– le ***cognomen*** (« surnom »), qui souligne une particularité (par exemple physique : *Balbus*, « le bègue »). **Un esclave affranchi prenait le nom de son maître** et conservait son propre nom comme *cognomen* : *P. Terentius Afer* (le dramaturge Térence) était ainsi l'affranchi du patricien *Terentius*.

Le saviez-vous ?

• La liste des **prénoms romains** est assez brève (18). Puisque tout le monde les connaît, ils sont souvent abrégés et on ne note que l'initiale ou les premières lettres en cas d'ambiguïté.

A.	Aulus	**L.**	Lucius	**Q.**	Quintus*
Ap.	Appius	**M.**	Marcus	**S.**	Servius
C.	Caius	**M'**	Manius	**Sex.**	Sextus*
Cn.	Cnaeus	**Mam.**	Mamercus	**Sp.**	Spurius
D.	Decimus*	**N.**	Numerius	**T.**	Titus
K.	Kaeso	**P.**	Publius	**Ti.**	Tiberius

* Les noms forgés à partir d'adjectifs numéraux ordinaux indiquent le rang de naissance : ***Quintus***, le cinquième, ***Sextus***, le sixième.

• **Les filles n'avaient pas de prénom** ; on les appelait par le nom de leur père, mis au féminin : *C. (Caius) Julius Caesar* (Jules César) avait ainsi pour fille *Julia*.

L'enfance

• **Jusqu'à 7 ans**, le garçon est un ***infans***, *infantis*, « celui qui ne parle pas », en réalité, « celui dont la parole ne compte pas ». D'où les mots français : « enfant », « infantile ».

• **De 7 à 17 ans**, c'est un ***puer***, *-i*, m.

• **À 16 ans**, le 17 mars, il abandonne la **toge prétexte** (à bordure rouge) et prend la **toge virile** (blanche) pour se rendre sur le Capitole à travers la foule venue regarder les jeunes adultes de l'année.

• La coupe de la première barbe fait entrer le jeune dans la communauté des adultes.

L'adolescence, l'âge mûr et la vie militaire

- À partir de **17 ans**, le jeune homme fait son service militaire ; c'est alors un ***adulescens*** jusqu'à 30 ans ; s'il choisit la carrière politique, il finira, dans le meilleur des cas, à la fonction de consul.
- À **30 ans**, l'*adulescens* devient ***juvenis*** (homme dans la force de l'âge).
- À **46 ans**, il devient ***senior*** (« assez vieux ») : il peut toujours être mobilisé en cas de guerre, mais pas dans les unités combattantes.
- À **60 ans**, il est ***senex*** (« vieillard ») et se consacre à l'*otium* (« le loisir » : lecture, écriture, promenade, discussion).

Le saviez-vous ?

Les **âges de la femme** sont définis par son statut conjugal :
- ***puella*** ou ***virgo*** : jusqu'à son mariage,
- ***uxor***, *-oris*, f. : épouse,
- ***matrona***, *-ae*, f : lorsqu'elle a donné naissance à des enfants,
- ***anus***, *-us*, f. : vieille femme qui n'est plus en âge de procréer.

Le mariage

- Le mariage est à Rome une **obligation sociale**. L'âge nubile est de 12 ans pour les filles, 14 ans pour les garçons. La période préférée pour les mariages est le mois de **juin**, consacré à **Junon**, protectrice du mariage.
- La future épouse revêt une tunique blanche avec une ceinture à la taille retenue par le **nœud d'Hercule** que seul le mari a le droit de délier. On procède à un sacrifice et l'on consulte les auspices. Puis une matrone unit les mains droites des époux pour signifier leur engagement.

Détail des *Noces aldobrandines* (la future mariée a la tête couverte).
Fresque du Ier siècle av. J.-C., Bibliothèque vaticane, Rome.

- La nuit venue, l'épouse est enlevée au festin de noces et conduite au domicile de son époux. Quand celui-ci lui demande son nom, elle lui répond par la formule ***« Ubi tu Gaius, ego Gaia »*** (« Où tu es Gaius, je serai Gaia »).

Les funérailles

- Au moment de la mort, le fils ou le parent le plus proche ferme les yeux du défunt et l'embrasse sur les lèvres pour recueillir son dernier souffle. La famille et les proches déchirent leurs vêtements, se couvrent les cheveux de cendres et se frappent la poitrine en signe de douleur.
- Le corps est lavé, disposé sur un lit funèbre et décoré de fleurs ; on met dans la bouche du mort une pièce destinée à payer son passage du fleuve Styx, quand il parviendra au monde des morts.
- Après l'exposition dans l'*atrium*, le corps est amené dans la nécropole où se dresse le bûcher funéraire. Pendant qu'il se consume, on déclame l'oraison funèbre (panégyrique) du mort. Les cendres et les ossements restants sont recueillis dans un récipient.

51 Les vêtements et la parure

Les Romains ont un grand souci de leur apparence, de leur élégance et de leur hygiène : les établissements thermaux sont nombreux et fréquentés dans tout l'Empire et des témoignages archéologiques ou artistiques nous renseignent sur les coutumes vestimentaires.

Les vêtements

La toge

• C'est le costume symbolique des **citoyens libres** et en paix jusqu'à la fin de la République. Ensuite elle n'est portée que lors des cérémonies officielles.

• Pièce de laine rectangulaire au début, inspirée des Étrusques et de *l'himation* grec, elle permettait de se couvrir, à l'intérieur comme à l'extérieur. À partir d'un demi-cercle de laine, blanc cassé le plus souvent, de 6 m de diamètre sur 2,50 m de rayon, le Romain, aidé d'un esclave, se drapait avec élégance en ménageant des plis harmonieux. Le bras droit, recouvert à l'origine s'est peu à peu dégagé, ce qui permettait des gestes amples, en particulier lors des discours publics. Le tissu n'est retenu que par une **fibule** qui fixe la toge à la tunique sur l'épaule droite.

• Celui qui portait la toge était obligé d'observer un certain maintien pour éviter de la faire glisser au moindre mouvement brusque. Par ailleurs, lors des cérémonies religieuses, on se couvrait la tête avec un pan de sa toge.

• Sous la toge, le citoyen portait un genre de caleçon et une tunique sans manches tombant jusqu'au genou.

• La toge fut peu à peu remplacée par le ***pallium***, d'origine grecque, plus léger, qui ressemble à une cape enveloppante. Le ***paludamentum*** est le manteau pourpre des généraux.

• Les esclaves, comme tous ceux qui travaillaient, ouvriers ou paysans, portaient une tunique ceinturée à la taille qui permettait de bouger sans contrainte.

Le saviez-vous ?

• La couleur des toges symbolisait un état particulier :
– les **augures** portaient une toge jaune,
– les **candidats aux élections** une toge blanchie à la craie (***candida***),
– les **enfants** jusqu'à 17 ans, ainsi que les **magistrats**, portaient une toge **prétexte**, bordée de rouge ; revêtir la toge **virile** signifiait devenir un adulte ;
– les **personnes en deuil** arboraient une toge brune (***sordida***),
– les **généraux vainqueurs** une toge pourpre brodée d'or.

• Sous l'Empire apparaissent les toges teintes de couleurs différentes.

Statue de Cicéron, palais de Justice de Rome.

Sur la tête et aux pieds

Les hommes portent soit une calotte circulaire, soit un chapeau grec à larges bords. Aux pieds, ils portent des sandales de cuir (***caliga***) ou des bottillons de cuir noir (ou rouge pour certains magistrats).

Les femmes

Jeunes filles faisant du sport.
IVe siècle, villa du Casale, Piazza Armerina, Sicile.

- À l'époque classique, elles ne portent pas la toge mais une longue robe brodée en bas, la ***stola***. En dessous, une tunique longue et un corset. Une bande d'étoffe sert de soutien-gorge. Sur la *stola*, les femmes mettent un manteau dont elles rabattent un pan sur la tête pour sortir.
- Elles n'ont donc pas de couvre-chef et prennent une ombrelle (et même un éventail) pour se protéger du soleil. Elles aussi portent des sandales, plus fines que celles des hommes et souvent blanches.

Modes et parures

- Les **hommes** ont les cheveux courts et se rasent la tête dès l'époque de Scipion l'Africain ; les jeunes garçons, eux, gardent les cheveux longs ; ensuite les hommes en deuil se laissent pousser les cheveux et la barbe.
L'empereur Hadrien, peut-être inspiré par les Grecs qu'il admirait, a remis la barbe à la mode au IIe siècle de notre ère.
- Les bustes et les portraits des **femmes** nous dévoilent des coiffures variées au cours des siècles, suivant les modes : coiffures plates avec des cheveux relevés en chignon à l'arrière de la tête, cheveux frisés artificiellement, perruques…
- Les femmes riches ont des bijoux souvent volumineux, elles se maquillent et se parfument.

> Les Romaines achetaient à prix d'or des cheveux blonds aux esclaves celtes.

Buste d'une dame romaine.
Époque de Flavien, musée du Capitole, Rome.

civilisation

52 La nourriture

Grâce aux textes, aux mosaïques et aux découvertes des archéologues, on a une idée assez précise des habitudes alimentaires des Romains de l'Antiquité et de leur évolution au fil des siècles.
À Pompéi, on a par exemple retrouvé des récipients contenant des restes de nourriture et de liquides qui ont été analysés et identifiés.

Les aliments de base

- Les Romains mangent ce qu'ils produisent (fruits, légumes et céréales) ainsi qu'un peu de viande issue de l'élevage, de la chasse mais ils préfèrent le **poisson**.
- Ne connaissant pas le sucre, ils utilisent du **miel**. Leur matière grasse de référence est l'**huile d'olive** ; leur condiment préféré est le ***garum*** (sauce de poisson fermenté) dont ils agrémentent les plats salés et parfois sucrés. Ils utilisent également le poivre et le sel.

Les boissons

- Les Romains boivent de l'eau mais apprécient surtout le **vin** qu'ils consomment de différentes manières, correspondant à des noms latins différents :
  – ***vinum*** : vin généralement coupé d'eau ;
  – ***merum*** : vin pur, donc plus fort que le *vinum* ;
  – ***passum*** : « vin de paille » (vin sucré fait à partir de raisins séchés au soleil, sur de la paille).
- On utilise aussi le vin dans toutes sortes de préparations parfumées, y compris en faisant macérer des épices, du miel, des fruits ou même des racines et des légumes. (Pline, *Histoire naturelle*, XIV, 19).

Serviteurs préparant le vin pour un banquet.
Détail d'un bas-relief,
musée de la Civilisation Romaine, Rome.

Les repas

Il y avait trois repas dans la journée :
– ***jentaculum*** : petit déjeuner, il est constitué de produits céréaliers, de fruits ou de fromage.
– ***prandium*** : déjeuner, consommé vers midi, souvent debout ; assez léger, c'est une sorte de casse-croûte.
– ***cena*** : dîner, pris après les occupations de la journée, vers 15 heures. Il peut se prolonger jusqu'à la tombée de la nuit. C'est le seul véritable repas de la journée.

Le saviez-vous ?

- La pièce où l'on mange est le ***triclinium***, appelée ainsi en raison des **trois lits de table** qui s'y trouvent généralement, chacun pouvant accueillir trois personnes.
- Les riches Romains dînent en effet allongés sur un *lectus*, en s'appuyant sur un coussin ; il s'agit peut-être d'une habitude d'origine orientale ramenée par les soldats après les conquêtes. Mains et pieds sont lavés par des esclaves, on met des vêtements propres mais on mange sans couverts, en piochant avec les doigts dans des plats déposés sur des tables basses devant les lits.
- Les Romains modestes n'ont jamais eu cette habitude et mangent debout ou assis.

Musiciens, mosaïque de Dioscourides de Samos, provenant de la villa de Cicéron à Pompéi.

Les banquets des plus riches

- Les Romains les plus riches recherchent la rareté des ingrédients qu'ils importent à grands frais, comme le sucre de canne et le riz qui arrivent d'Inde.
- Des musiciens, danseuses, récitants voire des spectacles privés doivent étonner les convives entre les différents services : ***gustatio*** (entrées), ***prima cena*** ou ***prior mensa*** (premier service, qui correspond à nos plats), ***altera cena*** ou ***secunda(e) mensa(e)*** (second service, qui correspond aux desserts). Jusqu'au Ier siècle av. J.-C., les femmes sont exclues de ce type de repas.

Souvent on commence par des œufs et on finit par des fruits, d'où l'expression courante : ***de ovo usque ad mala*** qui signifie « du début à la fin ».

Le seul livre de recettes de l'Antiquité conservé, ***De re coquinaria*** d'Apicius, qui date du Ier siècle ap. J.-C., montre que les Romains de l'époque impériale affectionnaient l'originalité. On y trouve en effet des recettes de sauces pour différentes volailles, mais aussi pour l'autruche, le flamant et le paon.

- Un roman du IIe siècle ap. J.-C., qui nous est parvenu incomplet, décrit une scène de banquet chez un affranchi immensément riche. Les plats qui sont servis paraissent étonnants au point qu'on a du mal à imaginer comment ils ont pu être conçus…

Haec ut dixit, ad symphoniam quattuor tripudiantes procurrerunt superioremque partem repositorii abstulerunt. Quo facto, videmus infra altitia et sumina leporemque in medio pinnis subornatum, ut Pegasus videretur. Notavimus etiam circa angulos repositorii Marsyas quattuor, ex quorum utriculis garum piperatum currebat super pisces, qui tamquam in euripo natabant.

Pétrone, *Satiricon*, XXXVI.

Quand il eut dit cela, quatre danseurs accoururent au son de l'orchestre et ôtèrent le couvercle du plateau. Cela fait, nous voyons en dessous des volailles, des mamelles de truie et un lièvre orné de plumes au milieu du dos afin de ressembler à Pégase. Nous remarquâmes même aux angles du plateau quatre Marsyas avec de petites outres d'où s'écoulait un garum poivré sur des poissons qui nageaient dans un canal.

Scène de repas. Détail d'un bas-relief, musée des Thermes de Dioclétien, Rome.

53 Villes et maisons

La *domus* italique et son évolution

• Dans les premiers temps, la maison est simplement organisée autour d'une cour intérieure fermée par un toit, l'***atrium***, qui sert de cuisine, de salle à manger, et même de chambre conjugale. Cette construction fermée, adaptée au climat méditerranéen, garde la chaleur en hiver et la fraîcheur en été.

Le ***tablinum*** (bureau du maître) est un simple hangar en planches. Le mobilier est en bois, réduit au strict minimum.

Le toit de l'***atrium*** est percé en son centre d'un trou de forme carrée, le ***compluvium***, correspondant au sol à un bassin, l'***impluvium***, sous lequel un réservoir permet de stocker l'eau de pluie.

• La ***domus*** évolue vers une organisation de plus en plus luxueuse, et devient l'apanage des riches citoyens :
– sur la rue, des boutiques (***tabernae***) louées à des commerçants assurent un revenu au propriétaire et l'isolent du bruit ;
– la maison se double d'un **péristyle**, colonnade entourant un jardin ;
– les chambres ne sont utilisées que la nuit pour dormir ;
– le ***tablinum*** sert de pièce de réception au maître de maison ;
– la cuisine et les toilettes sont souvent placées dans des recoins (***alae***).

• Peu à peu des pièces se spécialisent : on ajoute une salle à manger (le ***triclinium***, où les convives s'installent par groupes de trois, à demi-couchés sur trois banquettes). Les plus riches couvrent les sols de mosaïques et les murs de fresques.

• Sous l'Empire, les riches ont des hôtels particuliers luxueux, parfois pourvus du chauffage central (***hypocaustum***, une technique utilisée dans les thermes).

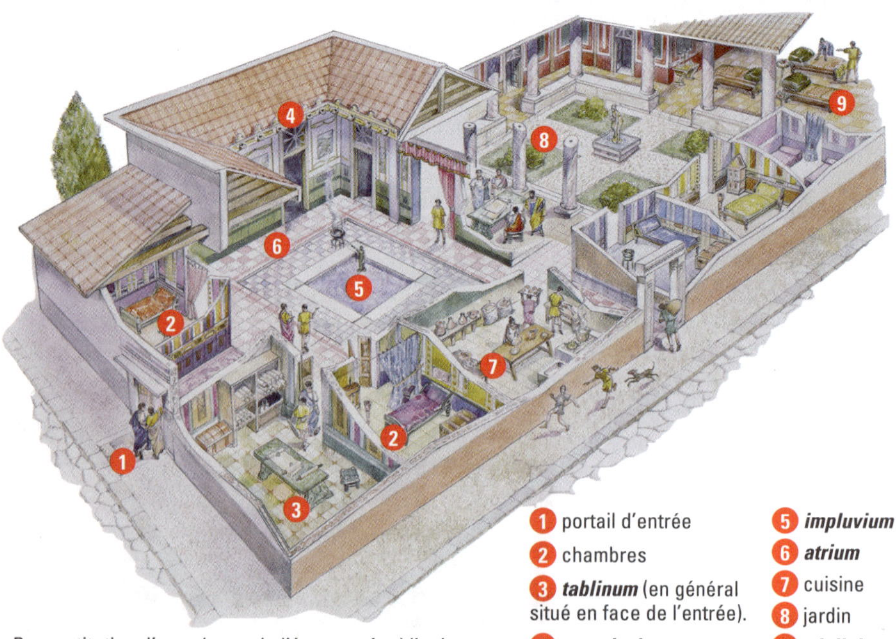

Reconstitution d'une *domus* de l'époque républicaine.

1 portail d'entrée
2 chambres
3 ***tablinum*** (en général situé en face de l'entrée).
4 ***compluvium***
5 ***impluvium***
6 ***atrium***
7 cuisine
8 jardin
9 ***triclinium***

Vie quotidienne

À la campagne

• Le mot ***villa*** désigne une ferme, la ***villa rustica***. Les bâtiments sont surtout consacrés aux activités agricoles (production de vin, d'huile…), les appartements de la famille occupant un étage. Mais les conquêtes ruinent les petits propriétaires qui viennent s'entasser à Rome, et aux IIe et Ier siècles av. J.-C. les domaines ruraux deviennent immenses : ce sont les ***latifundia***.

• Inversement, les Romains qui se sont enrichis se font construire de luxueuses maisons de campagne, les ***villae urbanae***, dans les régions les plus agréables telles que la Campanie, souvent en bord de mer ; ces propriétés sont parfois de véritables musées, remplis d'œuvres d'art.

Le saviez-vous ?

• L'afflux de population dans les villes sous la République a conduit à la construction d'immeubles, les ***insulae***, qui peuvent compter jusqu'à sept étages. Les riches occupent le bas tandis que les pauvres s'entassent dans les étages les plus hauts.

• Les propriétaires construisent à l'économie et n'assurent pas la sécurité des immeubles, qui souvent s'écroulent ou sont détruits par des incendies ; les loyers sont très chers.

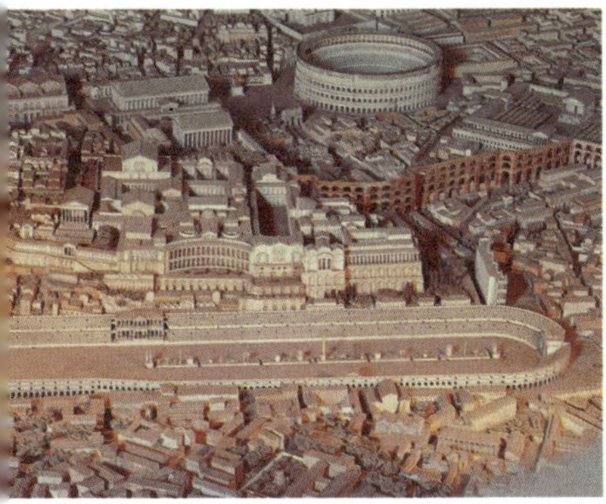

Maquette de Rome au temps de Constantin (IVe siècle). Musée de la Civilisation Romaine, Rome.

Les villes

Plan général

• Une ville romaine est en principe construite selon deux axes principaux : le ***cardo***, du nord au sud, et le ***decumanus***, d'est en ouest, qui se croisent à angle droit autant que le terrain le permet.
Le lieu où ces axes se croisent constitue la place principale appelée ***forum***, autour duquel sont groupés des **temples** et des **bâtiments officiels** (ainsi à Rome, la **Curie**, où se réunit le Sénat).

• À partir du IIIe siècle, avec l'augmentation de la population, s'y ajoutent des **basiliques** (grandes halles où se tiennent toutes sortes d'activités), des **marchés couverts**, et des constructions de prestige que les généraux vainqueurs, puis les empereurs, font édifier à leur gloire (par exemple, à Rome, les **arcs de triomphe**).

Les quartiers

Les rues délimitent des pâtés de maisons ou d'immeubles appelés ***insulae*** (comme les immeubles eux-mêmes) ; on y trouve beaucoup d'autres temples, des bâtiments de loisirs (théâtres, amphithéâtres, odéons, cirques…) et des commerces (***emporia***, des entrepôts, des petites boutiques).

Marchand de ceintures et de coussins. Détail d'un bas-relief, musée de la Civilisation Romaine, Rome.

54 Les thermes : hygiène et beauté

Les thermes

- Peu de maisons étaient équipées de bains privatifs ; pour se laver, les Romains devaient donc utiliser les **thermes publics**, élément essentiel de l'hygiène dans l'Antiquité.
- Dépendants de l'État ou propriétés privées mises à la disposition du public, les thermes étaient présents dans toutes les villes. L'entrée était gratuite ou à un tarif très modique ; toutes les classes sociales pouvaient donc s'y retrouver.
- Les thermes sont un lieu dédié à l'hygiène, au sport, à la culture et à la détente, aux rencontres et aux discussions privées ou professionnelles. Des marchands ambulants circulent pour proposer de quoi grignoter et boire. Les Romains y consacrent une bonne partie de leur journée.
- Les thermes n'étaient pas mixtes, sauf à la fin de l'Empire ; certains étaient réservés aux femmes, ou des créneaux spécifiques leur étaient fixés.

- Sens de circulation dans les diverses salles des thermes :
  – ***apodyterium*** : vestiaire, généralement surveillé par des esclaves,
  – ***tepidarium*** : pièce des bains tièdes, espace de transition, pour habituer le corps à la chaleur,
  – ***sudatorium*** : étuve sèche, pièce destinée à provoquer la transpiration,
  – ***caldarium*** : pièce des bains chauds,
  – ***frigidarium*** : pièce des bains froids.
- Les locaux et les bassins sont chauffés par un système appelé **hypocauste** : un four placé en sous-sol chauffe l'air qui se répartit dans les murs creux constitués de briques conservant la chaleur. C'est l'ancêtre du chauffage au sol.
- Les grandes quantités d'eau nécessaires aux bains sont amenées par des aqueducs.

Le *frigidarium* de Pompéi.

Le vestiaire des thermes d'Herculanum. Le long des murs un banc est surmonté de niches pour les vêtements.

Être propre

Après un échauffement rapide, on s'enduit le corps d'huile. L'accumulation de poussière et de sueur est absorbée par le corps gras, qu'on racle ensuite sur la peau à l'aide d'un **strigile**, sorte de racloir incurvé. Après le bain chaud qui élimine les dernières traces de saleté, il est possible de se faire épiler, masser, parfumer.

Se faire belle

- Chez elles, les Romaines consacrent beaucoup de temps à leur toilette ; elles se maquillaient à l'aide de substances naturelles, végétales ou minérales. Crèmes, huiles et parfums étaient stockés dans de petits pots ou flacons, les **balsamaires** (en verre), **alabastres** (en albâtre) ou **aryballes** (en terre cuite), précieusement rangés dans des coffrets en bois.
- Les **fards** étaient faits à partir d'une sorte de lanoline (graisse issue de la toison des moutons) teintée par des colorants naturels : pourpre du murex, algues ou plantes.
- **Sur les yeux**, l'antimoine (substance métallique) ou le noir de fumée permettaient d'agrandir le regard.
- Le **teint**, qui devait être très blanc, était éclairci par du blanc de céruse (un pigment) ou de la craie. Des crèmes bleutées se posaient sur les tempes pour faire paraître le visage plus fin.
- Les **cheveux** pouvaient être teints au henné.

Le saviez-vous ?

- Les parfums étaient élaborés à partir d'huiles (olive, amande douce) dans lesquelles macéraient épices ou fleurs.
- Même si certains parfums venaient d'Orient, **Capoue**, en Campanie, était considérée comme la capitale de la parfumerie.

Jeune fille versant des parfums.
Détail d'une fresque de la villa de la Farnésine,
Ier siècle av. J.-C.,
Musée National Romain, Rome.

55 Les loisirs : cirque et amphithéâtre

Le peuple romain est fasciné par les spectacles violents. L'auteur latin Juvénal écrit d'ailleurs dans ses *Satires* (10, 81) qu'il n'a besoin que de « ***panem et circenses*** » (du pain et des jeux) pour être docile.
Chaque type de spectacle correspond à un lieu bien spécifique.

Le cirque

- C'est un bâtiment de forme allongée, l'**ancêtre de l'hippodrome**. On vient y voir les courses de chars.
Les attelages peuvent être des **biges** (2 chevaux) ou des **quadriges** (4).
- Les cochers ou **auriges** attachent généralement les rênes autour de leur taille, ce qui accroît le nombre d'accidents. Tous les coups sont permis pour faire tomber l'adversaire de son char. Un compte-tours, visible de loin, sur la ***spina***, indique aux spectateurs l'avancement de la course.

Le saviez-vous ?

Le cirque le plus célèbre est le ***Circus Maximus*** (« Très Grand Cirque ») à Rome. Auguste ayant interdit d'en construire ailleurs que dans cette ville, les exemples sont peu nombreux.

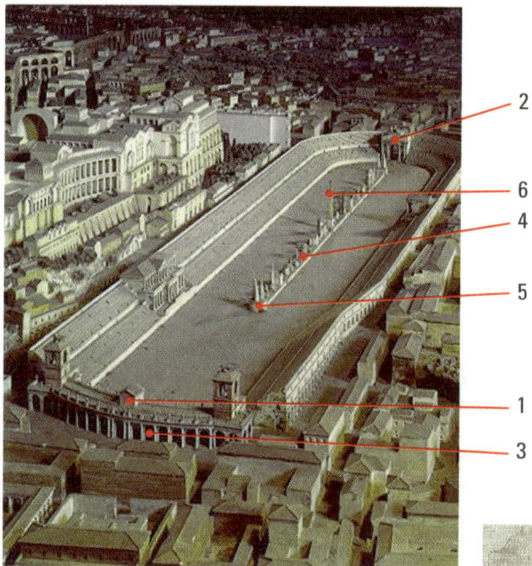

1. Porte d'entrée des concurrents
2. Porte réservée au vainqueur
3. Écuries
4. *Spina*
5. Borne d'extrémité
6. Obélisque

Reconstitution du *Circus Maximus*.
Musée de la Civilisation Romaine, Rome.

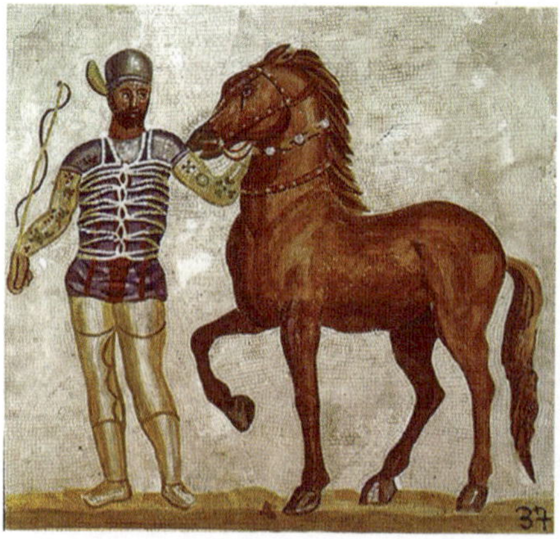

Aurige de cirque.
Détail d'une mosaïque de Baccano,
Musée National, Rome.

Vie quotidienne

L'amphithéâtre

Le Colisée, Rome.

- Contrairement à l'appellation courante, les « jeux du cirque » (***ludi***) se déroulaient dans l'**amphithéâtre**, un bâtiment de forme ellipsoïdale presque circulaire. C'est l'**ancêtre des arènes**. Le **Colisée**, à Rome, est l'un des plus grands édifiés. On trouve des amphithéâtres dans tout le monde romain.
- On vient y voir des **combats** de plusieurs types :

– combats **contre des animaux** (***bestiarius ludus***) ou chasses (***venatio***),
– combats **navals** (***naumachia***), souvent des reconstitutions de batailles célèbres. Les premiers furent organisés par Jules César qui inonda pour cette occasion le Champ de Mars à Rome. Domitien en organisa dans le Colisée ; pour cela l'amphithéâtre fut rempli d'eau.
– combats **de gladiateurs** (***munus***).
On les oppose deux à deux en fonction de la complémentarité de leur équipement : par exemple, le **rétiaire** contre le ***secutor***. Il y a parfois des combats de gladiateurs en char.

> Il existe différents types de gladiateurs ; les plus connus sont :
> – le **Samnite** qui peut être ***secutor*** (« coupeur ») ou **hoplomaque**,
> – le **rétiaire**, armé de filet,
> – le **Thrace**,
> – le **Gaulois** ou **mirmillon**.
>
> 

- Après une entrée triomphale dans l'amphithéâtre, les combattants vont saluer le personnage principal (souvent l'empereur) par la formule rituelle ***« Ave, Caesar, morituri te satutant ! »*** (« Avé, César, ceux qui vont mourir te saluent. ») Quand un combattant est touché, la foule crie ***« Hoc habet ! »*** (« Il a eu son compte »). Un perdant qui veut être épargné tend la main vers l'estrade impériale où se trouve l'organisateur des jeux (***editor***), qui prend l'avis de la foule. Le **pouce vers le haut** signifie la grâce ; par le ***pollice verso*** (pouce retourné), le public condamne au contraire le gladiateur vaincu à la mort.

Théâtre

- Bâtiment à ciel ouvert en forme de demi-cercle, le premier théâtre « en dur » fut élevé à Rome par Pompée en 55 av. J.-C. On vient y voir jouer des pièces de théâtre.
- Un **odéon** est un théâtre couvert, souvent de petite taille ; on y écoute des spectacles de poésie.

Le saviez-vous ?

> Contrairement aux théâtres grecs qui étaient construits à flanc de colline, les bâtiments romains peuvent être édifiés sur terrain plat, grâce à l'utilisation de la **technique de la voûte**, que les Grecs ne connaissaient pas.

Théâtre de Hiérapolis (Turquie), Ier siècle ap. J.-C.

56 La mosaïque et la fresque

La mosaïque

Cet art est déjà connu en Mésopotamie au IIIe millénaire avant J.-C. Il consiste à assembler de petites pierres à l'aide d'un mortier résistant. Les galets furent ensuite remplacés par des matériaux divers de petite dimension, appelés « **tesselles** ».

Les couleurs se juxtaposaient pour former des images :
– d'abord, l'artiste appliquait sur le sol ou le mur un mortier épais, composé de chaux additionnée de poudre de marbre et de paille bien pilée ;
– il le recouvrait ensuite d'une 2e couche sur laquelle il faisait une ébauche de composition ;
– enfin une dernière couche de mortier fin supportait les tesselles ;
– une couche de chaux fine cimentait les tesselles et faisait ressortir les couleurs.

La mosaïque de pavement

Poissons. Détail d'une mosaïque de la Maison de la Pêche, Bulla Regia, Tunisie.

Entre le IIe siècle av. J.-C. et le VIIe siècle apr. J.-C., les Romains deviennent des experts de cet art, qu'ils utilisent dans l'**architecture privée ou publique**. Ils exportent leur savoir-faire autour de la Méditerranée. Les sujets représentent la vie de tous les jours, mais aussi la vie publique, des scènes mythologiques.

La mosaïque murale

- La mosaïque murale apparaît au Ier siècle av. J.-C. à Rome. Elle se répand ensuite dans l'Empire. Cependant, les mosaïques murales de grande taille datent du IVe siècle.
- Avec l'avènement officiel du christianisme, contrairement à la mosaïque de pavement restée surtout décorative, elle se met au service de la foi chrétienne aussi bien en Orient qu'en Occident.

Justinien Ier, empereur d'Orient en 527. Mosaïque du VIe siècle, église de San Vitale, Ravenne.

La fresque

• La peinture tient une place importante dans l'art romain. On sait que les monuments et les statues étaient peints, souvent de couleurs vives. Il nous reste surtout ce que nous ont révélé les fouilles des villes anéanties par l'éruption du Vésuve en 79 apr. J.-C. : on a retrouvé là des peintures exceptionnellement bien conservées sur de nombreux murs intérieurs des riches maisons.

La technique des peintres est celle de la **chaux saponifiée** :
– on préparait un support composé d'une couche épaisse de chaux et de sable, d'une seconde couche, plus fine, de chaux et de calcite ;
– on appliquait une dernière couche d'un mélange liquide de chaux, de savon, de cire et de craie ;
– sur cette préparation polie et lustrée, on peignait à sec en mélangeant les couleurs à la solution de chaux, savon et cire ;
– il fallait peindre rapidement en allant du haut vers le bas.

• Quels que soient les sujets, les Romains aiment donner l'**illusion du réel**. On aime la nature, l'exotisme ; la mythologie et la littérature grecques sont souvent représentées ainsi que les natures mortes, les portraits et les scènes de la vie quotidienne.

Vénus à la coquille.
Détail d'une fresque, Ier siècle, Pompéi.

Le saviez-vous ?

On classe les peintures de Campanie (région autour de Naples) en 4 styles :
• **1er style** (150-80 av. J.-C.) : on imite les supports naturels tels que le marbre ;
• **2e style** (80 av. J.-C. – 30 apr. J.-C.) : on donne l'illusion d'un décor architectural, en trompe-l'œil, avec effet de perspective ;
• **3e style** (30-50 apr. J.-C.) : des colonnes rythment le décor, mais des représentions figuratives et des paysages forment des sortes de tableaux ;
• **4e style** (jusqu'en 79) : les perspectives architecturales se combinent dans des constructions plus théâtrales, plus décorées.

Dionysos faisant boire un homme avec un enfant. Détail d'une fresque, vers 70 av. J.-C., villa des Mystères, Pompéi.

57 La poésie latine

Métrique

• La poésie latine, comme la poésie grecque, n'est jamais lue ou récitée, mais toujours **chantée et accompagnée d'instruments** tels que la flûte ou la lyre.

• Les vers sont composés non pas selon le nombre de syllabes, mais selon des mesures appelées **mètres**, définies comme en musique par les valeurs longues ou brèves, appelées **pieds**, qu'elles contiennent. La longueur, ou **quantité**, des voyelles et des syllabes (voir p. 8) est une notion fondamentale dans la poésie antique. Le dictionnaire indique la quantité des voyelles lorsqu'on ne peut pas la déduire. Ex. : **ămīcus**.

> Exemples de mètres :
> – le **spondée**, mètre contenant deux syllabes longues : – –
> – le **dactyle**, mètre contenant une syllabe longue et deux syllabes brèves : – ˘ ˘
> – le **trochée**, mètre contenant une syllabe longue et une syllabe brève : – ˘

• L'**hexamètre dactylique** est un vers à caractère solennel, employé dans l'**épopée** (l'***Enéide*** de Virgile ou, en grec, les poèmes d'Homère) ou la **poésie didactique** (Lucrèce, ***De Natura rerum***, *De la Nature des choses*). Il comporte six mètres dont les valeurs admettent très peu de variantes ; la 5e mesure est très généralement un **dactyle**, d'où le nom de ce vers. En voici le schéma :

– – / – – / – – / – – / – ˘ ˘ / – –
– ˘ ˘ / – ˘ ˘ / – ˘ ˘ / – ˘ ˘ / – ˘ ˘ / – ˘

> Les voyelles finales et les terminaisons en **-m** s'élident devant une voyelle ; le **h** ne compte pas.
>
> Ex. – – / – ˘ ˘ / – – / – – / – ˘ ˘ / – –
> Spelunc(a) alta fuit vastoqu(e) immanis hiatu,
> – ˘ ˘ / – ˘ ˘ / – – / – ˘ ˘ / – ˘ ˘ / – –
> Scrupea, tuta lacu nigro nemorumque tenebris*
>
> * Traduction p. 147. (Virgile, *Enéide*, VI, vers 237 – 238)

• Le **fabuliste Phèdre** utilise un mètre appelé **sénaire iambique**, où les 5 premiers mètres peuvent être de toute nature, sauf le trochée, le 6e mètre étant toujours un **iambe**, formé d'une brève et d'une longue (˘ –), d'où le nom de ce vers.

Virgile, Horace et Varius chez Mécène. Peinture de Charles-Francois Jalabert, 1846, musée des Beaux-arts, Nîmes.

La **poésie lyrique**, qui connut son apogée à la fin de la République et sous le Haut-Empire (par exemple, **Catulle**, **Horace**, **Ovide**, **Tibulle**, **Properce**), s'inspire des schémas métriques de la poésie lyrique grecque, avec de multiples combinaisons de vers formant souvent des strophes.

Exemples de textes poétiques

• **Virgile**, ***Enéide***, *chant VI (vers 237 à 241, vers 268 à 272, vers 283 à 290 et vers 295 à 301).*

Le héros de cette épopée, Enée, est un Troyen qui a réussi à s'échapper lors de l'incendie de Troie ; il effectue un long et dangereux périple en mer, à l'exemple d'Ulysse.
Au chant VI, comme Ulysse, il doit se rendre dans les Enfers pour y connaître son destin ; son père Anchise le lui révélera. Mais cette épreuve est particulièrement difficile, comme le montre la description de l'entrée du royaume des morts, page 51.

Spelunca alta fuit vastoque immanis hiatu,
scrupea, tuta lacu nigro nemorumque tenebris,
quam super haud ullae poterant impune volantes
tendere iter pennis : talis sese halitus atris
faucibus effundens super ad convexa ferebat !
[...]
In medio ramos annosaque bracchia pandit
Ulmus opaca, ingens, quam sedem Somnia vulgo
Vana tenere ferunt foliisque sub omnibus haerent.

Il y avait une caverne profonde, monstrueuse, ouverte en un bâillement énorme, défendue par un lac noir et les ténèbres des bois. Nul oiseau ne pouvait dans son vol passer impunément au-dessus : tel était le souffle qui se dégageait de ces gorges sombres et montait jusqu'aux voûtes célestes. (L'entrée des Enfers est occupée par de sinistres allégories comme celles des Deuils, des Maladies, de la Vieillesse) [...] *Au milieu de la cour, un orme épais, immense, étend ses branches et ses bras centenaires, que les vains Songes prennent délicatement pour demeure, en foule, se fixant sous chaque feuille.*

• **Horace**, ***Odes***, Livre I, XI. Le vers est l'**asclépiade majeur**.

Schéma : – – – ˘ ˘ – / – ˘ ˘ – / – ˘ – ˘ (ou –)

Tu ne quaesieris (scire nefas) quem mihi, quem tibi
finem di dederint, Leuconoe, nec Babylonios
temptaris numeros. Ut melius quicquid erit pati !
Seu pluris hiemes seu tribuit Juppiter ultimam,
quae nunc oppositis debilitat pumicibus mare
Tyrrhenum, sapias, vina liques et spatio brevi
Spem longam reseces. Dum loquimur, fugerit invida
Aetas : **carpe diem**, quam minimum credula postero.

Ne cherche pas (c'est un sacrilège) quelle fin les dieux me destinent, te destinent, toi, Leuconoé, et n'essaie pas les calculs babyloniens. Qu'il vaut mieux subir ce qui arrivera ! Que Jupiter t'accorde plus d'un hiver, ou que soit le dernier celui qui, aujourd'hui, brise la mer tyrrhénienne contre le roc déjà usé, reste sereine, mélange tes vins, et, pour notre temps si bref, chasse les longs espoirs. Tandis que nous parlons, le temps jaloux s'est enfui : ***cueille le jour****, et ne fais pas la moindre confiance au lendemain.*

58 Le théâtre

Les spectacles théâtraux

La tragédie *(tragoedia)*

Pièce à sujet grave. On l'appelle ***fabula praetexta*** (« pièce en toge prétexte ») quand le sujet est romain parce que les acteurs portent le vêtement des sénateurs. Quand l'inspiration est grecque, on parle de ***fabula palliata*** (« pièce en *pallium* ») car les acteurs portent le manteau grec.

Pour désigner les différents types de spectacles théâtraux, on emploie le terme général de ***fabula***, aussi bien pour une légende que pour une pièce de théâtre.

La comédie *(comoedia)*

Pièce à sujet joyeux, qui peut être ***togata*** (en toge), si elle est d'inspiration romaine ou ***palliata***, d'inspiration grecque.

L'atellane *(atellana)*

Genre de **farce** originaire de la ville d'Atella (Campanie) qui privilégie l'improvisation. Les acteurs y jouent masqués.

Le mime *(mimus)*

Sorte de **ballet chanté à sujet mythologique**, parfois érotique, dans le registre comique. C'est le seul type de spectacle que les femmes peuvent interpréter. Ces pièces courtes se jouent souvent à la fin d'une série de représentations. Leur objectif est de détendre les spectateurs et de ramener le rire dans la salle.

La pantomime *(pantomima)*

Pièce interprétée par un seul acteur accompagné d'un chanteur ou d'un chœur. La succession de **scènes qui traduisent sentiments ou émotions par gestes** importe plus que le texte chanté. Le sujet est souvent mythologique et le registre tragique.

Le saviez-vous ?

Les acteurs sont exclusivement des hommes et jouent parfois plusieurs rôles dans la même pièce. Ils occupent aussi bien des rôles masculins que féminins.

La comédie latine, favorite du public

- Elle se jouait sur une simple estrade avant que ne soient construits des théâtres. Les premiers décors se limitaient à un rideau de scène qui pouvait être utilisé quelle que soit la pièce.
- **Les personnages sont typés**, voire stéréotypés : le vieillard bougon, le soldat fanfaron, l'esclave fourbe. On peut les identifier de loin à la couleur de leur costume uni.
- Tout est fait pour simplifier la compréhension : l'intrigue n'a souvent que peu d'importance et la psychologie des personnages n'est pas développée.

Préparatifs pour un drame satirique. Détail d'une mosaïque de la Maison du Poète tragique, 70 ap. J.-C., Pompéi.

De Plaute et Térence…

Plaute (environ 254-184 av. J.-C.)

Il se serait enrichi à son arrivée à Rome puis, ruiné dans le commerce maritime, il traverse une période de misère et peut-être d'esclavage avant de se consacrer au théâtre. Il aurait écrit environ 130 pièces, mais seulement 20 sont aujourd'hui attestées et conservées en entier. Beaucoup sont inspirées de la comédie grecque. Plaute a rencontré un très grand succès populaire, grâce à la combinaison de parties déclamées, chantées et dansées.

Térence (environ 185-160 av. J.-C.)

Térence est peut-être un ancien esclave carthaginois. Éduqué et affranchi par un sénateur, il devient le protégé d'une famille célèbre et se consacre au théâtre. Les 6 pièces qu'il a écrites étaient appréciées par la critique mais pas toujours par le public, qui les jugeait compliquées et trop proches des modèles grecs.

Scène de comédie de la pièce *L'Andrienne* de Térence. V. 185-189 av. J.-C., Pompéi.

… à Molière

Molière s'est inspiré des pièces de Plaute : il a repris l'intrigue de l'*Aulularia* (« Comédie de la marmite ») pour son *Avare*. Comparez les extraits suivants :

Chez Plaute, le personnage principal (Euclion) vient de s'apercevoir qu'on lui a volé son bien le plus précieux : une marmite dans laquelle il cachait son trésor…

EVCLIO
Perii interii occidi. Quo curram ? Quo non curram ? Tene, tene. Quem ? Quis ?
Nescio, nil video, caecus eo atque equidem quo eam aut ubi sim aut qui sim
nequeo cum animo certum investigare. Obsecro vos ego, mi auxilio,
oro obtestor, sitis et hominem demonstretis, quis eam abstulerit.
Quid est ? quid ridetis ? Novi omnes, scio fures esse hic complures […].

Plaute, *Aulularia*, IV, 9.

EUCLION, seul.
J'ai péri, je suis mort, on m'a tué. Où courir ? Où ne pas courir ? Tiens, tiens. Qui ? Qui ?
Je ne sais pas, je ne vois rien, je vais en aveugle et, même, où je vais, où je suis, qui je suis,
je ne peux pas le déterminer avec certitude. Je vous en supplie, à l'aide,
je vous en prie, je vous en conjure, venez me montrer l'homme qui me l'a prise.
Qu'est-ce ? Pourquoi riez-vous ? Je vous connais tous, je sais qu'ici il y a de nombreux voleurs […].

Chez Molière, Harpagon s'aperçoit qu'on a volé sa cassette…

HARPAGON – Je suis perdu, je suis assassiné, on m'a coupé la gorge, on m'a dérobé mon argent. Qui peut-ce être ? Qu'est-il devenu ? Où est-il ? Où se cache-t-il ? Que ferai-je pour le trouver ? Où courir ? Où ne pas courir ? N'est-il point là ? N'est-il point ici ? Qui est-ce ? […] Que de gens assemblés ! Je ne jette mes regards sur personne qui ne me donne des soupçons, et tout me semble mon voleur. Eh ! De quoi est-ce qu'on parle là ? De celui qui m'a dérobé ? Quel bruit fait-on là-haut ? Est-ce mon voleur qui y est ? De grâce, si l'on sait des nouvelles de mon voleur, je supplie que l'on m'en dise. N'est-il point caché là parmi vous ? Ils me regardent tous, et se mettent à rire. […]

Molière, *L'Avare*, 1668 (acte IV, scène 7).

59 La rhétorique

L'enseignement de la rhétorique

- La **rhétorique**, ou **art de savoir bien parler**, s'est développée en Grèce puis à Rome.
- L'enseignement du **rhéteur** constituait l'essentiel des études « universitaires » du jeune Romain, qui se destinait le plus souvent à la vie politique ou au métier d'avocat. Il pouvait s'attacher aux pas d'un orateur qui lui enseignait la pratique ou suivre, dès 17 ans, des cours spécifiques dans une école où l'on apprenait à déclamer et à plaider ; les maîtres étaient souvent Grecs. **Rome adopte les coutumes de la Grèce hellénistique**.
- Il y avait également des formations plus spécialisées, en droit notamment et l'on pouvait, si l'on avait les moyens, compléter cette éducation en partant quelques mois en Grèce ou en Asie mineure pour suivre les cours des philosophes et orateurs célèbres.

L'art de la parole est primordial dans la civilisation romaine : **Cicéron** et d'autres auteurs lui ont consacré divers ouvrages pédagogiques et cet enseignement de l'éloquence s'est transmis dans toute l'Europe.

Les procédés de la rhétorique

Cicéron les a expliqués : il part du principe que **l'éloquence a pour but de persuader l'auditoire** ; elle doit donc s'adresser à son intelligence, à sa sensibilité et à son sens esthétique par trois moyens :
– ***probare*** : rendre croyable,
– ***delectare*** : charmer,
– ***flectere*** : fléchir, émouvoir.

- Cicéron nous donne des exemples de phrases longues (appelées **périodes**) au rythme lent et musical marquées par des figures de style, comme des antithèses, des anaphores, des assonances... La fin des périodes est particulièrement soignée et rythmée afin de marquer l'esprit des auditeurs.
- La **gestuelle**, les « **effets de toge** » sont importants ainsi que le travail de la voix : ces éléments font beaucoup dans le succès d'une plaidoirie, tout comme l'**exorde**, l'introduction qui doit gagner la sympathie du public, et la **péroraison**, ou conclusion, qui va rester dans les mémoires et influer sur le jugement.

Adresse de l'Empereur au peuple de Rome.
Détail d'un bas-relief de l'Arc de Constantin, Rome.

Cicéron, un grand orateur et un homme de parole

- ***Marcus Tullius Cicero*** est né en 106 av. J.-C. à Arpinum. Il a suivi la formation de rhéteurs célèbres, en Grèce notamment, et s'est imposé une formation pratique en écoutant les orateurs de son temps et en plaidant très jeune.
- Sa carrière d'avocat s'est poursuivie brillamment, en parallèle avec une carrière politique et il a enchaîné les succès :
– contre le gouverneur de Sicile, Verrès, en 76,
– contre le complot de Catilina en 63, lors de son consulat.
- Des attaques de ses ennemis le contraignent à l'exil en 58. Il se retire peu à peu de la vie politique pour écrire des ouvrages de rhétorique et de philosophie, inspirés par les auteurs grecs.
- L'équilibre de sa prose a fait l'objet de l'admiration de tous. C'est l'un des auteurs les plus traduits de la littérature latine.

Portrait de Cicéron. Gravure du XVIIIe siècle d'Étienne Jahandier Desrochers.

Le saviez-vous ?

- Au moment de la guerre civile qui a suivi l'assassinat de Jules César, Cicéron a pris le parti d'Octave. Il est alors proscrit et assassiné sur l'ordre de Marc Antoine.
- Sa tête et ses mains, qui ont composé, prononcé, écrit les *Philippiques*, violents discours contre Marc Antoine, sont rapportées à Rome et exposées sur la tribune des orateurs, les **Rostres**.

Voici un passage célèbre de la première plaidoirie du consul Cicéron contre Catilina qui a tenté en 63 av. J.-C. de s'emparer du pouvoir par la force : la violence de l'attaque et l'ironie du texte ont finalement eu raison de Catilina qui a quitté Rome après avoir entendu ce discours prononcé devant le Sénat.

O tempora ! O mores ! Senatus haec intellegit, consul videt ; hic tamen vivit. Vivit ? Immo vero etiam in senatum venit, fit publici consilii particeps, notat et designat oculis ad caedem unumquemque nostrum. Nos autem, fortes viri, satis facere rei publicae videmur, si istius furorem ac tela vitamus. Ad mortem te, Catilina, duci jussu consulis jampridem oportebat, in te conferri pestem, quam tu in nos omnes jamdiu machinaris.

Ô temps ! ô mœurs ! Le Sénat sait tout cela, le consul voit tout cela : cet individu, pourtant, vit. Il vit ? Encore mieux, il vient au Sénat, il participe aux délibérations publiques, il marque et sélectionne d'un regard, pour l'abattre, chacun d'entre nous. Quant à nous, les hommes de cœur, nous croyons faire notre devoir envers l'État, en évitant la fureur et les javelots de ce monstre. C'est à la mort, Catilina, qu'il aurait fallu t'envoyer, et depuis longtemps, sur l'ordre du consul ; c'est contre toi qu'il aurait fallu retourner ce fléau que tu trames contre nous tous depuis longtemps.

civilisation

60 L'histoire

Vie de Jules César

• César (***Caius Julius Caesar***) est né à Rome en 101 ou 100 av. J.-C, dans une famille patricienne, la ***gens Julia***, qui prétendait avoir une origine divine. Cette ascendance sera exploitée largement, par César lui-même et par ses successeurs, notamment son petit-neveu et fils adoptif, Auguste.

Le surnom de ***Caesar*** est diversement commenté dès l'Antiquité : un de ses ancêtres serait né par césarienne (*caesar* : enfant né après coupure, de *caedo*, « couper ») ou encore il aurait fait « occire » de nombreux ennemis.

• Jeune, César connaît la période trouble de **Sylla** ; il est proscrit par le tyran, ses biens confisqués. Il part en Asie pour une carrière militaire, puis séjourne à Rhodes, auprès de l'orateur Molon, dont il suit les leçons, tout comme Cicéron.

• Après la mort de Sylla en 78, César revient à Rome pour y commencer son ***cursus honorum***. En dépit de ses origines, il embrasse le parti des ***populares***. N'ayant pu récupérer ses biens familiaux, il est ruiné et ceci va être un puissant aiguillon dans sa quête du pouvoir.

• Après avoir exercé diverses charges et gouverné l'Espagne Ultérieure, César brigue le consulat. Il s'associe, en 61, à l'illustrissime général **Pompée** et au général **Crassus** : à eux trois, ils forment alors le premier **Triumvirat**.

• En 59, César obtient le **consulat**. Il accepte de gouverner la Gaule cisalpine et l'Illyrie pour cinq ans. Sans mandat du Sénat, il engage en 58 la **guerre des Gaules** et conquiert les régions situées au nord de la ***provincia***. Il a alors pour ennemi le fameux **Vercingétorix**.

• En 49, alors que le Sénat lui demande d'abandonner son commandement et de rentrer à Rome seul, César choisit de revenir à la tête de son armée. En franchissant le Rubicon, il engage la **guerre civile**. C'est l'épisode du fameux ***Alea jacta est*** (« les dés en sont jetés »).

Statue de Jules César, Rome.

Le saviez-vous ?

• La rivalité entre César et Pompée se termine par la défaite du dernier à Pharsale, en Grèce, en 48. Le général se réfugie en Égypte où César le traque, mais Pompée est assassiné sur ordre du jeune Pharaon.

• C'est alors que César a une « liaison » avec la jeune Cléopâtre, sœur du Pharaon. De cette union serait issu **Césarion**.

• En 46, César est nommé par le Sénat **dictateur** pour dix ans. En 44, il devient **dictateur à vie**, provoquant la colère de nombreux patriciens. Le **15 mars 44**, jour des Ides, des conspirateurs le poignardent au Sénat : il meurt en adressant à l'un des assassins, son fils adoptif Brutus, ces mots : « ***Tu quoque, mi fili !*** » (« Toi aussi, mon fils ! »).

Jules César, écrivain

• Dans sa jeunesse, César aurait composé une tragédie, ***Œdipe***, et, tandis qu'il était en Gaule, il aurait écrit un ***De Analogia***, traité proposant une méthode pour bien parler le latin.

• On admire depuis longtemps le style précis et concis de César, dont la langue est assez simple pour qu'il soit proposé à lire aux débutants en latin. Il est, avec Cicéron, le meilleur représentant de la **prose classique**.

• Tous les écrits de César ont été perdus, à part quelques lettres et les fameux ***Commentaires*** (***Commentarii De Bello Gallico*** et ***De Bello civili***, plus connus sous les titres *La Guerre des Gaules* et *La Guerre civile*).

• On ne sait pas si César a écrit ***La Guerre des Gaules*** le soir sous sa tente ou tout d'une traite. Seuls les sept premiers livres sont de sa main, le huitième fut rédigé par son légat, Hirtius.

• César parle de lui-même à la 3e personne, donnant ainsi une fausse impression d'objectivité, quand tout le récit est organisé pour le mettre en valeur et célébrer ses qualités tactiques.

Pièce de monnaie en argent frappée peu de temps avant le passage du Rubicon par Jules César ; l'éléphant est son symbole.

Le saviez-vous ?

Les ***Commentaires*** ont connu une belle fortune littéraire : les rois Henri IV et Louis XIV, les empereurs Napoléon Ier et Napoléon III, des souverains étrangers (Soliman le Magnifique) furent des lecteurs assidus de César. Son style a fortement influencé les écrits de Charles de Gaulle.

Le général romain, pour poursuivre ses ennemis Bretons, s'apprête à faire traverser la Tamise à son armée.

Caesar cognito consilio eorum ad flumen Tamesim in fines Cassivellauni exercitum duxit; quod flumen uno omnino loco pedibus, atque hoc aegre, transiri potest. Eo cum venisset, animum advertit ad alteram fluminis ripam magnas esse copias hostium instructas. Ripa autem erat acutis sudibus praefixis munita, ejusdemque generis sub aqua defixae sudes flumine tegebantur. His rebus cognitis a captivis perfugisque Caesar praemisso equitatu confestim legiones subsequi jussit. Sed ea celeritate atque eo impetu milites ierunt, cum capite solo ex aqua exstarent, ut hostes impetum legionum atque equitum sustinere non possent ripasque dimitterent ac se fugae mandarent.

César, mis au courant de leur plan, conduisit son armée vers la Tamise, pour la faire pénétrer dans le pays de Cassivellaunos ; ce fleuve n'est guéable qu'en un seul endroit, et non sans peine. Quand il y fut arrivé, il s'aperçut que sur l'autre rive d'importantes forces ennemies étaient rangées. En outre, la berge était défendue par des pieux pointus qui la bordaient, et d'autres pieux du même genre, que l'eau recouvrait, étaient enfoncés dans le lit du fleuve. Ayant su cela par des prisonniers et des transfuges, César envoya en avant la cavalerie, et ordonna aux légions de marcher sans retard à sa suite. La rapidité et l'élan de nos troupes furent tels, bien que les hommes eussent la tête seule hors de l'eau, que l'ennemi ne put soutenir le choc des légions et de la cavalerie, et, abandonnant les bords du fleuve, prit la fuite.

Extrait du livre cinq, XVIII, de *La Guerre des Gaules* (texte établi et traduit par L.-A. Constans, Les Belles Lettres, CUF, 1967).

La 1re déclinaison

***causa**, -ae,* f. : la cause

cas	singulier	pluriel
N.	caus**a**	caus**ae**
V.	caus**a**	caus**ae**
Acc.	caus**am**	caus**as**
G.	caus**ae**	caus**arum**
D.	caus**ae**	caus**is**
Abl.	caus**a**	caus**is**

La 2e déclinaison

masculin

***amicus**, -i,* m. : l'ami

cas	singulier	pluriel
N.	amic**us**	amic**i**
V.	amic**e**	amic**i**
Acc.	amic**um**	amic**os**
G.	amic**i**	amic**orum**
D.	amic**o**	amic**is**
Abl.	amic**o**	amic**is**

neutre

***bellum**, -i,* n. : la guerre

singulier	pluriel
bell**um**	bell**a**
bell**um**	bell**a**
bell**um**	bell**a**
bell**i**	bell**orum**
bell**o**	bell**is**
bell**o**	bell**is**

Au neutre, les trois premiers cas (N., V., Acc.) ont des terminaisons identiques au singulier et au pluriel.

La 3e déclinaison (noms parisyllabiques – radicaux en *-i-*)

masculin et féminin

***hostis**, hostis,* m. : l'ennemi (public)

cas	singulier	pluriel
N.	host**is**	host**es**
V.	host**is**	host**es**
Acc.	host**em**	host**es**
G.	host**is**	host**ium**
D.	host**i**	host**ibus**
Abl.	host**e**	host**ibus**

neutre

***mare**, maris,* n. : la mer

singulier	pluriel
mare	mar**ia**
mare	mar**ia**
mare	mar**ia**
mar**is**	mar**ium**
mar**i**	mar**ibus**
mar**i**	mar**ibus**

⚠ Un groupe de noms parisyllabiques se décline selon ***consul*** (imparisyllabique).

***pater**, patris,* m. : le père
***frater**, fratris,* m. : le frère
***senex**, senis,* m. : le vieillard
***mater**, matris,* f. : la mère
***juvenis**, -is,* m. : l'homme jeune
***canis**, -is,* m. : le chien

La 3e déclinaison (noms imparisyllabiques – radicaux en consonnes)

asculin et féminin

***nsul**, consulis,* m. : le consul

as	singulier	pluriel
.	consul	consul**es**
.	consul	consul**es**
cc.	consul**em**	consul**es**
.	consul**is**	consul**um**
.	consul**i**	consul**ibus**
bl.	consul**e**	consul**ibus**

neutre

***corpus**, corporis,* n. : le corps

singulier	pluriel
corpus	corpor**a**
corpus	corpor**a**
corpus	corpor**a**
corpor**is**	corpor**um**
corpor**i**	corpor**ibus**
corpor**e**	corpor**ibus**

La 4e déclinaison

asculin et féminin

***ercitus**, exercitus,* m. : l'armée

as	singulier	pluriel
.	exercit**us**	exercit**us**
.	exercit**us**	exercit**us**
cc.	exercit**um**	exercit**us**
.	exercit**us**	exercit**uum**
.	exercit**ui**	exercit**ibus**
bl.	exercit**u**	exercit**ibus**

neutre

***cornu**, cornus,* n. : la corne

singulier	pluriel
corn**u**	corn**ua**
corn**u**	corn**ua**
corn**u**	corn**ua**
corn**us**	corn**uum**
corn**ui**	corn**ibus**
corn**u**	corn**ibus**

La 5e déclinaison

asculin et féminin

***s**, rei,* f. : la chose

as	singulier	pluriel
.	r**es**	r**es**
	r**es**	r**es**
cc.	r**em**	r**es**
.	r**ei**	r**erum**
.	r**ei**	r**ebus**
bl.	r**e**	r**ebus**

Les adjectifs de la 1re classe

cas	singulier		
	masc.	fém.	neutre
N.	bon**us**	bon**a**	bon**um**
V.	bon**e**	bon**a**	bon**um**
Acc.	bon**um**	bon**am**	bon**um**
G.	bon**i**	bon**ae**	bon**i**
D.	bon**o**	bon**ae**	bon**o**
Abl.	bon**o**	bon**a**	bon**o**

cas	pluriel		
	masc.	fém.	neutre
N.	bon**i**	bon**ae**	bon**a**
V.	bon**i**	bon**ae**	bon**a**
Acc.	bon**os**	bon**as**	bon**a**
G.	bon**orum**	bon**arum**	bon**orum**
D.	bon**is**	bon**is**	bon**is**
Abl.	bon**is**	bon**is**	bon**is**

Les adjectifs de la 2e classe

Adjectifs ayant une désinence unique au nominatif singulier des trois genres

cas	singulier		pluriel	
	masc./fém.	neutre	masc./fém.	neutre
N.	ingens	ingens	ingent**es**	ingent**ia**
V.	ingens	ingens	ingent**es**	ingent**ia**
Acc.	ingent**em**	ingens	ingent**es**	ingent**ia**
G.	ingent**is**	ingent**is**	ingent**ium**	ingent**ium**
D.	ingent**i**	ingent**i**	ingent**ibus**	ingent**ibus**
Abl.	ingent**e** / ingent**i**	ingent**e** / ingent**i**	ingent**ibus**	ingent**ibus**

Adjectifs ayant deux désinences au nominatif singulier des trois genres

cas	singulier		pluriel	
	masc./fém.	neutre	masc./fém.	neutre
N.	fort**is**	fort**e**	fort**es**	fort**ia**
V.	fort**is**	fort**e**	fort**es**	fort**ia**
Acc.	fort**em**	fort**e**	fort**es**	fort**ia**
G.	fort**is**	fort**is**	fort**ium**	fort**ium**
D.	fort**i**	fort**i**	fort**ibus**	fort**ibus**
Abl.	fort**i**	fort**i**	fort**ibus**	fort**ibus**

Adjectifs ayant trois désinences au nominatif singulier des trois genres

cas	singulier		
	masc.	fém.	neutre
N.	acer	acr**is**	acr**e**
V.	acer	acr**is**	acr**e**
Acc.	acr**em**	acr**em**	acr**e**
G.	acr**is**	acr**is**	acr**is**
D.	acr**i**	acr**i**	acr**i**
Abl.	acr**i**	acr**i**	acr**i**

cas	pluriel		
	masc.	fém.	neutre
N.	acr**es**	acr**es**	acr**ia**
V.	acr**es**	acr**es**	acr**ia**
Acc.	acr**es**	acr**es**	acr**ia**
G.	acr**ium**	acr**ium**	acr**ium**
D.	acr**ibus**	acr**ibus**	acr**ibus**
Abl.	acr**ibus**	acr**ibus**	acr**ibus**

Comparatifs

cas	singulier	
	masc./fém.	neutre
N.	gravior	grav**ius**
V.	gravior	grav**ius**
Acc.	gravior**em**	grav**ius**
G.	gravior**is**	gravior**is**
D.	gravior**i**	gravior**i**
Abl.	gravior**e**	gravior**e**

cas	pluriel	
	masc./fém.	neutre
N.	gravior**es**	gravior**a**
V.	gravior**es**	gravior**a**
Acc.	gravior**es**	gravior**a**
G.	gravior**um**	gravior**um**
D.	gravior**ibus**	gravior**ibus**
Abl.	gravior**ibus**	gravior**ibus**

Les pronoms-adjectifs démonstratifs

Hic

cas	singulier			pluriel		
	masc.	fém.	neutre	masc.	fém.	neutre
N.	hic	haec	hoc	hi	hae	haec
Acc.	hunc	hanc	hoc	hos	has	haec
G.	hu**jus**	hu**jus**	hu**jus**	horum	harum	horum
D.	huic	huic	huic	his	his	his
Abl.	hoc	hac	hoc	his	his	his

Iste

cas	singulier			pluriel		
	masc.	fém.	neutre	masc.	fém.	neutre
N.	iste	ista	istud	isti	istae	ista
Acc.	istum	istam	istud	istos	istas	ista
G.	ist**ius**	ist**ius**	ist**ius**	istorum	istarum	istorum
D.	ist**i**	ist**i**	ist**i**	istis	istis	istis
Abl.	isto	ista	isto	istis	istis	istis

Ille

cas	singulier			pluriel		
	masc.	fém.	neutre	masc.	fém.	neutre
N.	ille	illa	illud	illi	illae	illa
Acc.	illum	illam	illud	illos	illas	illa
G.	ill**ius**	ill**ius**	ill**ius**	illorum	illarum	illorum
D.	ill**i**	ill**i**	ill**i**	illis	illis	illis
Abl.	illo	illa	illo	illis	illis	illis

Is

cas	singulier			pluriel		
	masc.	fém.	neutre	masc.	fém.	neutre
N.	is	ea	id	ei / ii	eae	ea
Acc.	eum	eam	id	eos	eas	ea
G.	ejus	ejus	ejus	eorum	earum	eorum
D.	ei	ei	ei	eis / iis	eis / iis	eis / iis
Abl.	eo	ea	eo	eis / iis	eis / iis	eis / iis

Les pronoms personnels

cas	1re personne		2e personne		3e personne
	singulier	pluriel	singulier	pluriel	singulier / pluriel
N.	ego	nos	tu	vos	–
Acc.	me	nos	te	vos	se
G.	mei	nostri / nostrum	tui	vestri / vestrum	sui
D.	mihi	nobis	tibi	vobis	sibi
Abl.	me	nobis	te	vobis	se

Les pronoms-adjectifs relatifs et interrogatifs

cas	singulier			pluriel		
	masc.	fém.	neutre	masc.	fém.	neutre
N.	qui / quis*	quae	quod / quid*	qui	quae	quae
Acc.	quem	quam	quod / quid*	quos	quas	quae
G.	cujus	cujus	cujus	quorum	quarum	quorum
D.	cui	cui	cui	quibus	quibus	quibus
Abl.	quo	qua	quo	quibus	quibus	quibus

* voir fiche 15

Les pronoms-adjectifs indéfinis

Quis

cas	singulier			pluriel		
	masc.	fém.	neutre	masc.	fém.	neutre
N.	quis	quae / qua	quid	qui	quae	quae / qua
Acc.	quem	quam	quid	quos	quas	quae / qua
G.	cu**jus**	cu**jus**	cu**jus**	quorum	quarum	quorum
D.	cu**i**	cu**i**	cu**i**	quibus	quibus	quibus
Abl.	quo	qua	quo	quibus	quibus	quibus

Aliquis

cas	singulier			pluriel		
	masc.	fém.	neutre	masc.	fém.	neutre
N.	aliquis	aliqua	aliquid	aliqui	aliquae	aliqua
Acc.	aliquem	aliquam	aliquid	aliquos	aliquas	aliqua
G.	alicu**jus**	alicu**jus**	alicu**jus**	aliquorum	aliquarum	aliquorum
D.	alicu**i**	alicu**i**	alicu**i**	aliquibus	aliquibus	aliquibus
Abl.	aliquo	aliqua	aliquo	aliquibus	aliquibus	aliquibus

Quidam

cas	singulier			pluriel		
	masc.	fém.	neutre	masc.	fém.	neutre
N.	quidam	quaedam	quiddam	quidam	quaedam	quaedam
Acc.	quemdam	quamdam	quiddam	quosdam	quasdam	quaedam
G.	cu**jus**dam	cu**jus**dam	cu**jus**dam	quorumdam	quarumdam	quorumdam
D.	cu**i**dam	cu**i**dam	cu**i**dam	quibusdam	quibusdam	quibusdam
Abl.	quodam	quadam	quodam	quibusdam	quibusdam	quibusdam

Les pronoms-adjectifs numéraux cardinaux

Unus, -a, -um

cas	singulier		
	masc.	fém.	neutre
N.	unus	una	unum
Acc.	unum	unam	unum
G.	un**ius**	un**ius**	un**ius**
D.	un**i**	un**i**	un**i**
Abl.	uno	una	uno

Duo, duae, duo

cas	pluriel		
	masc.	fém.	neutre
N.	duo	duae	duo
Acc.	duos / duo	duas	duo
G.	duorum	duarum	duorum
D.	duobus	duabus	duobus
Abl.	duobus	duabus	duobus

Tres, tres, tria

cas	pluriel		
	masc.	fém.	neutre
N.	tres	tres	tria
Acc.	tres	tres	tria
G.	trium	trium	trium
D.	tribus	tribus	tribus
Abl.	tribus	tribus	tribus

Les pronoms-adjectifs numéraux ordinaux

1er	primus, -a, -um	7e	septimus, -a, -um	30e	tricesimus, -a, -um
2e	secundus, -a, -um	8e	octavus, -a, -um	40e	quadragesimus, -a, -um
3e	tertius, -a, -um	9e	nonus, -a, -um	50e	quinquagesimus, -a, -um
4e	quartus, -a, -um	10e	decimus, -a, -um	100e	centesimus, -a, -um
5e	quintus, -a, -um	11e	undecimus, -a, -um		
6e	sextus, -a, -um	20e	vicesimus, -a, -um		

64 La première conjugaison

L'*infectum*

	ACTIF	PASSIF	DÉPONENT
INDICATIF		**présent**	
	voco, *j'appelle*	vocor, *je suis appelé(e)*	miror, *j'admire*
	vocas	vocaris / -re	miraris / -re
	vocat	vocatur	miratur
	vocamus	vocamur	miramur
	vocatis	vocamini	miramini
	vocant	vocantur	mirantur
		imparfait	
	vocabam, *j'appelais*	vocabar, *j'étais appelé(e)*	mirabar, *j'admirais*
	vocabas	vocabaris / -re	mirabaris / -re
	vocabat	vocabatur	mirabatur
	vocabamus	vocabamur	mirabamur
	vocabatis	vocabamini	mirabamini
	vocabant	vocabantur	mirabantur
		futur	
	vocabo, *j'appellerai*	vocabor, *je serai appelé(e)*	mirabor, *j'admirerai*
	vocabis	vocaberis / -re	miraberis / -re
	vocabit	vocabitur	mirabitur
	vocabimus	vocabimur	mirabimur
	vocabitis	vocabimini	mirabimini
	vocabunt	vocabuntur	mirabuntur

	ACTIF	PASSIF	DÉPONENT
SUBJONCTIF		**présent**	
	vocem, *que j'appelle*	vocer, *que je sois appelé(e)*	mirer, *que j'admire*
	voces	voceris / -re	mireris / -re
	vocet	vocetur	miretur
	vocemus	vocemur	miremur
	vocetis	vocemini	miremini
	vocent	vocentur	mirentur
		imparfait	
	vocarem, *que j'appelasse*	vocarer, *que je fusse appelé*	mirarer, *que j'admirasse*
	vocares	vocareris / -re	mirareris / -re
	vocaret	vocaretur	miraretur
	vocaremus	vocaremur	miraremur
	vocaretis	vocaremini	miraremini
	vocarent	vocarentur	mirarentur

PARTICIPE		**présent**	
	vocans, -antis, *appelant*	–	mirans, mirantis, *admirant*

INFINITIF		**présent**	
	vocare, *appeler*	vocari, *être appelé*	mirari, *admirer*

ACTIF	PASSIF	DÉPONENT
INDICATIF	**parfait**	
vocavi, *j'appelai / j'ai appelé*	vocatus, -a, -um sum, *je fus appelé(e) / j'ai été appelé(e)*	miratus, -a, -um sum, *j'admirai / j'ai admiré*
vocavisti	vocatus, -a, -um es	miratus, -a, -um es
vocavit	vocatus, -a, -um est	miratus, -a, -um est
vocavimus	vocati, -ae, -a sumus	mirati, -ae, -a sumus
vocavistis	vocati, -ae, -a estis	mirati, -ae, -a estis
vocaverunt / vocavere	vocati, -ae, -a sunt	mirati, -ae, -a sunt
	plus-que-parfait	
vocaveram, *j'avais appelé*	vocatus, -a, -um eram, *j'avais été appelé(e)*	miratus, -a, -um eram, *j'avais admiré*
vocaveras	vocatus, -a, -um eras	miratus, -a, -um eras
vocaverat	vocatus, -a, -um erat	miratus, -a, -um erat
vocaveramus	vocati, -ae, -a eramus	mirati, -ae, -a eramus
vocaveratis	vocati, -ae, -a eratis	mirati, -ae, -a eratis
vocaverant	vocati, -ae, -a erant	mirati, -ae, -a erant
	futur antérieur	
vocavero, *j'aurai appelé*	vocatus, -a, -um ero, *j'aurai été appelé(e)*	miratus, -a, -um ero, *j'aurai admiré*
vocaveris	vocatus, -a, -um eris	miratus, -a, -um eris
vocaverit	vocatus, -a, -um erit	miratus, -a, -um erit
vocaverimus	vocati, -ae, -a erimus	mirati, -ae, -a erimus
vocaveritis	vocati, -ae, -a eritis	mirati, -ae, -a eritis
vocaverint	vocati, -ae, -a erunt	mirati, -ae, -a erunt

ACTIF	PASSIF	DÉPONENT
SUBJONCTIF	**parfait**	
vocaverim, *que j'aie appelé*	vocatus, -a, -um sim, *que j'aie été appelé(e)*	miratus, -a, -um sim, *que j'aie admiré*
vocaveris	vocatus, -a, -um sis	miratus, -a, -um sis
vocaverit	vocatus, -a, -um sit	miratus, -a, -um sit
vocaverimus	vocati, -ae, -a simus	mirati, -ae, -a simus
vocaveritis	vocati, -ae, -a sitis	mirati, -ae, -a sitis
vocaverint	vocati, -ae, -a sint	mirati, -ae, -a sint
	plus-que-parfait	
vocavissem, *que j'eusse appelé*	vocatus, -a, -um essem, *que j'eusse été appelé(e)*	miratus, -a, -um essem, *que j'eusse admiré*
vocavisses	vocatus, -a, -um esses	miratus, -a, -um esses
vocavisset	vocatus, -a, -um esset	miratus, -a, -um esset
vocavissemus	vocati, -ae, -a essemus	mirati, -ae, -a essemus
vocavissetis	vocati, -ae, -a essetis	mirati, -ae, -a essetis
vocavissent	vocati, -ae, -a essent	mirati, -ae, -a essent

PARTICIPE	**parfait**	
–	vocatus, -a, -um, *ayant été appelé*	miratus, -a, -um, *ayant admiré*
	futur	
vocaturus, -a, -um, *sur le point d'appeler*	–	miraturus, -a, -um, *sur le point d'admirer*

INFINITIF	**parfait**	
vocavisse, *avoir appelé*	vocatum, -am, -um esse, *avoir été appelé*	miratum, -am, -um esse, *avoir admiré*

L'*infectum*

ACTIF	PASSIF	DÉPONENT
INDICATIF	**présent**	
teneo, *je tiens*	teneor, *je suis tenu(e)*	vereor, *je crains*
tenes	teneris / -re	vereris / -re
tenet	tenetur	veretur
tenemus	tenemur	veremur
tenetis	tenemini	veremini
tenent	tenentur	verentur
	imparfait	
tenebam, *je tenais*	tenebar, *j'étais tenu(e)*	verebar, *je craignais*
tenebas	tenebaris / -re	verebaris / -re
tenebat	tenebatur	verebatur
tenebamus	tenebamur	verebamur
tenebatis	tenebamini	verebamini
tenebant	tenebantur	verebantur
	futur	
tenebo, *je tiendrai*	tenebor, *je serai tenu(e)*	verebor, *je craindrai*
tenebis	teneberis / -re	vereberis / -re
tenebit	tenebitur	verebitur
tenebimus	tenebimur	verebimur
tenebitis	tenebimini	verebimini
tenebunt	tenebuntur	verebuntur

ACTIF	PASSIF	DÉPONENT
SUBJONCTIF	**présent**	
teneam, *que je tienne*	tenear, *que je sois tenu(e)*	verear, *que je craigne*
teneas	tenearis / -re	verearis / -re
teneat	teneatur	vereatur
teneamus	teneamur	vereamur
teneatis	teneamini	vereamini
teneant	teneantur	vereantur
	imparfait	
tenerem, *que je tinsse*	tenerer, *que je fusse tenu(e)*	vererer, *que je craignisse*
teneres	tenereris / -re	verereris / -re
teneret	teneretur	vereretur
teneremus	teneremur	vereremur
teneretis	teneremini	vereremini
tenerent	tenerentur	vererentur

PARTICIPE	**présent**	
tenens, -entis, *tenant*	–	verens, -entis, *craignant*

INFINITIF	**présent**	
tenere, *tenir*	teneri, *être tenu*	vereri, *craindre*

ACTIF	PASSIF	DÉPONENT
INDICATIF	**parfait**	
tenui, *je tins / j'ai tenu*	tentus, -a, -um sum, *je fus tenu(e) / j'ai été tenu(e)*	veritus, -a, -um sum, *je craignis / j'ai craint*
tenuisti	tentus, -a, -um es	veritus, -a, -um es
tenuit	tentus, -a, -um est	veritus, -a, -um est
tenuimus	tenti, -ae, -a sumus	veriti, -ae, -a sumus
tenuistis	tenti, -ae, -a estis	veriti, -ae, -a estis
tenuerunt / tenuere	tenti, -ae, -a sunt	veriti, -ae, -a sunt
	plus-que-parfait	
tenueram, *j'avais tenu*	tentus, -a, -um eram, *j'avais été tenu(e)*	veritus, -a, -um eram, *j'avais craint*
tenueras	tentus, -a, -um eras	veritus, -a, -um eras
tenuerat	tentus, -a, -um erat	veritus, -a, -um erat
tenueramus	tenti, -ae, -a eramus	veriti, -ae, -a eramus
tenueratis	tenti, -ae, -a eratis	veriti, -ae, -a eratis
tenuerant	tenti, -ae, -a erant	veriti, -ae, -a erant
	futur antérieur	
tenuero, *j'aurai tenu*	tentus, -a, -um ero, *j'aurai été tenu(e)*	veritus, -a, -um ero, *j'aurai craint*
tenueris	tentus, -a, -um eris	veritus, -a, -um eris
tenuerit	tentus, -a, -um erit	veritus, -a, -um erit
tenuerimus	tenti, -ae, -a erimus	veriti, -ae, -a erimus
tenueritis	tenti, -ae, -a eritis	veriti, -ae, -a eritis
tenuerint	tenti, -ae, -a erunt	veriti, -ae, -a erunt

ACTIF	PASSIF	DÉPONENT
SUBJONCTIF	**parfait**	
tenuerim, *que j'aie tenu*	tentus, -a, -um sim, *que j'aie été tenu(e)*	veritus, -a, -um sim, *que j'aie craint*
tenueris	tentus, -a, -um sis	veritus, -a, -um sis
tenuerit	tentus, -a, -um sit	veritus, -a, -um sit
tenuerimus	tenti, -ae, -a simus	veriti, -ae, -a simus
tenueritis	tenti, -ae, -a sitis	veriti, -ae, -a sitis
tenuerint	tenti, -ae, -a sint	veriti, -ae, -a sint
	plus-que-parfait	
tenuissem, *que j'eusse tenu*	tentus, -a, -um essem, *que j'eusse été tenu(e)*	veritus, -a, -um essem, *que j'eusse craint*
tenuisses	tentus, -a, -um esses	veritus, -a, -um esses
tenuisset	tentus, -a, -um esset	veritus, -a, -um esset
tenuissemus	tenti, -ae, -a essemus	veriti, -ae, -a essemus
tenuissetis	tenti, -ae, -a essetis	veriti, -ae, -a essetis
tenuissent	tenti, -ae, -a essent	veriti, -ae, -a essent
PARTICIPE	**parfait**	
	tentus, -a, -um, *ayant été tenu*	veritus, -a, -um, *ayant craint*
	futur	
tenturus, -a, -um, *sur le point de tenir*		veriturus, -a, -um, *sur le point de craindre*
INFINITIF	**parfait**	
tenuisse, *avoir tenu*	tentum, -am, -um esse, *avoir été tenu*	veritum, -am, -um esse *avoir craint*

66 La troisième conjugaison

L'*infectum*

	ACTIF	PASSIF	DÉPONENT
INDICATIF		**présent**	
	mitto, *j'envoie*	mittor, *je suis envoyé(e)*	utor, *j'utilise*
	mittis	mitteris / -re	uteris / -re
	mittit	mittitur	utitur
	mittimus	mittimur	utimur
	mittitis	mittimini	utimini
	mittunt	mittuntur	utuntur
		imparfait	
	mittebam, *j'envoyais*	mittebar, *j'étais envoyé(e)*	utebar, *j'utilisais*
	mittebas	mittebaris / -re	utebaris / -re
	mittebat	mittebatur	utebatur
	mittebamus	mittebamur	utebamur
	mittebatis	mittebamini	utebamini
	mittebant	mittebantur	utebantur
		futur	
	mittam, *j'enverrai*	mittar, *je serai envoyé(e)*	utar, *j'utiliserai*
	mittes	mitteris / -re	uteris / -re
	mittet	mittetur	utetur
	mittemus	mittemur	utemur
	mittetis	mittemini	utemini
	mittent	mittentur	utentur

	ACTIF	PASSIF	DÉPONENT
SUBJONCTIF		**présent**	
	mittam, *que j'envoie*	mittar, *que je sois envoyé(e)*	utar, *que j'utilise*
	mittas	mittaris / -re	utaris / -re
	mittat	mittatur	utatur
	mittamus	mittamur	utamur
	mittatis	mittamini	utamini
	mittant	mittantur	utantur
		imparfait	
	mitterem, *que j'envoyasse*	mitterer, *que je fusse envoyé(e)*	uterer, *que j'utilisasse*
	mitteres	mittereris / -re	utereris / -re
	mitteret	mitteretur	uteretur
	mitteremus	mitteremur	uteremur
	mitteretis	mitteremini	uteremini
	mitterent	mitterentur	uterentur
PARTICIPE		**présent**	
	mittens, -entis, *envoyant*	–	utens, -entis, *utilisant*
INFINITIF		**présent**	
	mittere, *envoyer*	mitti, *être envoyé*	uti, *utiliser*

ACTIF	PASSIF	DÉPONENT
INDICATIF	**parfait**	
misi, *j'envoyai / j'ai envoyé*	missus, -a, -um sum, *je fus / j'ai été envoyé(e)*	usus, -a, -um sum, *j'utilisai / j'ai utilisé*
misisti	missus, -a, -um es	usus, -a, -um es
misit	missus, -a, -um est	usus, -a, -um est
misimus	missi, -ae, -a sumus	usi, -ae, -a sumus
misistis	missi, -ae, -a estis	usi, -ae, -a estis
miserunt / misere	missi, -ae, -a sunt	usi, -ae, -a sunt
	plus-que-parfait	
miseram, *j'avais envoyé*	missus, -a, -um eram, *j'avais été envoyé(e)*	usus, -a, -um eram, *j'avais utilisé*
miseras	missus, -a, -um eras	usus, -a, -um eras
miserat	missus, -a, -um erat	usus, -a, -um erat
miseramus	missi, -ae, -a eramus	usi, -ae, -a eramus
miseratis	missi, -ae, -a eratis	usi, -ae, -a eratis
miserant	missi, -ae, -a erant	usi, -ae, -a erant
	futur antérieur	
misero, *j'aurai envoyé*	missus, -a, -um ero, *j'aurai été envoyé(e)*	usus, -a, -um ero, *j'aurai utilisé*
miseris	missus, -a, -um eris	usus, -a, -um eris
miserit	missus, -a, -um erit	usus, -a, -um erit
miserimus	missi, -ae, -a erimus	usi, -ae, -a erimus
miseritis	missi, -ae, -a eritis	usi, -ae, -a eritis
miserint	missi, -ae, -a erunt	usi, -ae, -a erunt

ACTIF	PASSIF	DÉPONENT
SUBJONCTIF	**parfait**	
miserim, *que j'aie envoyé*	missus, -a, -um sim, *que j'aie été envoyé(e)*	usus, -a, -um sim, *que j'aie utilisé*
miseris	missus, -a, -um sis	usus, -a, -um sis
miserit	missus, -a, -um sit	usus, -a, -um sit
miserimus	missi, -ae, -a simus	usi, -ae, -a simus
miseritis	missi, -ae, -a sitis	usi, -ae, -a sitis
miserint	missi, -ae, -a sint	usi, -ae, -a sint
	plus-que-parfait	
misissem, *que j'eusse envoyé*	missus, -a, -um essem, *que j'eusse été envoyé(e)*	usus, -a, -um essem, *que j'eusse utilisé*
misisses	missus, -a, -um esses	usus, -a, -um esses
misisset	missus, -a, -um esset	usus, -a, -um esset
misissemus	missi, -ae, -a essemus	usi, -ae, -a essemus
misissetis	missi, -ae, -a essetis	usi, -ae, -a essetis
misissent	missi, -ae, -a essent	usi, -ae, -a essent

PARTICIPE	**parfait**	
	missus, -a, -um, *ayant été envoyé*	usus, -a, -um, *ayant utilisé*
	futur	
missurus, -a, -um, *sur le point d'envoyer*	–	usurus, -a, -um, *sur le point d'utiliser*

INFINITIF	**parfait**	
misisse, *avoir envoyé*	missum, -am, -um esse, *avoir été envoyé*	usum, -am, -um esse, *avoir utilisé*

67 La troisième conjugaison mixte

L'*infectum*

ACTIF	PASSIF	DÉPONENT
INDICATIF	**présent**	
capio, *je prends*	capior, *je suis pris(e)*	patior, *je souffre*
capis	caperis / -re	pateris / -re
capit	capitur	patitur
capimus	capimur	patimur
capitis	capimini	patimini
capiunt	capiuntur	patiuntur
	imparfait	
capiebam, *je prenais*	capiebar, *j'étais pris(e)*	patiebar, *je souffrais*
capiebas	capiebaris / -re	patiebaris / -re
capiebat	capiebatur	patiebatur
capiebamus	capiebamur	patiebamur
capiebatis	capiebamini	patiebamini
capiebant	capiebantur	patiebantur
	futur	
capiam, *je prendrai*	capiar, *je serai pris(e)*	patiar, *je souffrirai*
capies	capieris / -re	patieris / -re
capiet	capietur	patietur
capiemus	capiemur	patiemur
capietis	capiemini	patiemini
capient	capientur	patientur

ACTIF	PASSIF	DÉPONENT
SUBJONCTIF	**présent**	
capiam, *que je prenne*	capiar, *que je sois pris(e)*	patiar, *que je souffre*
capias	capiaris / -re	patiaris / -re
capiat	capiatur	patiatur
capiamus	capiamur	patiamur
capiatis	capiamini	patiamini
capiant	capiantur	patiantur
	imparfait	
caperem, *que je prisse*	caperer, *que je fusse pris(e)*	paterer, *que je souffrisse*
caperes	capereris / -re	patereris / -re
caperet	caperetur	pateretur
caperemus	caperemur	pateremur
caperetis	caperemini	pateremini
caperent	caperentur	paterentur

PARTICIPE	**présent**	
capiens, -entis, *prenant*	–	patiens, patientis, *souffrant*

INFINITIF	**présent**	
capere, *prendre*	capi, *être pris*	pati, *souffrir*

ACTIF	PASSIF	DÉPONENT
INDICATIF	**parfait**	
cepi, *je pris / j'ai pris*	captus, -a, -um sum, *je fus / j'ai été pris(e)*	passus, -a, -um sum, *je souffris / j'ai souffert*
cepisti	captus, -a, -um es	passus, -a, -um es
cepit	captus, -a, -um est	passus, -a, -um est
cepimus	capti, -ae, -a sumus	passi, -ae, -a sumus
cepistis	capti, -ae, -a estis	passi, -ae, -a estis
ceperunt / cepere	capti, -ae, -a sunt	passi, -ae, -a sunt
	plus-que-parfait	
ceperam, *j'avais pris*	captus, -a, -um eram, *j'avais été pris(e)*	passus, -a, -um eram, *j'avais souffert*
ceperas	captus, -a, -um eras	passus, -a, -um eras
ceperat	captus, -a, -um erat	passus, -a, -um erat
ceperamus	capti, -ae, -a eramus	passi, -ae, -a eramus
ceperatis	capti, -ae, -a eratis	passi, -ae, -a eratis
ceperant	capti, -ae, -a erant	passi, -ae, -a erant
	futur antérieur	
cepero, *j'aurai pris*	captus, -a, -um ero, *j'aurai été pris(e)*	passus, -a, -um ero, *j'aurai souffert*
ceperis	captus, -a, -um eris	passus, -a, -um eris
ceperit	captus, -a, -um erit	passus, -a, -um erit
ceperimus	capti, -ae, -a erimus	passi, -ae, -a erimus
ceperitis	capti, -ae, -a eritis	passi, -ae, -a eritis
ceperint	capti, -ae, -a erunt	passi, -ae, -a erunt

ACTIF	PASSIF	DÉPONENT
SUBJONCTIF	**parfait**	
ceperim, *que j'aie pris*	captus, -a, -um sim, *que j'aie été pris(e)*	passus, -a, -um sim, *que j'aie craint*
ceperis	captus, -a, -um sis	passus, -a, -um sis
ceperit	captus, -a, -um sit	passus, -a, -um sit
ceperimus	capti, -ae, -a simus	passi, -ae, -a simus
ceperitis	capti, -ae, -a sitis	passi, -ae, -a sitis
ceperint	capti, -ae, -a sint	passi, -ae, -a sint
	plus-que-parfait	
cepissem, *que j'eusse pris*	captus, -a, -um essem, *que j'eusse été pris(e)*	passus, -a, -um essem, *que j'eusse craint*
cepisses	captus, -a, -um esses	passus, -a, -um esses
cepisset	captus, -a, -um esset	passus, -a, -um esset
cepissemus	capti, -ae, -a essemus	passi, -ae, -a essemus
cepissetis	capti, -ae, -a essetis	passi, -ae, -a essetis
cepissent	capti, -ae, -a essent	passi, -ae, -a essent

PARTICIPE	**parfait**	
	captus, -a, -um, *ayant été pris*	passus, -a, -um, *ayant souffert*
	futur	
capturus, -a, -um, *sur le point de prendre*	–	passurus, -a, -um, *sur le point de souffrir*

INFINITIF	**parfait**	
cepisse, *avoir pris*	captum, -am, -um esse, *avoir été pris*	passum, -am, -um esse, *avoir souffert*

L'*infectum*

ACTIF	PASSIF	DÉPONENT
INDICATIF	**présent**	
audio, *j'entends*	audior, *je suis entendu(e)*	experior, *j'essaie*
audis	audiris / -re	experiris / -re
audit	auditur	experitur
audimus	audimur	experimur
auditis	audimini	experimini
audiunt	audiuntur	experiuntur
	imparfait	
audiebam, *j'entendais*	audiebar, *j'étais entendu(e)*	experiebar, *j'essayais*
audiebas	audiebaris / -re	experiebaris / -re
audiebat	audiebatur	experiebatur
audiebamus	audiebamur	experiebamur
audiebatis	audiebamini	experiebamini
audiebant	audiebantur	experiebantur
	futur	
audiam, *j'entendrai*	audiar, *je serai entendu(e)*	experiar, *j'essaierai*
audies	audieris / -re	experieris / -re
audiet	audietur	experietur
audiemus	audiemur	experiemur
audietis	audiemini	experiemini
audient	audientur	experientur

ACTIF	PASSIF	DÉPONENT
SUBJONCTIF	**présent**	
audiam, *que j'entende*	audiar, *que je sois entendu(e)*	experiar, *que j'essaie*
audias	audiaris / -re	experiaris / -re
audiat	audiatur	experiatur
audiamus	audiamur	experiamur
audiatis	audiamini	experiamini
audiant	audiantur	experiantur
	imparfait	
audirem, *que j'entendisse*	audirer, *que je fusse entendu(e)*	experirer, *que j'essayasse*
audires	audireris / -re	experireris / -re
audiret	audiretur	experiretur
audiremus	audiremur	experiremur
audiretis	audiremini	experiremini
audirent	audirentur	experirentur

PARTICIPE	**présent**	
audiens, -entis, *entendant*	–	experiens, -entis, *essayant*

INFINITIF	**présent**	
audire, *entendre*	audiri, *être entendu*	experiri, *essayer*

ACTIF	PASSIF	DÉPONENT
INDICATIF	**parfait**	
audi(v)i, *j'entendis / j'ai entendu*	auditus, -a, -um sum, *je fus / j'ai été entendu(e)*	expertus, -a, -um sum, *j'essayai / j'ai essayé*
audi(v)isti	auditus, -a, -um es	expertus, -a, -um es
audi(v)it	auditus, -a, -um est	expertus, -a, -um est
audi(v)imus	auditi, -ae, -a sumus	experti, -ae, -a sumus
audi(v)istis	auditi, -ae, -a estis	experti, -ae, -a estis
audi(v)erunt / audi(v)ere	auditi, -ae, -a sunt	experti, -ae, -a sunt
	plus-que-parfait	
audi(v)eram, *j'avais entendu*	auditus, -a, -um eram, *j'avais été entendu (e)*	expertus, -a, -um eram, *j'avais essayé*
audi(v)eras	auditus, -a, -um eras	expertus, -a, -um eras
audi(v)erat	auditus, -a, -um erat	expertus, -a, -um erat
audi(v)eramus	auditi, -ae, -a eramus	experti, -ae, -a eramus
audi(v)eratis	auditi, -ae, -a eratis	experti, -ae, -a eratis
audi(v)erant	auditi, -ae, -a erant	experti, -ae, -a erant
	futur antérieur	
audi(v)ero, *j'aurai entendu*	auditus, -a, -um ero, *j'aurai été entendu (e)*	expertus, -a, -um ero, *j'aurai essayé*
audi(v)eris	auditus, -a, -um eris	expertus, -a, -um eris
audi(v)erit	auditus, -a, -um erit	expertus, -a, -um erit
audi(v)erimus	auditi, -ae, -a erimus	experti, -ae, -a erimus
audi(v)eritis	auditi, -ae, -a eritis	experti, -ae, -a eritis
audi(v)erint	auditi, -ae, -a erunt	experti, -ae, -a erunt

ACTIF	PASSIF	DÉPONENT
SUBJONCTIF	**parfait**	
audi(v)erim, *que j'aie pris*	auditus, -a, -um sim, *que j'aie été entendu(e)*	expertus, -a, -um sim, *que j'aie essayé*
audi(v)eris	auditus, -a, -um sis	expertus, -a, -um sis
audi(v)erit	auditus, -a, -um sit	expertus, -a, -um sit
audi(v)erimus	auditi, -ae, -a simus	experti, -ae, -a simus
audi(v)eritis	auditi, -ae, -a sitis	experti, -ae, -a sitis
audi(v)erint	auditi, -ae, -a sint	experti, -ae, -a sint
	plus-que-parfait	
audi(v)issem, *que j'eusse pris*	auditus, -a, -um essem, *que j'eusse été entendu(e)*	expertus, -a, -um essem, *que j'eusse essayé*
audi(v)isses	auditus, -a, -um esses	expertus, -a, -um esses
audi(v)isset	auditus, -a, -um esset	expertus, -a, -um esset
audi(v)issemus	auditi, -ae, -a essemus	experti, -ae, -a essemus
audi(v)issetis	auditi, -ae, -a essetis	experti, -ae, -a essetis
audi(v)issent	auditi, -ae, -a essent	experti, -ae, -a essent
PARTICIPE	**parfait**	
	auditus, -a, -um, *ayant été entendu*	expertus, -a, -um, *ayant essayé*
	futur	
auditurus, -a, -um, *sur le point d'entendre*	–	experturus, -a, -um, *sur le point d'essayer*
INFINITIF	**parfait**	
audi(v)isse, *avoir entendu*	auditum, -am, -um esse, *avoir été entendu*	expertum, -am, -um esse, *avoir essayé*

69 Les verbes irréguliers :

L'*infectum*

			ACTIF	PASSIF
être	**pouvoir**	**aller**	**porter**	
INDICATIF		**présent**		
sum, *je suis*	possum, *je peux*	eo, *je vais*	fero, *je porte*	feror, *je suis porté(e)*
es	potes	is	fers	ferris
est	potest	it	fert	fertur
sumus	possumus	imus	ferimus	ferimur
estis	potestis	itis	fertis	ferimini
sunt	possunt	eunt	ferunt	feruntur
		imparfait		
eram, *j'étais*	poteram, *je pouvais*	ibam, *j'allais*	ferebam, *je portais*	ferebar, *j'étais porté(e)*
eras	poteras	ibas	ferebas	ferebaris
erat	poterat	ibat	ferebat	ferebatur
eramus	poteramus	ibamus	ferebamus	ferebamur
eratis	poteratis	ibatis	ferebatis	ferebamini
erant	poterant	ibant	ferebant	ferebantur
		futur		
ero, *je serai*	potero, *je pourrai*	ibo, *j'irai*	feram, *je porterai*	ferar, *je serai porté(e)*
eris	poteris	ibis	feres	fereris / -re
erit	poterit	ibit	feret	feretur
erimus	poterimus	ibimus	feremus	feremur
eritis	poteritis	ibitis	feretis	feremini
erunt	poterunt	ibunt	ferent	ferentur
SUBJONCTIF		**présent**		
sim, *que je sois*	possim, *que je puisse*	eam, *que j'aille*	feram, *que je porte*	ferar, *que je sois porté(e)*
sis	possis	eas	feras	feraris / -re
sit	possit	eat	ferat	feratur
simus	possimus	eamus	feramus	feramur
sitis	possitis	eatis	feratis	feramini
sint	possint	eant	ferant	ferantur
		imparfait		
essem, *que je fusse*	possem, *que je pusse*	irem, *que j'allasse*	ferrem, *que je portasse*	ferrer, *que je fusse porté(e)*
esses	posses	ires	ferres	ferreris / -re
esset	posset	iret	ferret	ferretur
essemus	possemus	iremus	ferremus	ferremur
essetis	possetis	iretis	ferretis	ferremini
essent	possent	irent	ferrent	ferrentur
PARTICIPE		**présent**		
		iens, euntis, *allant*	ferens, -entis, *portant*	
INFINITIF		**présent**		
esse, *être*	posse, *pouvoir*	ire, *aller*	ferre, *porter*	ferri, *être porté*

Le *perfectum*

être	pouvoir	aller	porter (ACTIF)	porter (PASSIF)
NDICATIF		**parfait**		
ui, *je fus / ’ai été*	potui, *je pus / j’ai pu*	i(v)i, *j’allai / je suis allé(e)*	tuli, *je portai / je suis porté(e)*	latus, -a, -um sum, *je fus / j’ai été porté(e)*
uisti	potuisti	i(v)isti	tulisti	latus, -a, -um es
uit	potuit	i(v)it	tulit	latus, -a, -um est
uimus	potuimus	i(v)imus	tulimus	lati, -ae, -a sumus
uistis	potuistis	i(v)istis	tulistis	lati, -ae, -a estis
uerunt	potuerunt	i(v)erunt	tulerunt	lati, -ae, -a sunt
		plus-que-parfait		
ueram, *’avais été*	potueram, *j’avais pu*	i(v)eram, *j’étais allé(e)*	tuleram, *j’aurai porté*	latus, -a, -um eram, *j’avais été porté(e)*
ueras	potueras	i(v)eras	tuleras	latus, -a, -um eras
uerat	potuerat	i(v)erat	tulerat	latus, -a, -um erat
ueramus	potueramus	i(v)eramus	tuleramus	lati, -ae, -a eramus
eratis	potueratis	i(v)eratis	tuleratis	lati, -ae, -a eratis
uerant	potuerant	i(v)erant	tulerant	lati, -ae, -a erant
		futur antérieur		
uero, *’aurai été*	potuero, *j’aurai pu*	i(v)ero, *je serai allé(e)*	tulero, *j’aurai porté*	latus, -a, -um ero, *j’aurai été porté(e)*
ueris	potueris	i(v)eris	tuleris	latus, -a, -um eris
uerit	potuerit	i(v)erit	tulerit	latus, -a, -um erit
uerimus	potuerimus	i(v)erimus	tulerimus	lati, -ae, -a erimus
ueritis	potueritis	i(v)eritis	tuleritis	lati, -ae, -a eritis
uerint	potuerint	i(v)erint	tulerint	lati, -ae, -a erunt
SUBJONCTIF		**parfait**		
uerim, *que ’aie été*	potuerim, *que j’aie pu*	i(v)erim, *que je sois allé(e)*	tulerim, *que j’aie porté*	latus, -a, -um sim, *que j’aie été porté(e)*
ueris	potueris	i(v)eris	tuleris	latus, -a, -um sis
uerit	potuerit	i(v)erit	tulerit	latus, -a, -um sit
uerimus	potuerimus	i(v)erimus	tulerimus	lati, -ae, -a simus
ueritis	potueritis	i(v)eritis	tulerimus	lati, -ae, -a sitis
uerint	potuerint	i(v)erint	tulerint	lati, -ae, -a sint
		plus-que-parfait		
uissem, *que ’eusse été*	potuissem, *que j’eusse pu*	i(v)issem, *que je fusse allé(e)*	tulissem, *que j’eusse porté*	latus, -a, -um essem, *que j’eusse été porté(e)*
uisses	potuisses	i(v)isses	tulisses	latus, -a, -um esses
uisset	potuisset	i(v)isset	tulisset	latus, -a, -um esset
uissemus	potuissemus	i(v)issemus	tulissemus	lati, -ae, -a essemus
uissetis	potuissetis	i(v)issetis	tulissetis	lati, -ae, -a essetis
uissent	potuissent	i(v)issent	tulissent	lati, -ae, -a essent
ARTICIPE		**futur**		
uturus, -a, -um		iturus, -a, -um	laturus, -a, -um	latus, -a, -um
NFINITIF		**parfait**		
uisse	potuisse	i(v)isse	tulisse	latum, -am, -um esse

L'*infectum*

vouloir	ne pas vouloir	préférer	devenir
INDICATIF	**présent**		
volo, *je veux*	nolo, *je ne veux pas*	malo, *je préfère*	fio, *je deviens*
vis	non vis	mavis	fis
vult	non vult	mavult	fit
volumus	nolumus	malumus	fimus
vultis	non vultis	mavultis	fitis
volunt	nolunt	malunt	fiunt
	imparfait		
volebam, *je voulais*	nolebam, *je ne voulais pas*	malebam, *je préférais*	fiebam, *je devenais*
volebas	nolebas	malebas	fiebas
volebat	nolebat	malebat	fiebat
volebamus	nolebamus	malebamus	fiebamus
volebatis	nolebatis	malebatis	fiebatis
volebant	nolebant	malebant	fiebant
	futur		
volam, *je voudrai*	nolam, *je ne voudrai pas*	malam, *je préférerai*	fiam, *je deviendrai*
voles	noles	males	fies
volet	nolet	malet	fiet
volemus	nolemus	malemus	fiemus
voletis	noletis	maletis	fietis
volent	nolent	malent	fient
SUBJONCTIF	**présent**		
velim, *que je veuille*	nolim, *que je ne veuille pas*	malim, *que je préfère*	fiam, *que je devienne*
velis	nolis	malis	fias
velit	nolit	malit	fiat
velimus	nolimus	malimus	fiamus
velitis	nolitis	malitis	fiatis
velint	nolint	malint	fiant
	imparfait		
vellem, *que je voulusse*	nollem, *que je ne voulusse pas*	mallem, *que je préférasse*	fierem, *que je devinsse*
velles	nolles	malles	fieres
vellet	nollet	mallet	fieret
vellemus	nollemus	mallemus	fieremus
velletis	nolletis	malletis	fieretis
vellent	nollent	mallent	fierent
PARTICIPE	**présent**		
volens, -entis, *voulant*	nolens, -entis, *ne voulant pas*		
INFINITIF	**présent**		
velle, *vouloir*	nolle, *ne pas vouloir*	malle, *préférer*	fieri, *devenir*

Le *perfectum*

vouloir	ne pas vouloir	préférer	devenir
INDICATIF	**parfait**		
volui, *je voulus / j'ai voulu*	nolui, *je ne voulus pas / je n'ai pas voulu*	malui, *je préférai / j'ai préféré*	factus, -a, -um sum, *je suis devenu(e)*
voluisti	noluisti	maluisti	factus, -a, -um es
voluit	noluit	maluit	factus, -a, -um est
voluimus	noluimus	maluimus	facti, -ae, -a sumus
voluistis	noluistis	maluistis	facti, -ae, -a estis
voluerunt	noluerunt	maluerunt	facti, -ae, -a sunt
	plus-que-parfait		
volueram, *j'avais voulu*	nolueram, *je n'avais pas voulu*	malueram, *j'avais préféré*	factus, -a, -um eram, *j'étais devenu(e)*
volueras	nolueras	malueras	factus, -a, -um eras
voluerat	noluerat	maluerat	factus, -a, -um erat
volueramus	nolueramus	malueramus	facti, -ae, -a eramus
volueratis	nolueratis	malueratis	facti, -ae, -a eratis
voluerant	noluerant	maluerant	facti, -ae, -a erant
	futur antérieur		
voluero, *j'aurai voulu*	noluero, *je n'aurai pas voulu*	maluero, *j'aurai préféré*	factus, -a, -um ero, *je serai devenu(e)*
volueris	nolueris	malueris	factus, -a, -um eris
voluerit	noluerit	maluerit	factus, -a, -um erit
voluerimus	noluerimus	maluerimus	facti, -ae, -a erimus
volueritis	nolueritis	malueritis	facti, -ae, -a eritis
voluerint	noluerint	maluerint	facti, -ae, -a erunt
SUBJONCTIF	**parfait**		
voluerim, *que j'aie voulu*	noluerim, *que je n'aie pas voulu*	maluerim, *que j'aie préféré*	factus, -a, -um sim, *que je sois devenu(e)*
volueris	nolueris	malueris	factus, -a, -um sis
voluerit	noluerit	maluerit	factus, -a, -um sit
voluerimus	noluerimus	maluerimus	facti, -ae, -a simus
volueritis	nolueritis	malueritis	facti, -ae, -a sitis
voluerint	noluerint	maluerint	facti, -ae, -a sint
	plus-que-parfait		
voluissem, *que j'eusse voulu*	noluissem, *que je n'eusse pas voulu*	maluissem, *que j'eusse préféré*	factus, -a, -um essem, *que je fusse devenu(e)*
voluisses	noluisses	maluisses	factus, -a, -um esses
voluisset	noluisset	maluisset	factus, -a, -um esset
voluissemus	noluissemus	maluissemus	facti, -ae, -a essemus
voluissetis	noluissetis	maluissetis	facti, -ae, -a essetis
voluissent	noluissent	maluissent	facti, -ae, -a essent
INFINITIF	**parfait**		
voluisse, *avoir voulu*	noluisse, *ne pas avoir voulu*	maluisse, *avoir préféré*	factum, -am, -um esse, *être devenu*

Les mots en violet figurent dans les textes des pages d'exercices.

A

a / ab / abs *prép. (+ Abl.)* — loin de, depuis

abeo, abis, abire, abii, abitum — s'éloigner, partir

abies, -etis, *f.* — le sapin

abscondo, -is, -ere, -condidi / -condi, -conditum / -consum — cacher

abstraho, -is, -ere, abstraxi, abstractum — tirer de, détacher de

absum, abes, abesse, afui, – — être éloigné, absent

ac / atque *conj. de coord.* — et

accedo, -is, -ere, -cessi, -cessum — s'approcher, s'ajouter

accido, -is, -ere, accidi, – — tomber sur, arriver

accipio, -is, -ere, -cepi, -ceptum — recevoir

acer, acris, acre — pointu, aigu

acies, -ei, *f.* — pointe, ligne de bataille ; regard

acutus, -a, -um — fin

ad *prép. (+ Acc.)* — vers, près de, pour

addo, -is, -ere, -didi, -ditum — mettre auprès, ajouter

adduco, -is, -ere, -duxi, -ductum — amener

adeo *adv.* — jusque-là, à ce point

adeo, -is, -ire, -ii, -itum — aller vers

adfero, -fers, -ferre, adtuli, adlatum — apporter

adhuc *adv.* — jusqu'ici, jusqu'à maintenant

adjicio, -is, -ere, -jeci, -jectum — jeter vers, ajouter

adjutor, -oris, *m.* — l'assistant, le soutien

admiratio, -onis, *f.* — l'admiration

admiror, -aris, -ari, -atus sum — admirer

adoratio, -onis, *f.* — la vénération

adsum, -es, -esse, adfui, – — être présent, être auprès de

advena, -ae, *m.* — l'étranger

adversus — *adv.* en face ; *prép. (+ Acc.)* en face de, contre

adversus, -a, -um — contraire, hostile

aequalis, -e — du même âge, contemporain

aequor, -oris, *n.* — la plaine de la mer, mer

aequus, -a, -um — plan, uni, égal ; favorable

aer, aeris, *m.* — l'air

aestimo, -as, -are, -avi, -atum — estimer, penser, juger

aetas, -atis, *f.* — époque, âge

ager, agri, *m.* — le champ, le territoire, la campagne

agito, -as, -are, -avi, -atum — agiter ; discuter

agmen, -inis, *n.* — armée en marche, colonne d'une armée

ago, -is, -ere, egi, actum — pousser ; faire ; passer (sa vie)

aio, ais *verbe défectif* — dire, affirmer

alienus, -a, -um — qui appartient à un autre ; étranger

aliquando *adv.* — un jour

aliquis, aliqua, aliquid — quelqu'un, quelque chose

aliquo *adv.* — quelque part

aliter *adv.* — autrement

alius, -a, -ud — autre (de plusieurs)

alo, -is, -ere, alui, al(i)tum — nourrir

alter, altera, alterum — autre (de deux)

altitudo, -inis, *f.* — hauteur ; profondeur

altus, -a, -um — haut ; profond

ambulo, -as, -are, -avi, -atum — se promener, marcher

amicitia, -ae, *f.* — l'amitié

amicus, -i, *m.* — l'ami

amitto, -is, -ere, amisi, amissum — renvoyer, abandonner

amnis, -is, *m.* — cours d'eau, fleuve

amo, -as, -are, -avi, -atum — aimer

amor, -oris, *m.* — l'amour

an *conj. de subord.* — est-ce que ; si *(interrogative)*

angulus, -i, *m.* — angle, coin

anima, -ae, *f.* — le souffle, l'âme, le courage

animus, -i, *m.* — l'esprit ; le courage

annus, -i, *m.* l'année
anser, anseris, *m.* l'oie
ante *adv.* avant, devant ; *prép. (+ Acc.)* avant, devant
antequam avant que
antiquus, -a, -um ancien, antique
appello, -as, -are, -avi, -atum appeler
apud *prép. (+ Acc.)* auprès de, chez (lieu où l'on est)
aqua, -ae, *f.* l'eau
ara, -ae, *f.* l'autel
arbor, -oris, *f.* l'arbre
arma, -orum, *n.* *(seulement au pluriel)* les armes (défensives)
ars, artis, *f.* l'art ; le métier
asper, -era, -erum âpre
aspicio, -is, -ere, aspexi, aspectum regarder
at *conj. de coord* mais
atque *voir* ac
attingo / adtingo, -is, -ere, -tigi, -tactum toucher, aborder
auctor, -oris, *m.* l'auteur, le garant
auctoritas, -atis, *f.* l'autorité, la garantie
audacter *adv.* audacieusement
audax, -acis audacieux
audeo, -es, -ere, ausus sum oser
audio, -is, -ire, audi(v)i / audii, auditum entendre, écouter
aufero, -fers, -ferre, abstuli, ablatum emporter, enlever
augeo, -es, -ere, auxi, auctum augmenter
aura, -ae, *f.* la brise
auris, -is, *f.* l'oreille
aurum, -i, *n.* l'or
aut *conj. de coord.* ou bien
autem *conj. de coord.* mais, or
auxilium, -ii, *n.* le secours, l'aide
avaritia, -ae, *f.* la cupidité
averto, -is, -ere, -verti, -versum détourner

B

barbarus, -i, *m.* le barbare
barbarus, -a, -um barbare
beatus, -a, -um heureux
bellum, -i, *n.* la guerre
bene *adv.* bien
beneficium, -ii, *n.* le bienfait
bestia, -ae, *f.* la bête
bonum, -i, *n.* le bien
bonus, -a, -um bon
brevis, -e court

C

cado, -is, -ere, cecidi, casum tomber
caedes, -is, *f.* le massacre
caedo, -is, -ere, cecidi, caesum tailler, abattre
caelum, -i, *n.* le ciel
campus, -i, *m.* la plaine, le terrain plat
canis, -is, *m.* le chien
cano, -is, -ere, cecini, cantum chanter
capio, -is, -ere, cepi, captum prendre
caput, -itis, *n.* la tête
careo, -es, -ere, carui, – *(+ Abl.)* manquer de, être exempt de
carmen, -inis, *n.* le poème, le chant
carus, -a, -um cher
castra, -orum, *n.* *(seulement au pluriel)* le camp militaire
casus, -us, *m.* la chute, le hasard, le cas
causa, -ae, *f.* la cause ; le procès
cedo, -is, -ere, cessi, cessum marcher ; se retirer
celebritas, -atis, *f.* le rassemblement, la foule
celer, -eris, -ere rapide
celeriter *adv.* rapidement
cena, -ae, *f.* le dîner
cerno, -is, -ere, crevi, cretum distinguer
certe *adv.* sûrement
certus, -a, -um certain
ceterum *adv.* d'ailleurs
ceterus, -a, -um qui reste, restant
cibus, -i, *m.* la nourriture
cinis, -eris, *m.* la cendre

circa / **circum** *adv.* — autour ; *prép. (+ Acc.)* autour de

cito *adv.* — vite

civis, -is, *m.* — le citoyen

civitas, -atis, *f.* — la cité ; la citoyenneté

clamo, -as, -are, -avi, -atum — crier

clamor, -oris, *m.* — le cri

clarus, -a, -um — clair, illustre

classis, -is, *f.* — la classe ; la flotte

claudo, -is, -ere, clausi, clausum — fermer

coepi, coepisse, coeptum *verbe défectif* — avoir commencé

cogito, -as, -are, -avi, -atum — penser

cognitio, -onis, *f.* — la connaissance

cognosco, -is, -ere, cognovi, cognitum — apprendre à connaître

cogo, -is, -ere, coegi, coactum — pousser ; forcer

cohors, cohortis, *f.* — la cohorte

collis, -is, *m.* — la colline

colloco, -as, -are, -avi, -atum — placer

colo, -is, -ere, colui, cultum — cultiver ; habiter ; honorer

color, -oris, *m.* — la couleur

columna, -ae, *f.* — la colonne

coma, -ae, *f.* — la chevelure

comes, -itis, *m. ou f.* — le compagnon, la compagne

committo, -is, -ere, -misi, -missum — entreprendre ; commettre

communis, -e — commun

compono, -is, -ere, -posui, -positum — mettre ensemble, composer

concedo, -is, -ere, -cessi, -cessum — se retirer, céder

concilium, -ii, *n.* — réunion, assemblée, conseil

condo, -is, -ere, condidi, conditum — fonder ; cacher

confero, -fers, -ferre, contuli, collatum — réunir ; comparer ; reporter

conficio, -is, -ere, -feci, -fectum — achever, réaliser

conjux, -ugis, *m. ou f.* — l'époux, l'épouse

consisto, -is, -ere, -stiti — se placer, se tenir ; être composé de

conspicuus, -a, -um — remarquable

constituo, -is, -ere, -stitui, -stitutum — dresser ; instituer ; décider

consul, -ulis, *m.* — le consul

consulo, -is, -ere, -sului, -sultum — délibérer, consulter

contemno, -is, -ere, -tempsi, -temptum — mépriser

contendo, -is, -ere, -tendi, -tentum — chercher à atteindre ; rivaliser

contineo, -es, -ere, -tinui, -tentum — contenir

contingo, -is, -ere, -tigi, -tactum — toucher ; arriver

continuo *adv.* — sans interruption

convenio, -is, -ire, -veni, -ventum — se rassembler ; convenir

converto, -is, -ere, -verti, -versum — tourner ; changer

copia, -ae, *f.* — l'abondance

copiae, -arum, *f. plur.* — les troupes

copiosus, -a, -um — abondant

cornu, -us, *n.* — la corne

corpus, -oris, *n.* — le corps

costa, -ae, *f.* — la côte

creber, -bra, -brum — nombreux ; fréquent

credo, -is, -ere, credidi, creditum — croire ; confier

cresco, -is, -ere, crevi, cretum — croître

crimen, -minis, *n.* — l'accusation, le grief

culpa, -ae, *f.* — la faute

cultus, -us, *m.* — la civilisation, la culture

cum *prép. (+ Abl.)* — avec (accompagnement)

cum *conj. de subord.* — *(+ ind.)* quand ; *(+ subj.)* puisque, alors que

cunctus, -a, -um — tout entier ; *(au pl.)* tous sans exception

cupidus, -a, -um *(+ G.)* — désireux (de)

cupio, -is, -ere, cupi(v)i, cupitum — désirer

cur *adv.* — pourquoi

cura, -ae, *f.* — le soin, le souci

Curia, -ae, *f.* — la Curie (siège du Sénat)

curo, -as, -are, -avi, -atum — prendre soin de, veiller à

cursus, -us, *m.*	la course ; le cours
custos, -odis, *m.*	le gardien

D

de *prép. (+ Abl.)*	du haut de, au sujet de
dea, -ae, *f.*	la déesse
debeo, -es, -ere, debui, debitum	devoir
decorus, -a, -um	convenable, honorable
deduco, -is, -ere, -duxi, -ductum	emmener ; déduire
defendo, -is, -ere, -fendi, -fensum	écarter, défendre
deficio, -is, -ere, defeci, defectum	se détacher de, manquer, quitter
dejicio, -is, -ere, -dejeci, -dejectum	abattre
deinde *adv.*	ensuite
denique *adv.*	enfin
desero, -is, -ere, -serui, -sertum	abandonner
desino, -is, -ere, -sii, -situm	cesser
desum, dees, deesse, defui, –	manquer
detineo, -es, -ere, -tinui, -tentum	retenir
deus, -i, *m.*	le dieu
dexter, -(e)ra, -(e)rum	situé à droite ; favorable
dext(e)ra, -ae, *f.*	la main droite
dico, -is, -ere, dixi, dictum	dire, parler
dies, -ei, *m. ou f.*	le jour
difficilis, -e	difficile
dignus, -a, -um	digne
dimico, -as, -are, -avi, -atum	combattre
dimitto, -is, -ere, -misi, -missum	renvoyer, abandonner
discedo, -is, -ere, -cessi, -cessum	s'en aller
disciplina, -ae, *f.*	la discipline, la matière enseignée
disco, -is, -ere, didici, discitum	apprendre, s'instruire
dispono, -is, -ere, -posui, -positum	disposer, régler
dissimilis, -e	dissemblable
dissimulo, -as, -are, -avi, -atum	dissimuler
diu *adv.*	longtemps
diversus, -a, -um	opposé, éloigné
dives, -itis	riche
divido, -is, -ere, -visi, -visum	séparer, répartir
divitiae, -arum, *f.* *(seulement au pluriel)*	les richesses
divus, -a, -um	divin
do, -as, -are, dedi, datum	donner
doceo, -es, -ere, docui, doctum	apprendre, enseigner
dolor, -oris, *m.*	la douleur
dominus, -i, *m.*	le maître de maison
domus, -us, *f.*	la maison ; **domi** à la maison
donec *conj. de subord.*	jusqu'à ce que, tant que
dono, -as, -are, -avi, -atum	offrir
donum, -i, *n.*	le don, l'offrande
dubito, -as, -are, -avi, -atum	douter, hésiter
dubius, -a, -um	douteux, hésitant
duco, -is, -ere, duxi, ductum	conduire
dulcis, -e	doux
dum *adv., conj. de subord.*	pendant que, jusqu'à ce que
duo, -ae, -o	deux
durus, -a, -um	dur
dux, ducis, *m.*	le chef

E

edo, -is, -ere, edidi, editum	mettre au jour, produire
efficio, -is, -ere, -feci, -fectum	achever, produire
ego	moi
eloquentia, -ae, *f.*	l'éloquence
enim *conj. de coord. (toujours en 2e position)*	en effet
eo *adv.*	ici (lieu où l'on va) ; à ce point
eo, is, ire, i(v)i, itum	aller
epistula, -ae, *f.*	la lettre
eques, -itis, *m.*	le cavalier ; le chevalier
equidem *adv.*	quant à moi

equitatus, -us, *m.*	la cavalerie
equito, -as, -are, -avi, -atum	monter à cheval
equus, -i, *m.*	le cheval
ergo *prép., conj. de coord.*	donc
eripio, -is, -ere, eripui, ereptum	arracher
erro, -as, -are, -avi, -atum	errer, se tromper
et *conj. de coord.*	et
etiam, *adv.*	aussi, encore, même
etiamsi *conj. de subord.*	même si
e / **ex** *prép. (+ Abl.)*	hors de ; depuis
exardesco, -is, -ere, exarsi, exarsum	s'enflammer
excello, -is, -ere, –, –	exceller
excipio, -is, -ere, -cepi, -ceptum	retirer, excepter ; accueillir
exemplum, -i, *n.*	l'exemple
exeo, -is, -ire, -ii, -itum	sortir
exerceo, -es, -ere, -cui, -citum	exercer
exercitus, -us, *m.*	l'exercice ; l'armée
exigo, -is, -ere, -egi, -actum	chasser, achever ; exiger
eximius, -a, -um	remarquable, admirable
existimo, -as, -are, -avi, -atum	juger
experior, -iris, -iri, expertus sum	essayer
ex(s)pecto, -as, -are, -avi, -atum	attendre
exterus, -a, -um	extérieur ; étranger
extra	*adv.* en dehors ; *prép. (+ Acc.)* en dehors de, sauf

F

facies, -ei, *f.*	le visage
facile *adv.*	facilement
facilis, -e	facile
facinus, -oris, *n.*	l'action ; le crime
facio, -is, -ere, feci, factum	faire
factum, -i, *n.*	le fait, l'acte
fagus, -i, *f.*	le hêtre
fallo, -is, -ere, fefelli, falsum	tromper
falsus, -a, -um	faux, trompeur
fama, -ae, *f.*	la réputation
fateor, -eris, -eri, fassus sum	avouer, reconnaître
fatum, -i, *n.*	le destin
felix, -icis	fécond ; heureux
femina, -ae, *f.*	la femme ; la femelle
fera, -ae, *f.*	la bête sauvage
fere *adv.*	presque
fero, fers, fert, ferre, tuli, latum	porter ; supporter ; rapporter
ferrum, -i, *n.*	fer, objet en fer ; épée
fides, -ei, *f.*	la confiance, la parole donnée
ficus, -i, *f.*	le figuier
filia, -ae, *f.*	la fille
filius, -ii, *m. (Voc. sing.* fili*)*	le fils
fingo, -is, -ere, finxi, fictum	modeler, imaginer
finis, -is, *m. (parfois f.)*	la limite, la fin ; (*pl.* **fines**) le territoire
fio, fis, fieri, factus sum	devenir, se produire ; (passif de **facio**) être fait
flamma, -ae, *f.*	la flamme
fleo, -es, -ere, flevi, fletum	pleurer
fluctus, -us, *m.*	le flot ; l'agitation
flumen, -minis, *n.*	le cours d'eau
fons, fontis, *m.*	la source, la fontaine
forma, -ae, *f.*	la forme ; la beauté
forte *adv.*	par hasard
fortis, -e	courageux
fortuna, -ae, *f.*	le hasard, le destin
forum, -i, *n.*	la place publique, le forum
frango, -is, -ere, fregi, fractum	briser, abattre
frater, fratris, *m.*	le frère
frequenter *adv.*	souvent
frigus, -oris, *n.*	le froid
frons, frontis, *f.*	le front ; la mine
frumentum, -i, *n.*	le blé
fuga, -ae, *f.*	la fuite
fugio, -is, -ere, fugi	fuir
fundo, -is, -ere, fudi, fusum	verser, répandre
furor, -oris, *m.*	la folie

G

gallina, -ae, *f.* — la poule
gaudeo, -es, -ere, gavisus sum — se réjouir
gaudium, -ii, *n.* — la joie
gens, gentis, *f.* — la famille ; la famille noble ; la nation
genus, -eris, *n.* — le genre, l'espèce
gero, -is, -ere, gessi, gestum — porter ; se charger de ; faire
gigno, -is, -ere, genui, genitum — engendrer
gloria, -ae, *f.* — la gloire
gradus, -us, *m.* — le pas
Graecia, -ae, *f.* — la Grèce
Graecus, -a, -um — grec
gratia, -ae, *f.* — la reconnaissance ; la faveur
gratus, -a, -um — agréable ; reconnaissant
gravis, -e — lourd ; fort

H

habeo, -es, -ere, habui, habitum — avoir, tenir, posséder
haereo, -es, -ere, haesi, haesum — être fixé ; hésiter
haud *adv. (porte sur un mot ou une proposition)* — ne… pas…
heia *interjection* — hé
herba, -ae, *f.* — l'herbe
hic *adv.* — ici (lieu où l'on est)
hic, haec, hoc — celui-ci, celle-ci, ceci
hinc *adv.* — d'ici (lieu d'où l'on vient)
homo, hominis, *m.* — l'homme (l'être humain)
honestus, -a, -um — honnête
honor (ou honos), -oris, *m.* — l'honneur
hora, -ae, *f.* — l'heure
hortor, -aris, -ari, -atus sum — exhorter à
hostis, -is, *m.* — l'ennemi
huc *adv.* — ici (lieu où l'on va)
humanitas, -atis, *f.* — politesse, urbanité
humanus, -a, -um — humain
(h)umor, -oris, *m.* — le liquide

I

ibi *adv.* — ici (lieu où l'on est)
idem, eadem, idem — le même, la même
ideo *adv.* — pour cette raison
igitur *adv.* — donc
ignis, -is, *m.* — le feu
ille, illa, illud — celui-là, celle-là, cela ; ce grand homme
illic *adv.* — là-bas (lieu où l'on est)
imago, -inis, *f.* — l'image
impedio, -is, -ire, -i(v)i, -itum — empêcher
imperator, -oris, *m.* — le général ; l'empereur
imperium, -ii, *n.* — le pouvoir
impero, -as, -are, -avi, -atum — commander
impetus, -us, *m.* — l'élan ; l'attaque
impleo, -es, -ere, -plevi, -pletum — remplir
impono, -is, -ere, -posui, -positum — placer sur ; imposer
in *prép.* — dans, sur ; *(+ Acc.)* lieu où l'on va ; *(+ Abl.)* lieu où l'on est
incertus, -a, -um — incertain
incipio, -is, -ere, -cepi, -ceptum — entreprendre, commencer
inde *adv.* — de là (lieu d'où l'on vient) ; à partir de là
infero, -fers, -ferre, -tuli, -latum — porter dans ou contre
inferus, -a, -um — situé en dessous
infortunatus, -a, -um — infortuné
ingenium, -ii, *n.* — le caractère inné, l'esprit, le talent
ingens, -entis — immense
ingratus, -a, -um — ingrat, malheureux
inimicus, -i, *m.* — l'ennemi (personnel)
initium, -ii, *n.* — le commencement, le principe
injuria, -ae, *f.* — l'injustice ; le dommage
innatus, -a, -um — naturel, inné
inops, -opis — pauvre
inquam, inquit *verbe défectif* — dis-je, dit-il
inrideo, -es, -ere, -risi, -risum — se moquer de
insania, -ae, *f.* — la folie
intellego, -is, -ere, -lexi, -lectum — comprendre

inter *prép. (+ Acc.)*	entre, parmi
interea *adv.*	pendant ce temps
interficio, -is, -ere, -feci, -fectum	tuer
interim *adv.*	pendant ce temps, parfois
interrogo, -as, -are, -avi, -atum	interroger
intersum, -es, -esse, interfui, –	être entre ; différer
intra *adv.*	à l'intérieur ; *prép. (+ Acc.)* à l'intérieur de
invenio, -is, -ire, -veni, -ventum	trouver, rencontrer
invidia, -ae, *f.*	l'envie
ipse, ipsa, ipsum	lui-même, elle-même
ira, -ae, *f.*	la colère
is, ea, id	celui-ci, celle-ci, ceci
iste, ista, istud	celui-ci, celle-ci, ceci ; cet individu
ita *adv.*	ainsi
itaque *adv.*	c'est pourquoi
item *adv.*	de même
iter, itineris, *n.*	le chemin, le voyage

J

jaceo, -es, -ere, jacui, –	être étendu
jacto, -as, -are, -avi, -atum	jeter, agiter
jam *adv.*	déjà
jubeo, -es, -ere, jussi, jussum	ordonner
jucundus, -a, -um	plaisant, agréable
judicium, -ii, *n.*	le jugement
judico, -as, -are, -avi, -atum	juger
jugulum, -i, *n.*	la clavicule
jugum, -i, *n.*	le joug
jungo, -is, -ere, junxi, junctum	joindre
jus, juris, *n.*	le droit
justus, -a, -um	juste
juvenis, -is, *m.*	l'homme jeune
juvo, -as, -are, juvi, jutum	faire plaisir ; aider

L

labor, -oris, *m.*	le travail, la peine
laboro, -as, -are, -avi, -atum	travailler, peiner
lacrima, -ae, *f.*	la larme
laedo, -is, -ere, laesi, laesum	blesser
laetor, -aris, -ari, laetatus sum	se réjouir
laetus, -a, -um	joyeux
latus, lateris, *n.*	le côté
laudo, -as, -are, -avi, -atum	louer
laus, laudis, *f.*	la louange
legatus, -i, *m.*	l'ambassadeur ; le légat
legio, -onis, *f.*	la légion
lego, -is, -ere, legi, lectum	recueillir ; lire
leo, -onis, *m.*	le lion
lepus, -oris, *n.*	le lièvre
levis, -e	léger
lex, legis, *f.*	la loi
libenter *adv.*	volontiers
liber, -era, -erum	libre
liber, -bri, *m.*	le livre
liberalis, -e	libéral
liberi, -orum, *m.* *(seulement au pluriel)*	les enfants de condition libre (par rapport aux parents)
libertas, -atis, *f.*	la liberté
libido, -inis, *f.*	le désir
licet, licuit	*défectif* il est permis ; *conj. de subord.* bien que
littera, -ae, *f.*	la lettre de l'alphabet ; *pl.* **litterae**, -arum la lettre qu'on envoie
litus, litoris, *n.*	le rivage, le littoral
loco, -as, -are, -avi, -atum	placer, disposer
locus, -i, *m. (souvent neutre au pl.,* loca*)*	le lieu
longe *adv.*	loin
longus, -a, -um	long
loquor, -eris, loqui, locutus sum	parler
lumen, -inis, *n.*	la lumière
luna, -ae, *f.*	la lune
lux, lucis, *f.*	la lumière

M

magis *adv.*	plus
magister, -tri, *m.*	le maître d'école
magnitudo, -inis, *f.*	la grandeur
magnopere *adv.*	vivement
magnus, -a, -um	grand
majores, majorum, *m. pl.*	les ancêtres
male *adv.*	mal
malo, mavis, malle, malui, –	préférer
malum, -i, *n.*	le mal
malus, -a, -um	mauvais, méchant
maneo, -es, -ere, mansi, mansum	rester, demeurer
manus, -us, *f.*	la main ; la troupe
mare, -is, *n.*	la mer
maritus, -i, *m.*	le mari, l'époux
mater, matris, *f.*	la mère
materia, -ae, *f.*	le bois ; la matière
medius, -a, -um	situé au milieu
membrum, -i, *n.*	le membre
memini, meminisse *(+ G.) verbe défectif*	se souvenir ; mentionner
memoria, -ae, *f.*	la mémoire, le souvenir
mens, mentis, *f.*	l'esprit, la pensée
mereo, -es, -ere, merui, meritum	mériter
metuo, -is, -ere, metui, metutum	craindre
metus, -us, *m.*	la crainte
meus, -a, -um	mon, le mien
miles, militis, *m.*	le soldat
Milesius, -a, -um	Milésien (de Milet, en Asie mineure)
mille	mille
minister, -tri, *m.*	le serviteur
miror, -aris, -ari, -atus sum	s'étonner ; admirer
misceo, -es, -ere, miscui, mixtum	mélanger
miser, misera, miserum	malheureux
mitto, -is, -ere, misi, missum	envoyer ; renvoyer
modestus, -a, -um	modeste, modéré
modo *adv.*	seulement ; à l'instant ; **modo… modo** tantôt… tantôt
modus, -i, *m.*	la manière
moenia, moenium, *n.* *(seulement au pl.)*	les remparts
mollis, -e	mou, tendre
moneo, -es, -ere, monui, monitum	avertir
mons, montis, *m.*	la montagne
monumentum, -i, *n.*	le monument
mora, -ae, *f.*	le retard
morbus, -i, *m.*	la maladie
morior, -reris, -ri, mortuus sum	mourir
moror, -aris, -ari, -atus sum	tarder, retarder ; rester
mors, mortis, *f.*	la mort
mortalis, -e	mortel
mos, moris, *m.*	la coutume ; *(au pl.)* les mœurs
motus, -us, *m.*	le mouvement ; le tremblement
moveo, -es, -ere, movi, motum	mouvoir, se mouvoir
mox *adv.*	bientôt
multitudo, -inis, *f.*	la foule
multo *adv.*	de beaucoup
multum *adv.*	beaucoup
multus, -a, -um	nombreux
mundus, -i, *m.*	l'univers ; la parure
municeps, municipis, *m.*	le concitoyen
munitio, -onis, *f.*	le retranchement
munus, muneris, *n.*	la récompense
murus, -i, *m.*	le mur
muto, -as, -are, -avi, -atum	changer

N

nam *conj. de coord.*	car
namque	en effet, car
narro, -as, -are, -avi, -atum	raconter
nascor, -eris, nasci, natus sum	naître, exister naturellement
natura, -ae, *f.*	la nature
natus, -i, *m.*	le fils
natus, -a, -um	né ; âgé de
navis, -is, *f.*	le navire

ne *conj. de subord.* — pour que… ne… pas ; que… ne… pas
ne *négation* — ne… pas
-ne *(collé au 1er mot)* — est-ce que ? ; *(inter. indirecte)* si
nec / **neque** — et… ne… pas ; ni… ni
necessarius, -a, -um — nécessaire ; inévitable
necesse *adj. indéclinable* — nécessaire ; inévitable
nego, -as, -are, -avi, -atum — dire non, dire que… ne… pas ; nier
negotium, -ii, *n.* — l'occupation, le travail
nemo, neminis, *m.* — personne
nescio, -ire, -i(v)i, -itum — ne pas savoir
neve *conj. de coord.* — et/ou ne… pas
nihil — rien
nil *voir* nihil
nisi *conj. de subord.* — si… ne… pas ; à moins que ; sinon
nobilis, -e — connu ; noble
noceo, -es, -ere, nocui, nocitum *(+ D.)* — nuire
nolo, non vis, nolle, nolui — ne pas vouloir
nomen, nominis, *n.* — le nom
non *adv.* — ne… pas
nondum *adv.* — pas encore
nos *adv.* — nous
nosco, -is, -ere, novi, notum — prendre connaissance
noster, nostra, nostrum — notre ; le nôtre
notus, -a, -um — connu
novus, -a, -um — nouveau
nox, noctis, *f.* — la nuit
nudus, -a, -um — nu
nullus, -a, -um — aucun, nul
numen, numinis, *n.* — la volonté divine
numerus, -i, *m.* — le nombre
numquam *adv.* — ne… jamais
nunc *adv.* — maintenant
nuntio, -as, -are, -avi, -atum — annoncer
nuptiae, -arum, *f. pl.* — les noces
nusquam *adv.* — nulle part

O

o *interjection* — ô
ob *prép. (+ Acc.)* — devant, en face de ; à cause de
occido, -is, -ere, occidi, occisum — tuer
occupatio, -onis, *f.* — l'occupation
occupo, -as, -are, -avi, -atum — occuper ; devancer
occurro, -is, -ere, occurri, occursum — courir au devant
oculus, -i, *m.* — l'œil
odium, -ii, *n.* — la haine ; l'exaspération
officium, -ii, *n.* — la fonction ; le devoir
olim *adv.* — un jour, une fois
omnis, -e — tout
onus, oneris, *n.* — la charge
opera, -ae, *f.* — le travail
oportet, -ere, oportuit *verbe impersonnel* — il faut
oppidum, -i, *n.* — la place forte
ops, opis, *f.* — la ressource ; l'aide
opto, -as, -are, -avi, -atum — souhaiter
opus, operis, *n.* — l'œuvre, l'ouvrage
opus est — on a besoin de
oratio, -onis, *f.* — le discours
orator, -oris, *m.* — l'orateur
orbis, -is, *m.* — le cercle
ordo, ordinis, *m.* — l'ordre, le rang
origo, -inis, *f.* — origine
orior, -iris, -iri, ortus sum — naître ; s'élancer, se lever
ornatus, -a, -um — élégant
oro, -as, -are, -avi, -atum — prier
os, oris, *n.* — la bouche ; le visage
ostendo, -is, -ere, ostendi, ostentum / ostensum — montrer
otium, -ii, *n.* — le loisir, le repos

P

par, paris — égal
paratus, -a, -um — préparé, prêt
parco, -is, -ere, peperci, parsum / parcitum — épargner

parens, parentis, *m. ou f.*	le parent (père ou mère)
pariter *adv.*	également ; semblablement
paro, -as, -are, -avi, -atum	préparer
pars, partis, *f.*	la partie
particeps, participis, *m.*	l'associé, le soutien
parum *adv.*	trop peu, guère
parvus, -a, -um	petit
patefio, -fis, -fieri, -factus sum	être découvert
pateo, -es, -ere, patui, –	être ouvert
pater, patris, *m.*	le père
patior, -eris, pati, passus sum	supporter, souffrir
patria, -ae, *f.*	la patrie
patricius (-a, -um) **vicus** (-i, *m.*)	le quartier des patriciens
patrius, -a, -um	paternel
paucus, -a, -um	peu nombreux
paulo *adv.*	un peu
pauper, pauperis	pauvre
pax, pacis, *f.*	la paix
pectus, pectoris, *n.*	la poitrine
pecunia, -ae, *f.*	la richesse, l'argent
pecus, -oris, *n.*	bétail, troupeau
pello, -is, -ere, pepuli, pulsum	pousser, chasser
per *prép. (+ Acc.)*	à travers ; pendant
perdo, -is, -ere, perdidi, perditum	perdre
pereo, -is, -ire, -ii, -itum	périr, être perdu
perficio, -is, -ere, -feci, -fectum	achever, accomplir
periculum, -i, *n.*	le danger
permitto, -is, -ere, -misi, -missum	laisser aller ; permettre
pertineo, -es, -ere, -tinui, –	aboutir à ; concerner
pervenio, -is, -ire, -veni, -ventum	parvenir
pes, pedis, *m.*	le pied
peto, -is, -ere, peti(v)i, petitum	chercher à atteindre, demander
philosophia, -ae, *f.*	la philosophie
piger, -gra, -grum	paresseux

pilum, -i, *n.*	le javelot ; l'arme offensive
placeo, -es, -ere, placui, placitum	plaire
placo, -as, -are, -avi, -atum	apaiser
plebs, plebis, *f.*	la plèbe
plenus, -a, -um	plein
plurimum *adv.*	le plus possible, beaucoup
poena, -ae, *f.*	le châtiment ; **poenas dare** subir un châtiment
poeta, -ae, *m.*	le poète
pondus, ponderis, *n.*	le poids
pono, -is, -ere, posui, positum	placer, poser
populus, -i, *m.*	le peuple
porta, -ae, *f.*	la porte (d'une ville)
portus, -us, *m.*	le port
posco, -is, -ere, poposci, –	demander, exiger
possum, potes, posse, potui, –	pouvoir
post *prép. (+ Acc.)*	après, derrière
postea *adv.*	ensuite
posterus, -a, -um	qui vient après
postquam *conj. de subord.*	après que
potens, potentis	puissant
potestas, -atis, *f.*	le pouvoir, la puissance
potius *adv.*	plutôt
praebeo, -es, -ere, praebui, praebitum	présenter, fournir
praeda, -ae, *f.*	la proie
praeceptor, -oris, *m.*	le précepteur
praeclarus, -a, -um	brillant, éminent
praemium, -ii, *n.*	l'avantage, la récompense
praesens, praesentis	présent
praesidium, -ii, *n.*	la garnison, la défense
praesto, -as, -are, praestiti, praestatum	être en tête, l'emporter sur ; procurer
praeter *prép. (+ Acc.)*	le long de, au-delà de, sauf
praeterea *adv.*	en outre
praetextatus, -a, -um	vêtu de la toge prétexte : encore jeune

precor, -aris, -ari, -atus sum — prier, supplier
premo, -is, -ere, pressi, pressum — presser
pretium, -ii, *n.* — le prix
prex, precis, *f.* — la prière, la demande
primum *adv.* — d'abord
primus, -a, -um — premier
princeps, principis, *m.* — le premier, le prince
principium, -ii, *n.* — le commencement, le principe
prior, -ior, prius — le premier de deux ; précédent ; supérieur
privatus, -a, -um — privé
pro *prép. (+ Abl.)* — devant, à la place de, pour
probo, -as, -are, -avi, -atum — prouver, éprouver
procedo, -is, -ere, -cessi, -cessum — s'avancer
procul *adv.* — au loin
proelium, -ii, *n.* — le combat
proficiscor, -eris, proficisci, profectus sum — partir
prohibeo, -as, -ere, -hibui, -hibitum — écarter, empêcher
promitto, -is, -ere, -misi, -missum — envoyer en avant ; promettre
prope *adv.* — près ; presque
propero, -as, -are, -avi, -atum — se hâter
propior, -ior, propius — plus proche
propter *prép. (+ Acc.)* — à cause de ; auprès de
prosum, prodes, prodesse, profui, – *(+ D.)* — être utile
provincia, -ae, *f.* — l'administration d'une province, la province
proximus, -a, -um — le plus proche, très proche
prudens, -tis — sage, prudent
prudentia, -ae, *f.* — la sagesse
publicus, -a, -um — public
pudor, -oris, *m.* — la pudeur
puella, -ae, *f.* — la jeune fille, la petite fille
puer, pueri, *m.* — l'enfant, le garçon ; le petit esclave
pugna, -ae, *f.* — le combat
pugno, -as, -are, -avi, -atum — combattre
pulcher, pulchra, pulchrum — beau
puto, -as, -are, -avi, -atum — penser

Q

qua *adv.* — par où
quaero, -is, -ere, quaesi(v)i, quaesitum — rechercher ; demander
qualis, -e — quel, de quelle nature ; **talis… qualis** tel… que
quam *adv.* — combien ; autant que ; que *(après un comparatif)* ; le plus… possible *(devant un superlatif)*
quamquam *conj.* — quoique
quamvis *adv., conj.* — autant qu'on veut ; quelque
quando — *adv.* quand ? *conj. de subord.* quand
quanto *adv.* — de combien
quantum *adv.* — combien
quantus, -a, -um — de quelle grandeur, combien de ; **tantus… quantus** aussi grand… que
quare *adv.* — pourquoi ; c'est pourquoi
quasi — comme si, comme ; pour ainsi dire
quat(t)uor — quatre
-que *(collé à la fin d'un mot)* — et
quemadmodum — comme ; comment
queror, quereris, queri, questus sum — se plaindre
qui, quae, quod — qui ; quel ? ; quelque
quia — parce que
quicumque, quaecumque, quodcumque — qui que ce soit qui
quidam, quaedam, quiddam / quoddam — quelqu'un, quelque chose / quelque
quidem — certes
quietus, -a, -um — tranquille

quin *adv.*	comment ne…pas ? ; bien plus
quinque	cinq
quippe	oui certes
quis, quae, quid	qui ? quoi ? ; quelqu'un, quelque chose
quisquam, quaequam, quidquam ou **quicquam**	quelqu'un, quelque chose
quisque, quaeque, quidque ou **quicque / quodque**	chacun / chaque
quisquis, quidquid ou **quicquid**	qui que ce soit qui, quoi que ce soit qui
quo	*adv.* où (lieu où l'on va) ; *conj. de subord.* pour que par là
quod *conj. de subord.*	le fait que ; parce que
quomodo *adv.*	comme ; comment
quoniam *conj. de subord.*	puisque
quoque *adv.*	aussi
quotidie *adv.*	tous les jours
quotiens *adv.*	combien de fois ; toutes les fois que

R

rapio, -is, -ere, rapui, raptum	emporter, entraîner
ratio, -onis, *f.*	le compte ; la raison ; la théorie
recipio, -is, -ere, -cepi, -ceptum	retirer ; recevoir
recurro, -is, -ere, -curri, -cursum	revenir en hâte
reddo, -is, -ere, reddidi, redditum	rendre
redeo, -is, -ire, redii, reditum	revenir
refero, -fers, -ferre, retuli, relatum	rapporter
regio, -onis, *f.*	la région
regius, -a, -um	royal
regno, -as, -are, -avi, -atum	régner
regnum, -i, *n.*	le règne
rego, -is, -ere, rexi, rectum	diriger, gouverner
religiosus, -a, -um	religieux
relinquo, -is, -ere, -liqui, -lictum	laisser, abandonner
reliquus, -a, -um	restant
reperio, -is, -ire, rep(p)eri, repertum	trouver
repeto, -is, -ere, repeti(v)i, repetitum	recommencer ; se rappeler
requiro, -is, -ere, quisivi, quisitum	rechercher
res, rei, *f.*	la chose
respondeo, -es, -ere, respondi, responsum	répondre
respublica, rei publicae, *f.*	les affaires publiques, l'État
retineo, -es, -ere, -tinui, -tentum	retenir
rex, regis, *m.*	le roi
rideo, -es, -ere, risi, risum	rire
rogo, -as, -are, -avi, -atum	interroger, demander
Roma, -ae, *f.*	Rome
Romanus, -a, -um	romain
rursus *adv.*	en arrière ; de nouveau

S

sacer, sacra, sacrum	sacré ; maudit
saepe *adv.*	souvent
saevus, -a, -um	cruel
salus, salutis, *f.*	le salut ; la santé
sanguis, sanguinis, *m.*	le sang
sapiens, sapientis	sage, intelligent
satis *adv.*	assez
saxum, -i, *n.*	le rocher
scelus, sceleris, *n.*	le crime
scientia, -ae, *f.*	la science
scio, -is, -ire, sci(v)i, scitum	savoir
scribo, -is, -ere, scripsi, scriptum	écrire
se	se, soi
secundus, -a, -um	second ; favorable
sed *conj. de coord.*	mais
sedeo, -es, -ere, sedi, sessum	être assis, séjourner, siéger
sedes, -is, *f.*	le siège ; la demeure
semen, seminis, *n.*	la semence ; le principe
semper *adv.*	toujours
senatus, -us, *m.*	le sénat
Seneca, -ae, *m.*	Sénèque

senex, senis, *m.* — le vieillard
sensus, -us, *m.* — le sens, le sentiment
sententia, -ae, *f.* — l'avis
sentio, -is, -ire, sensi, sensum — sentir ; juger
sequor, -eris, sequi, secutus sum — suivre
sermo, sermonis, *m.* — la conversation ; le langage
servo, -as, -are, -avi, -atum — conserver
servus, -i, *m.* — l'esclave
seu *conj. de coord.* — ou bien si ; **seu… seu…** si… ou si…
si *conj. de subord.* — si
sic *adv.* — ainsi
sicut — comme
sidus, sideris, *n.* — l'astre, la constellation
signum, -i, *n.* — le signe ; la statue
silva, -ae, *f.* — la forêt
similis, -e — semblable
simul *adv.* — en même temps
sine *prép. (+ Abl.)* — sans
singuli, -ae, -a — un par un
sinus, -us, *m.* — le pli ; le sein ; le golfe
socius, -ii, *m.* — l'allié ; le compagnon
sol, solis, *m.* — le soleil
soleo, -es, -ere, solitus sum — avoir l'habitude
solvo, -is, -ere, solui, solutum — détacher ; dissoudre, détruire ; payer
solus, -a, -um — seul
somnus, -i, *m.* — le sommeil
soror, sororis, *f.* — la sœur
spargo, -is, -ere, sparsi, sparsum — répandre
spatium, -ii, *n.* — l'espace ; l'intervalle
species, -ei, *f.* — la vue, l'aspect ; l'espèce
spectaculum, -i, *n.* — le spectacle
specto, -as, -are, -avi, -atum — regarder
spero, -as, -are, -avi, -atum — espérer
spes, spei, *f.* — l'espoir
spiritus, -us, *m.* — le souffle ; l'esprit
splendidus, -a, -um — brillant
statim *adv.* — aussitôt
statua, -ae, *f.* — la statue
statuo, -is, -ere, statui, statutum — établir ; juger
sto, stas, stare, steti, statum — être debout, être immobile
studeo, -es, -ere, studui, – — étudier
studiosus, -a, -um — appliqué, zélé
studium, -ii, *n.* — le goût, le zèle ; l'étude
stupidus, -a, -um, *f.* — stupéfait
suadeo, -es, -ere, suasi, suasum — persuader, conseiller
suavis, -e — doux
sub *prép.* — sous ; *(+ Acc.)* lieu où l'on va ; *(+ Abl.)* lieu où l'on est
subeo, -is, -ire, subii, subitum — s'approcher de, venir à la place ; subir
sum, es, esse, fui, – — être
sumo, -is, -ere, sumpsi, sumptum — prendre ; assumer
sumptus, -us, *m.* — la dépense
super — *adv.* au-dessus ; *prép.* sur ; *(+ Acc.)* lieu où l'on va ; *(+ Abl.)* lieu où l'on est
supero, -as, -are, -avi, -atum — l'emporter sur, vaincre
supersum, -es, -esse, superfui, – — survivre
superus, -a, -um — situé en haut, supérieu
supplicium, -ii, *n.* — le supplice
supra — *adv.* au-dessus ; *prép. (+ Acc.)* au-dessus de
sustineo, -es, -ere, -tinui, -tentum — soutenir
suus, -a, -um — son, le sien, leur, le leu

T

tabellarius, -ii, *m.* — le messager
talis, -e — tel
tam *adv.* — tellement, si ; aussi
tamen *adv.* — cependant
tamquam *adv.* — aussi… que, comme
tandem *adv.* — enfin
tango, -is, -ere, tetigi, tactum — toucher
tantum *adv.* — autant ; seulement

tantus, -a, -um	aussi grand, si grand
tectum, -i, *n.*	le toit
tego, -is, -ere, texi, tectum	couvrir
tellus, telluris, *f.*	la terre
telum, -i, *n.*	le trait, le javelot (arme offensive)
tempestas, -atis, *f.*	le temps qu'il fait ; la tempête
templum, -i, *n.*	l'espace sacré ; le temple
temporatus, -a, -um	tempéré
tempto, -as, -are, -avi, -atum	essayer ; attaquer
tempus, temporis, *n.*	le temps
tendo, -is, -ere, tetendi, tensum / tentum	tendre, viser à
teneo, -es, -ere, tenui, tentum	tenir
tener, tenera, tenerum	tendre
tenuis, -e	mince, ténu
tergum, -i, *n.*	le dos
terra, -ae, *f.*	la terre
terreo, -es, -ere, terrui, -itum	terrifier
tertius, -a, -um	troisième ; tiers
timeo, -es, -ere, timui, –	craindre
timor, timoris, *m.*	la crainte
tollo, -is, -ere, sustuli, sublatum	soulever, enlever
torqueo, -es, -ere, torsi, tortum	enrouler, tordre
tot *(indéclinable)*	autant de, tant de
totus, -a, -um	tout entier
trado, -is, -ere, tradidi, traditum	transmettre, livrer
traho, -is, -ere, traxi, tractum	tirer, traîner
transeo, -is, -ire, transii, transitum	aller au-delà, passer
tres, tria	trois
tribunus, -i, *m.*	le tribun
tristis, -e	triste
tu	toi
tueor, tueris, tueri, tuitus sum	protéger ; regarder
tum *adv.*	alors
tunc *adv.*	alors
turba, -ae, *f.*	la foule ; le trouble
turpis, -e	laid, honteux
tuto *adv.*	en sécurité
tutus, -a, -um	protégé, sûr
tuus, -a, -um	ton, le tien

U

ubi *adv., conj. de subord.*	où (lieu où l'on est) ; quand
ullus, -a, -um	un, quelque ; (après négation) aucun
ultimus, -a, -um	dernier, extrême
ultra	*adv.* au-delà ; *prép. (+ Acc.)* au-delà de
umbra, -ae, *f.*	l'ombre
umquam *adv.*	une fois
unda, -ae, *f.*	l'onde ; la vague
unde *adv.*	d'où
urbs, urbis, *f.*	la ville
usque *adv.*	sans interruption ; jusque
usus, -us, *m.*	l'usage
ut *conj. de subord.*	comme, quand ; pour que, de sorte que, que
uterque, utraque, utrumque	chacun des deux
utilis, -e	utile
utor, uteris, uti, usus sum *(+ Abl.)*	utiliser
uxor, uxoris, *f.*	l'épouse

V

valeo, -es, -ere, valui, valitum	être fort, bien portant
validus, -a, -um	robuste ; efficace
varius, -a, -um	varié, divers
-ve *(collé à la fin un mot)*	ou bien
vel *adv., conj. de coord.*	ou bien, ou même
velox, velocis	rapide
velut *adv.*	comme
venio, -is, -ire, veni, ventum	venir

venor, -aris, -ari, -atus sum — chasser

ventus, -i, *m.* — le vent

verbum, -i, *n.* — le mot, la parole

vereor, -eris, -eri, veritus sum — craindre

vero *conj. de coord.* — mais, en vérité

verto, -is, -ere, verti, versum — tourner ; changer

verum, -i, *n.* — la vérité

verus, -a, -um — vrai

vester, vestra, vestrum — votre ; le vôtre

vestis, -is, *f.* — le vêtement

vetus, veteris — vieux, ancien

via, -ae, *f.* — la route, le chemin

victor, -oris, *m.* — le vainqueur

victoria, -ae, *f.* — la victoire

video, -es, -ere, vidi, visum — voir

vinco, -is, -ere, vici, victum — vaincre

vinum, -i, *n.* — le vin

vir, viri, *m.* — l'homme (par opposition à la femme)

virgo, virginis, *f.* — la jeune fille, la vierge

virtus, virtutis, *f.* — le courage ; la vertu

vis, vis, *f. (Acc. ; Abl. sing :* vim ; vi ; *N. V. Acc. pl. ;* vires*)* — la force, la violence

vita, -ae, *f.* — la vie

vitium, -ii, *n.* — le défaut, le vice

vivo, -is, -ere, vixi, victum — vivre

vix *adv.* — à peine

voco, -as, -are, -avi, -atum — appeler

volo, vis, velle, volui, - — vouloir

voluntas, -atis, *f.* — la volonté

voluptas, -atis, *f.* — le plaisir

vos — vous

votum, -i, *n.* — le vœu

vox, vocis, *f.* — la voix

vulgus, -i, *n.* — la foule

vulnus, vulneris, *n.* — la blessure

vultus, -us, *m.* — le visage

Index

Index

Achevé d'imprimer en Espagne par Unigraf - Dépôt légal : Juillet 2016 - Édition: 05 - 17/0040/0